中国社会科学院重大课题
国家"十五"重点出版项目

列国志

GUIDE TO THE WORLD STATES

中国社会科学院《列国志》编辑委员会

也门

⊙ 林庆春 杨鲁萍 编著

社会科学文献出版社

SOCIAL SCIENCES ACADEMIC PRESS (CHINA)

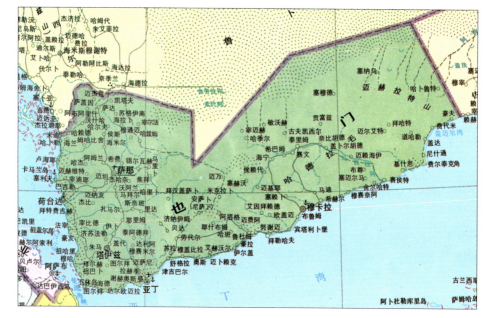

也门行政区划图

也门国旗

也门国徽

萨那北郊石头宫

希巴姆古城

鸟瞰亚丁城

萨那城内

也门国王宫

萨那石城

石屋

萨那古城和也门门

摩卡咖啡 　　　　　　　　　　　　　　　　　咖啡树

沙漠玫瑰

迷人的亚丁湾

带刀的孩子

也门腰刀

"卡特"会

也门男子

前　言

　　自 1840 年前后中国被迫开关、步入世界以来，对外国舆地政情的了解即应时而起。还在第一次鸦片战争期间，受林则徐之托，1842 年魏源编辑刊刻了近代中国首部介绍当时世界主要国家舆地政情的大型志书《海国图志》。林、魏之目的是为长期生活在闭关锁国之中、对外部世界知之甚少的国人"睁眼看世界"，提供一部基本的参考资料，尤其是让当时中国的各级统治者知道"天朝上国"之外的天地，学习西方的科学技术，"师夷之长技以制夷"。这部著作，在当时乃至其后相当长一段时间内，产生过巨大影响，对国人了解外部世界起到了积极的作用。

　　自那时起中国认识世界、融入世界的步伐就再也没有停止过。中华人民共和国成立以后，尤其是 1978 年改革开放以来，中国更以主动的自信自强的积极姿态，加速融入世界的步伐。与之相适应，不同时期先后出版过相当数量的不同层次的有关国际问题、列国政情、异域风俗等方面的著作，数量之多，可谓汗牛充栋。它们对时人了解外部世界起到了积极的作用。

当今世界，资本与现代科技正以前所未有的速度与广度在国际间流动和传播，"全球化"浪潮席卷世界各地，极大地影响着世界历史进程，对中国的发展也产生极其深刻的影响。面临不同以往的"大变局"，中国已经并将继续以更开放的姿态、更快的步伐全面步入世界，迎接时代的挑战。不同的是，我们所面临的已不是林则徐、魏源时代要不要"睁眼看世界"、要不要"开放"问题，而是在新的历史条件下，在新的世界发展大势下，如何更好地步入世界，如何在融入世界的进程中更好地维护民族国家的主权与独立，积极参与国际事务，为维护世界和平，促进世界与人类共同发展做出贡献。这就要求我们对外部世界有比以往更深切、全面的了解，我们只有更全面、更深入地了解世界，才能在更高的层次上融入世界，也才能在融入世界的进程中不迷失方向，保持自我。

与此时代要求相比，已有的种种有关介绍、论述各国史地政情的著述，无论就规模还是内容来看，已远远不能适应我们了解外部世界的要求。人们期盼有更新、更系统、更权威的著作问世。

中国社会科学院作为国家哲学社会科学的最高研究机构和国际问题综合研究中心，有11个专门研究国际问题和外国问题的研究所，学科门类齐全，研究力量雄厚，有能力也有责任担当这一重任。早在 20 世纪 90 年代初，中国社会科学院的领导和中国社会科学出版社就提出编撰"简明国际百科全书"的设想。1993 年 3 月 11 日，时任中国社会科学院院长的胡绳先生在科研局的一份报告上批示："我想，国际片各所可考虑出一套列国志，体例类似几年前出的《简明中国百科全书》，以一国（美、日、英、法等）或几个国家（北欧各国、印支各国）为一册，请考虑可行否。"

中国社会科学院科研局根据胡绳院长的批示，在调查研究的基础上，于 1994 年 2 月 28 日发出《关于编纂〈简明国际百科全书〉和〈列国志〉立项的通报》。《列国志》和《简明国际百科全书》一起被列为中国社会科学院重点项目。按照当时的计划，首先编写《简明国际百科全书》，待这一项目完成后，再着手编写《列国志》。

1998 年，率先完成《简明国际百科全书》有关卷编写任务的研究所开始了《列国志》的编写工作。随后，其他研究所也陆续启动这一项目。为了保证《列国志》这套大型丛书的高质量，科研局和社会科学文献出版社于 1999 年 1 月 27 日召开国际学科片各研究所及世界历史研究所负责人会议，讨论了这套大型丛书的编写大纲及基本要求。根据会议精神，科研局随后印发了《关于〈列国志〉编写工作有关事项的通知》，陆续为启动项目拨付研究经费。

为了加强对《列国志》项目编撰出版工作的组织协调，根据时任中国社会科学院院长的李铁映同志的提议，2002 年 8 月，成立了由分管国际学科片的陈佳贵副院长为主任的《列国志》编辑委员会。编委会成员包括国际片各研究所、科研局、研究生院及社会科学文献出版社等部门的主要领导及有关同志。科研局和社会科学文献出版社组成《列国志》项目工作组，社会科学文献出版社成立了《列国志》工作室。同年，《列国志》项目被批准为中国社会科学院重大课题，国家新闻出版总署将《列国志》项目列入国家重点图书出版计划。

在《列国志》编辑委员会的领导下，《列国志》各承担单位尤其是各位学者加快了编撰进度。作为一项大型研究项目和大型丛书，编委会对《列国志》提出的基本要求是：资料翔实、准确、最新，文笔流畅，学术性和可读性兼备。《列国志》之所以强调学术性，是因为这套丛书不是一般的"手册"、"概览"，而是在尽可能吸收前人成果的基础上，体现专家学者们的研究所得和个人见解。正因为如此，《列国志》在强调基本要求的同时，本着文责自负的原则，没有对各卷的具体内容及学术观点强行统一。应当指出，参加这一浩繁工程的，除了中国社会科学院的专业科研人员以外，还有院外的一些在该领域颇有研究的专家学者。

　　现在凝聚着数百位专家学者心血、约计 200 卷的
《列国志》丛书，将陆续出版与广大读者见面。我们希
望这样一套大型丛书，能为各级干部了解、认识当代世
界各国及主要国际组织的情况，了解世界发展趋势，把
握时代发展脉络，提供有益的帮助；希望它能成为我国
外交外事工作者、国际经贸企业及日渐增多的广大出国
公民和旅游者走向世界的忠实"向导"，引领其步入更
广阔的世界；希望它在帮助中国人民认识世界的同时，
也能够架起世界各国人民认识中国的一座"桥梁"，一
座中国走向世界、世界走向中国的"桥梁"。

《列国志》编辑委员会

2003 年 6 月

CONTENTS

目　录

CONTENTS

目　录

CONTENTS

目　录

CONTENTS

目 录

CONTENTS

目　录

CONTENTS

目　录

CONTENTS

目 录

CONTENTS

目 录

CONTENTS

目　录

序　言

　　也门（Yemen）位于阿拉伯半岛西南端，东邻阿曼，北接沙特阿拉伯，西临红海，南濒亚丁湾、阿拉伯海，隔曼德海峡与厄立特里亚和吉布提相望，扼红海通往印度洋的出口。也门的战略位置十分重要，自古以来为东西方交通要道，曾是著名的古代海上丝绸之路的中转站和香料之路的起始点。也门国土面积55.5万平方公里，海岸线长2000多公里；人口约2230万（2007年），居民绝大多数是阿拉伯人；官方语言为阿拉伯语；首都为萨那。

　　也门在阿拉伯语中由"成为幸福的"或"成为幸运的"一词转化而来，词的本义是右边或右方，也可转义为南方。古代阿拉伯半岛的一些骆驼商队从麦加出发向东，然后右转，向南方的也门方向行进，也门因此得名，意为"南方之国"。

　　也门有3000多年文字记载的历史，是阿拉伯文明的重要发祥地。与阿拉伯半岛其他地区相比，历史上的也门雨水充沛，土地肥沃，物产丰富，故被古希腊人称为"幸福的阿拉伯之地"，阿拉伯人则称其为"绿色之地"。勤劳勇敢的也门人民曾在这片土地上创造出辉煌的也门古代文明，这里有举世闻名的马里卜大水坝，在古代堪称世界第一摩天大楼的乌木丹宫……

　　自公元前1400年左右起，也门相继建立了麦因、盖太班、哈德拉毛、奥桑、萨巴、希木叶尔等奴隶制国家。公元4世纪，希木叶尔国开始向封建社会过渡，此后两度被阿比西尼亚人占领，接着又被波斯人统治。公元7世纪，伊斯兰教在阿拉伯半岛兴起，也门人皈依伊斯兰教，成为阿拉伯帝国的一部分。公元9世纪中叶开始，也门爆发了摆脱阿拉伯帝国哈里发统治的独立运动，各地先后建立了数个独立的小国，包括基亚德、雅法尔、宰德派、法蒂玛派、苏莱赫、阿尤布、拉苏勒、塔西尔等。16世纪初，葡萄牙人从也门进入阿拉伯世界，从而打破了这一地区的政治和商业的平衡，东西方大国势力在也门展开激烈争夺。1538年和1872年奥斯曼帝国两次征服也门。1789年英国占领了也门的属地丕林岛，1839～1882年又相继占领了亚丁及哈德拉毛等30多个酋长国，组成"亚丁保护地"。第一次世界大战前，也门北方人民通过武装斗争，于1918年脱离奥斯曼帝国宣告独立，建立了穆塔瓦基亚王国。1934年英国迫使也门承认其对南也门地区的占领，从此也门被分割为南北两部分。1962年北也门人民进行了"9·26"革命，推翻伊玛目统治的封建王朝，建立共和国。南也门人民1963年开始展开了大规模的反英武装斗争，于1967年11月30日获得独立，建立了民主共和国。

1990年5月南北也门统一，成立也门共和国，结束了100多年来的分裂局面，实现了也门人民统一祖国的夙愿。1994年夏季，由于南北双方政治矛盾而引发了内战。两个月后内战结束，也门进入了维护统一和建设现代国家的新时期。

也门统一后，萨利赫上台执政，实行了政治民主化改革，目的是通过宪政与法制建立国家的政治秩序。1993年4月也门进行了统一后的第一届议会选举，多个政党参加竞争，全国人民大会在议会中获多数席位。1994年9月议会通过宪法修正案，规定政治过渡期结束，以总统制取代总统委员会制。同年10月萨利赫当选也门总统。1995年8月议会颁布了新政党组织法，规定实行多党制。1996年8月颁布了新选举法，制定了宪政民主选举的法律程序。经过一段时期的政治调整，萨利赫总统的权力得到加强，全国人民大会的执政党地位得到巩固，政治民主化进程顺利发展。

也门是世界 50 个最不发达国家之一，经济和社会发展水平落后。经过海湾战争和内战，经济陷入极度困境。在政局趋于稳定的同时，政府将工作重点放在恢复和发展经济上。在国际货币基金组织和世界银行的帮助下，1995 年政府开始实施经济、财政和行政改革计划，1996 年开始实施第一个五年社会和经济发展计划。依靠石油经济的有力支撑，第一个五年计划结束时，经济形势明显好转，各项经济指标趋于正常，也门终于度过了经济困难时期。此后，政府继续进行各项改革，实施了第二个和第三个五年社会和经济发展计划，经济实现了持续发展。在经济发展的基础上，政府以摆脱社会贫困状况、提高国民生活水平为目标，实施了社会全面发展计划，并在降低人口增长率和社会贫困率、提高国民健康水平和受教育比例等方面取得明显成效。

也门与我国有着悠久的交往关系。远在东汉时，我国和罗马帝国的海上贸易，就曾经以也门为中转地。宋元时，我国海上贸易曾经到达木濒皮（今西班牙南部），也门是当时一个重要的贸易中介地。明代郑和几次远航西洋，曾经到达东非和阿拉伯半岛一带，当时也门与我国也有频繁的接触。但是在西方殖民势力侵入亚非两洲之后，我国与也门的来往受到阻碍。历史总是向前发展的，1949 年中华人民共和国成立后，中断多年的中也两国传统友谊得以恢复。1956 年 9 月，两国建立了正式的外交关系。从此，两个友好国家的关系展开了新的一页。

第一章

国土和人民

第一节　自然地理概况

在自然条件较差的阿拉伯半岛上，也门雨量较多，土地肥沃，物产丰富，是半岛上最富饶的地区。古罗马的地理学家曾把它称为"阿拉伯的乐园"。

也门也是一个具有古老文明的国家。古代时，它的灌溉设备和耕作技术在阿拉伯半岛上是很有名的。

一　地理位置

也门恰好处于红海通向印度洋的出口处，与东非隔水相望，曼德海峡就在它的西南方，地理位置非常重要。自从苏伊士运河开通后，欧亚两洲的重要航线，差不多都经过这里。由于地理位置重要，历史上也门屡遭外敌入侵。

也门全境的地势很高，是阿拉伯高原的最高部分，平均海拔在2000～3000米之间。也门的东部与阿拉伯高原相连；中部山势挺拔，地势最高；西部除中部山地的西坡地势高峻外，沿海一带为狭长的低地，海拔约50米。

也门境内的山脉是阿拉伯半岛西海岸阿西尔山的延续，呈南北走向。由于有许多干谷切割，地形比较破碎。北部同沙特阿拉伯相邻的地方有著名的拉济赫山（在沙特阿拉伯境内），海拔3658米。中部在首都萨那西南有阿拉伯半岛最高的山峰哈杜尔舒艾卜峰，海拔3760米。南部邻近亚丁的地方有沙波尔山，海拔3006米。

也门东部的高原上分布着一些年轻的火山，在萨那北方和扎马尔城附近就各有一座。

东部高原平均海拔1500米，是阿拉伯高原的一部分，与半岛上最大的鲁卜哈利沙漠相邻，沙漠的一角伸入也门的东北国境。鲁卜哈利沙漠是世界上较大的沙漠。就整个沙漠的地势来看，也门境内的一部分海拔最高，向东逐渐递减。

也门西部红海沿岸一带是一条南北走向的狭长低地，在地理上称为基哈玛地区。这条低地是阿拉伯半岛西部红海沿岸带状低地的南半部，为也门全境最低的地方。这一地区除个别绿洲外，大部分为沙质平原。

二　自然区域

据全国的自然条件，也门可以分为三个自然区域：沿海低地——基哈玛地区，中部山地——杰贝尔区，东部高原——沙尔基区。①

1. 沿海低地

沿海低地又名基哈玛区，意思就是"炎热的地方"。在地理上，基哈玛区还包括海拔800米以下的山区。但是典型的基哈玛区是指沿海一带狭长低地和其相邻的山麓一带。沿海低地南北长425公里，东西平均宽50～70公里，最窄处20～30公里，最宽

---

① 介绍阿拉伯国家自然地理时，许多阿拉伯语词汇，常被用作地理上的术语。我国目前翻译这些国家地理名称时一般都是音译。

处不超过 80 公里。

沿海低地主要是由许多在中部山地发源的季节河携带下来的大量冲积物形成的冲积平原。地表有许多淤泥和砾石。由于本地区气候特别炎热，水分蒸发很快，表面上呈现一种多沙的半沙漠地带。个别地方有盐沼分布，沿海一带的砾石常常聚成沙丘，丘顶上生长着稀疏的沙漠植物无叶树。本地区景观比较单调，只有牧群和绿洲景色略略微给人以清新的感觉。

本地区的气候和其他地区迥然不同。气温很高，1 月平均气温为 22～24℃，7 月为 31℃，最高气温达 45℃以上。主要城市荷台达的年平均气温为 32.5℃。沿海低地冬季气温也很高，冬夏间的温差不大。昼夜温差也很小，晚上有时也高达 40℃以上。酷热和潮湿的气候，使当地居民常患热带疟疾和其他严重的疾病（如皮肤病等）。

本地区年平均降水量在 100 毫米以下，一年中只下一两次雨，而沿海一带常常一年中滴雨不见。本地区常受热风侵袭，并因此发生沙暴。

沿海低地由于西接红海，湿度很高（最高可达 85％）。红海本身受到来自阿拉伯高原和东非高原酷热的影响，蒸发出来的湿气上升形成气流，每天清晨都变成浓雾。但是高温使湿气无法凝成雨水。

沿海低地极少常年流水的河流，约有十多条季节河散布其间。夏天，东部群山下雨的时候，各条干河中就充满了水，过一段时间，河床中的水逐渐减少，最后完全干涸，全区只有一条宰比德河是终年有水的。

人们利用山洪来灌溉田地。山洪常从山上带下大量淤泥，肥沃的淤泥使本地区干河一带的土地得以恢复一定的肥力。

水在也门是一种昂贵的商品，它在市场上出售。荷台达城中富裕的居民，常雇人用驴或骆驼到距城 80 公里的山中运水作饮料。劳动人民则从距城两三公里的井中汲取微带咸味的水饮用。

本地区东部接近中部山地西坡一带的地方，地理景观有了显著改变。沙质平原止于巴吉勒城（荷台达东 80 公里）。地势从这里逐渐升高，中部山地自此开始。

2. 中部山地

中部山地又名杰贝尔区，占也门大部分的面积，长约 450 公里，宽 100~150 公里。根据地质构造的不同，本区又可划分为南北两区。

北区由于很少调查，缺乏详尽的资料。在地质上主要是结晶岩形成的一个地垒。平均海拔为 2500 米。

南区山地的地形比较复杂。西部接近红海沿岸低地和南部与亚丁接壤的地方，因有河流切割，地形很破碎。东部邻近东部高原的地方地势比较平坦。

区域内断层很多，一般都为西北和西南走向。

南区山地上有很多地垒和地堑。地垒所形成的高地，海拔在 2000~3000 米之间，最高的是哈杜尔舒艾卜峰，海拔 3760 米。高地上的山峰形状不一，有锯齿状的山峰（由结晶岩和石灰岩构成），也有成弧形的山峰（由石灰岩构成）。

南区山地受到河流严重的切割，新形成的河谷纵横。河谷上游两岸是宽广的侵蚀盆地，中下游两岸则是很深的峡谷和地堑。这些河谷是季节河的河床。

南区山地主要由花岗岩和火山岩（玄武岩）构成。在这些基岩之上分布着侏罗纪的石灰岩、泥灰岩和白垩纪的砂岩。火山岩在这一带也很发达。辉绿岩的分布很普遍。凝灰岩和流纹岩也到处可见。山地的边缘部分和接近东部高原的地方有不少单独和成群的火山。

有些火山很少受到侵蚀，火山锥还保存得很好，山势较险峻。这些火山锥的相对高度都在 600 米左右。

整个中部山地的气候可以分作几个不同的地带：800 米以下的山地，气候非常炎热，空气潮湿；800 米以上的地区，气候温和，年平均降水量在 750 毫米以上，个别地方高达 1000 ~ 2000 毫米。山地西部降雨较多，向东逐渐减少，及至进入高原后，就完全变成大陆性气候。

地区的年温差和昼夜温差较大。冬季晚上可降至 0℃ 以下。萨那年平均气温为 17.5℃，最热的 6 月为 21℃，最冷的 1 月为 13.7℃。萨那地区没有酷暑，在 12 月至来年 2 月之间，常有结霜现象。

在 5 ~ 9 月这一期间常有热带雨，年降水量超过 1000 毫米。降雨多集中在北纬 16°以南地区，向北逐渐减少。中部山地海拔 3000 米以上的地方才下雪。

区域内河流较沿海低地为多，河中有水的时间较长，地下水也较丰富，因此是也门的农业区。

中部山地的空气虽比较稀薄，但气候比沿海低地好得多，因此也是全国人口最密集的地方。

中部山地是也门土壤最肥沃、人口最多、农业最发达的地区。难怪在阿拉伯地理学家的著作中常把它称为"也门的乐园"。也门人民常骄傲地把这一地区称作"大地之母"和"也门的王冠"。

3. 东部高原

中部山地的东面，高度逐渐下降，地势渐趋平缓，最后形成零星分布着绿洲的平坦的沙漠草原，东面与鲁卜哈利沙漠相接。在地理上，这片地区称为东部高原或沙尔基区。

这个地区是一片很古的侵蚀削平地区，平均海拔为 1500 米。高原上某些地区有孤零零的山峰和火山，高原周围是地垒构成的高地。

区域内河流很少，但河谷极广。河谷中有很厚的冲积层，在个别地方形成面积不大的平原。

高原上完全是大陆性气候。西部雨量较多，向东逐渐减少，接近沙漠的地方雨量极少。

由于土地贫瘠，东部高原是全国人口最少的地区，居民多半从事游牧。区内没有大城市，乡村也不多见。

三 水文、气候

1. 水文

门境内是阿拉伯高原雨量最多的一个地区，地下水和泉水都相对比较丰富。

也门虽有较多的雨量，但总的来说，由于地处热带，蒸发极快，雨水的作用只在山区比较显著，主要的水源是地下水和泉水。也门境内的地下水分布较普遍，而且距地表较浅，中部山地和沿海低地一带更是如此。

也门境内河流大部分是季节河，主要分布在西部和中部山地。在夏季，这些河流里充满了水，冬季则变为干谷，成为通行的道路。河流的水源主要来自雨水，因此每逢大雨过后常常泛滥成灾。

山地和沿海低地的季节河，一般都很短，切割极深，在山地中形成宽广的谷地，是发展农耕的好地方。这些河流切开山岭，流入西部沿海低地，满水时就注入红海。

东部地区由于雨量稀少，季节河不多。不过，东部的季节河流都很长，切割较浅。它们都属于内陆河流，没有出海口。

也门是阿拉伯半岛唯一有终年流水河流的地区。发源于耶里姆城东南、向南流入亚丁湾的巴纳河和发源于该城西北的宰比德河是也门境内仅有的两条终年流水的河流。据说河流的水源，并不完全依赖雨水而主要来自于山泉。

也门全境可分为内陆区和外流区两部分。东部高原属于内陆区，中部山地和西部沿海低地属外流区。

外流区有一些河流。西部和西南部较大的有毛尔河、苏尔杜德河、西尔汉河、赖马河、宰比德河，都是由东向西流入红海；南部有查依尔河和巴纳河，由北向南流入亚丁湾；东部有马西拉河，由北向南流入阿拉伯海。

内陆区河流较少。西北部有麦扎河和哈里特河，中部有拜汉河和黑尔河，南部亚丁境内有图班河，它的西、北部还有阿卜拉因河和那西特河。

2. 气候

也门的气候属于热带大陆性气候。冬季低气压笼罩整个阿拉伯半岛，形成大陆性的热带气团。夏季这里是高气压的中心。

也门全境除山区外，1 月平均气温为 20℃，7 月平均气温在 30℃以上。红海沿岸一带的低地上，最高气温可达 45℃以上。东部地区主要属于沙漠气候范围，年平均气温在 20℃以上。

也门是阿拉伯半岛上降水量最丰沛的一个地区。但各地区年平均降水量也有显著差别。夏季，由于季风关系，从印度洋上带来的大量湿气在中部山地形成雨水，因此，中部山地和其两侧坡地一带的年平均降水量在 750 毫米左右，个别地方多达 1000 毫米以上。东部高原的降水量自西向东递减，年平均降水量不足 100 毫米。西部红海沿岸低地，虽然湿气很大，但由于气候炎热，蒸发极快，年平均降水量不足 100 毫米，个别地方甚至终年无雨。

也门夏季多热带雨，7 月和 8 月为雨季，农民多于此时利用雨水进行灌溉。

红海沿岸基哈玛地区湿度很高，平均相对湿度为 71%～75%，最高可达 85%，并且终年变化不大。除此之外，也门全境的总体湿度是不高的。

就气候条件来看，山区最宜人居，东部高原和沿海低地，气候炎热，不宜居住。

四 行政区划

门全国行政区域分为首都行政区萨那市和 20 个省，下辖 333 个区。也门首都行政区、行政省及首府见表 1 –1。

表 1 –1 也门行政省及首府

省 份	首 府
阿比扬（Abyan）	津吉巴尔（Zinjibar）
亚丁（Aden）	亚丁
达利（Ad-Dali）	
贝达（Al-Bayda）	贝达
荷台达（Al-Hodeida）	荷台达
焦夫（Al-Jawf）	焦夫
迈赫拉（Al-Maharah）	盖达（Al Ghaydah）
迈赫维特（Al-Mahweet）	迈赫维特
阿姆兰（Amran）	阿姆兰
扎马尔（Dhamar）	扎马尔
哈德拉毛（Hadramaut）	穆卡拉（Al-Mukalla）
哈杰（Hajjah）	哈杰
伊卜（Ibb）	伊卜
拉赫季（Lahaj）	拉赫季
马里卜（Marib）	马里卜
萨达（Sadah）	萨达（Sadah）
萨那市（Sanάa City）	萨那
萨那（Sanάa）	萨那
舍卜沃（Shabwah）	阿塔格（Ataq）
塔伊兹（Taizz）	塔伊兹
利玛（Raimah）	杰比（Jebin）

第二节 自然资源

一 土壤和动植物

也门的东部和沿海低地一带，缺乏土壤被覆，因而形成内地和沿海一带的沙漠或沙质平原。个别地方也有原生的沙漠土壤（主要在东部）。

中部山地一带雨量较多，因此有很发达的山地红壤。山区的东西两侧，则有热带和亚热带沙漠草原的红褐壤分布。

也门与东非气候条件大致相同，因此也门的植物和东非的植物比较接近。

红海沿岸低地上，分布着沙漠植物。有的地方土壤贫瘠，石质裸露，根本不长植物。盐沼附近则丛生着盐地植物。沿海一带有禾本科植物和稀疏的金合欢、含羞草和柽柳。

距水源较近的地方或绿洲中都种植着枣椰树和野菜。枣椰树可以生长在海拔 1500 米以下的山地和山坡上。但由于水分中含有大量盐分，对植物生长有一定影响。

中部山地是整个阿拉伯半岛植物最茂盛的地方。这里由于夏季季风带来大量雨水，生长着大片的热带森林，山地上到处都是各种热带花草，最常见的有夹竹桃、山踯躅等花木。藤本植物也不少，山坡一带生长着浓密的灌木林。类似仙人掌的大戟科植物是南部山地有代表性的植物，这种植物有的高达 4～5 米，树身多汁，树叶很像多枝的灯架。海拔 800～1700 米地区，是气候比较温和的地方，植物特别繁茂。除大戟科植物外，还有无花果、桧树等生长繁殖。河谷一带生长着高大的火枫树和罗望子树树林。东部高原植物比较贫乏，接近中部山地的地方有埃塞俄比亚种金合欢、柽柳和柳树。

山坡和河谷一带是农作物生长区。经过精耕细作和人工浇灌的山坡梯田上种植着咖啡、香蕉、葡萄和落霜红（阿拉伯茶树），当地居民常用落霜红的叶子作饮料。谷物以小麦、芦粟、玉蜀黍、大麦为主，此外还有椰枣、番石榴、桃、杏等果木。

也门的野生动物属于埃塞俄比亚的撒哈拉亚区。境内的动物和东非的动物很接近，例如，埃塞俄比亚羚羊，东非的鸵鸟、猴子等，在也门的山地都有繁殖。大型鸟类中除鸵鸟外，最多的是鹭，且分布范围很广。猛兽中较常见的是豹、狼、鬣狗、胡狼等。

沿海低地最常见的动物是小啮齿类动物、猛禽、蜥蜴和蝙蝠。中部山地动物种类较多，树林中有鹦鹉、雉鸡等一些羽毛美丽的热带鸟、云雀、沙鸡、雷鸟等。森林里还有很多猴子，林中常栖息着豹等猛兽。山区中常见的野兽是野猫、狼、狐、胡狼、土狼等。过去曾大量繁殖的山羊和羚羊所存已极少。东部沙漠地带是蝗虫繁殖的地带，蝗虫常常飞至亚洲邻近地区，为患甚烈。

二 地质与矿产

1. 地质

阿拉伯半岛在第三纪前的地质时代还是非洲古陆的一部分，第三纪时，才由很深的红海地堑分割而脱离非洲大陆。因此，整个阿拉伯半岛，特别是与非洲接近的地区，在地质构造上和东非很接近，而和邻近的亚洲其他地区迥然不同。也门和东非相隔很近，其地质构造和东非索马里、厄立特里亚有很多类似之处。片岩、花岗岩等是阿拉伯半岛的构造核心，这些岩石在半岛西部也门境内相当发达。

阿拉伯半岛上还普遍分布着侏罗纪和白垩纪沉积（沙子和灰岩），尤以也门和邻近一带为多。也门境内的侏罗纪岩层主要分布在中部山区，略呈环形。白垩纪岩层则主要分布在东北地区鲁卜哈利沙漠一带。

沿海地区（基哈玛地区）和中部山地西坡一带是新生代喷出岩。中部山地从萨那南部开始向南直抵亚丁南部边界，是新生代酸性喷出岩分布地区。东部和北部为太古代岩石分布地区。

也门近代地质上的特点是地壳强烈的垂直运动和与之相关的频繁的火山活动。白垩纪和第三纪时，阿拉伯半岛上普遍进行着火山活动，也门境内的火山活动也极频繁。从上新统迄今，火山活动从未间断。也门境内有由白垩纪岩层—始新统火山岩形成的辉绿岩分布，其厚度达 1000 米。西部红海沿岸的海中有许多火山岛，境内也常有地震。

也门沿海一带还有许多古代海岸的残迹，例如荷台达附近的红海沿岸一带，在海拔 70 米、距海 25 公里的地方，就发现了许多海洋贝壳类沉积物。

2. 矿产

也门地质结构多样，在火山岩和沉积岩地区分布着金属和非金属矿藏。非金属矿藏中，石膏、岩盐、硅石、石灰岩、大理石和花岗岩等储量丰富，还有云母、长石及萤石、大理石、硫黄等资源，目前这些资源已开发利用的很有限，主要是盐、砂、石膏、石材等，产品在本地销售，有少量出口。金属矿产资源有铜、铁、铝、铬、镍、钴、金、银等，其中金、银、锌、铅等金属矿产具有商业开发价值。能源资源有石油、天然气和煤等，其中石油和天然气资源已经成为国家战略资源。

（1）非金属矿产资源：①石膏：石膏矿遍布也门许多地区，最重要的是萨那西南部地区、马里卜南部地区、萨里夫地区、荷台达南部的卡玛山区和穆卡拉地区，已探明储量为 1.6 亿吨以上。石膏主要用于水泥、建筑内装饰材料和窗饰的生产。

②岩盐：岩盐主要分布于萨里夫、卡玛、舍卜沃和萨菲尔等地区，已探明储量约 3.5 亿吨，产品主要供应也门国内食盐加

工,也是硝皮和食品防腐剂生产的原料。

③大理石:大理石分布地区主要是塔伊兹西北的马克萨布、巴哈地区,还有马里卜和亚丁地区,已探明储量至少 7 亿立方米,产品是建筑原材料,用于房屋内外装修和装饰。

④石灰石:石灰石分布在艾尔山区、扎马尔地区和穆卡拉地区,已探明储量在 100 亿立方米以上。产品用于水泥工业、建筑材料和房屋装修。

⑤硅石:硅石分布在曼索拉山区、哈拉德及阿卡巴拉洼地等地区,是一种建筑材料。

⑥黑砂:黑砂主要分布地区是苏法尔雷丹、哈德拉毛和荷台达地区,已探明储量约 5 亿吨。黑砂是航空和陶瓷业的原材料,也用于生产洁具、耐火材料和抛光剂。

(2)金属矿产资源:①金:根据地质专家分析,在也门的萨那东南沿马里卜盆地周边和舍卜沃以东、亚丁湾以南,一直到也门西部火山洼地的广大区域,都有可能存在金矿,目前还未对这一区域进行大规模勘查。2006 年 5 月 4 日也门地质勘探总局发布的一份报告显示,2005 年也门的金矿储量超过 2000 万吨,主要分布在哈德拉毛省和哈杰省。哈德拉毛省的曼丹地区金矿储量在 678 万吨,含金量为每吨 15 克,含银量为每吨 11 克;在哈杰省的哈瑞卡地区,金矿储量在 1600 万吨,含金量为每吨 1.65克。②锌、铅、银:这三种金属矿主要分布在贾巴里和塔卜克地区,已探明储量共约 380 万吨,其中矿石的锌含量为 16%,铅含量为 2.1%。③铜和镍:两种金属矿的矿脉在塔伊兹东南 50公里处的哈姆兰地区,已探明储量 400 万吨,矿石的铜含量为0.75%,镍含量为 2.1%。④铁:铁矿在阿比扬省内,已探明储量约 8.6 亿吨。⑤稀有金属:阿比扬省除有铁矿外,还发现了钛、铀、钍、钇和铌等稀有金属矿。

(3)能源:①石油:也门石油资源主要分布在中部和东部

的马里卜—焦夫、马士拉、舍卜沃、杰奈和阿亚德等 5 个地区，20 世纪 90 年代已探明储量约 60 亿桶[①]。也门石油以轻质油为主，标号高（一般均在 36 度左右，最高的超过 40 度），低盐和低硫。按照目前原油的开采速度（2004 年 41.5 万桶/日，2005 年 38.9 万桶/日，2007 年 37 万桶/日），估计约 15 年后，也门的石油资源开始逐渐枯竭。政府从 2000 年起展开了大规模勘探活动，至今已经有了一些新的发现，但进一步的勘探开发需要时间，还没有新的大油田投入生产。根据也门石油资源部 2008 年最新公布的数据，也门石油探明储量增长到了 97.2 亿桶。

②天然气：也门的天然气主要集中在马里卜—焦夫地区和舍卜沃地区。已探明储量约 16.9 万亿立方英尺（约 4800 亿立方米，约合石油 3100 万吨以上），其中马里卜的储量约 10 万亿立方英尺。估计如每年出口 620 万吨，尚可供未来 25 年使用。政府计划在今后 20 年开采天然气占储量的 30%，供应国内使用。

第三节　居民、部落与宗教

一　人口与人口问题

1. 人口

也门于 2004 年进行了全国人口普查，2005 年底公布了统计数字。根据统计数字，全国总人口为 19721643 人，人口密度为每平方公里 35.53 人。其中男性 10016137 人，占总人口的 50.79%；女性 9705506 人，占 49.21%。男女性

---

① 也门的邻国世界第一大石油生产和出口国沙特阿拉伯的石油已探明储量约 2460 亿桶，是也门的 41 倍。

别比为 103.2∶100。此前 1994 年普查总人口为 14587807 人，10 年净增 5133836 人，增长了 26%。按此增长速度，也门人口 23 年即可翻一番。根据联合国人口基金会公布的数字，2007 年也门总人口为 2230 万，预计 2005～2010 年人口年均增长率为 3.1%。

根据 2004 年人口调查结果，首都萨那市人口为 1747627 人，占总人口的 8.86%。塔伊兹省人口最多，为 2402569 人，占总人口的 12.18%；其次为荷台达省 2161379 人，占 10.96%；伊卜省 2137546 人，占 10.84%；迈赫拉省人口最少，为 89093 人，仅占 0.45%（见表 1－2）。

也门全国共有 2762006 个家庭，平均每个家庭有 7.1 人。家庭平均人口最多的是舍卜沃省，为 8.8 人；其次是马里卜省，为 8.6 人；最少的是荷台达省和迈赫拉省，为 6.2 人。

全国共有住宅 2882759 处，平均每处住宅居住 6.8 人。平均每处住宅居住人口最多的是阿姆兰省和舍卜沃省，为 8.7 人，最少的是荷台达省，为 5.8 人。

2. 人口问题

也门人口增长很快，人口问题突出。1990 年为 1200 万；2005 年突破 2000 万人，为 2015 万人；2007 年为 2230 万人。20 世纪 90 年代人口年增长率 3.5% 以上。政府为抑制人口快速增长，实行了控制人口的政策并产生了一定效果，但是与其他国家相比增长率仍然很高，2000～2006 年年均增长 3.1%。

也门人口增长过快，使人口结构出现变化，青壮年劳动力队伍扩大。1990 年 15 周岁以下人口占 52.2%，15～64 周岁人口占 43.6%，65 岁以上的人口占 4.2%。2007 年 3 个年龄段的比例分别是 46.3%、51.1% 和 2.6%；男性和女性基本持平。这种人口结构使社会问题突显，从根本上说，人口增长快是也门很多社会问题的起因，显而易见的负面影响是使生活水平低下和社会

表 1-2　各省人口分布及平均人口增长率

省、市	平均年人口增长率（%）	2004 年普查人口数	1994 年普查人口数
伊卜（Ibb）	2.50	2137546	1665054
阿比扬（Abyan）	2.47	438656	342628
萨那市（Sana'a City）	5.55	1747627	1003627
贝达（Al-Bayda）	2.29	571778	454608
塔伊兹（Taizz）	2.51	2402569	1870057
焦夫（Al-jawf）	2.61	451426	347639
哈杰（Hajjah）	3.05	1480897	1091788
荷台达（Al-Hodiedah）	3.27	2161379	1558513
哈德拉毛（Hadramaut）	3.09	1029462	755631
扎马尔（Dhamar）	3.11	1339229	981674
舍卜沃（Shabwah）	2.46	466889	364932
萨达（Sa'adah）	3.64	693217	481617
萨那（Sana'a）	3.64	918379	746812
亚丁（Aden）	3.79	590413	404257
拉赫季（Lahaj）	2.69	727203	555742
马里卜（Marib）	2.85	241690	181740
迈赫拉（Al-Maharah）	4.57	89093	56425
迈赫维特（Al-Mahweet）	2.88	495865	371595
阿姆兰（Amran）	1.76	872789	731873
达利（Ad-Dali）	3.54	470460	330062
利玛（Raimah）	3.04	395076	291533
全国总计	3.02	19721643	14587807

资料来源：据也门国家信息中心《2004 年也门统计年鉴》。

贫困化加剧，具体表现在基本生活需求迅速膨胀，增加了社会基础设施的建设负担，扩大了教育、住房、医疗卫生、保险等社会服务需求，造成极大的就业压力。根据联合国发展计划署 2005 年发展报告，也门 45% 的人生活在每天 2 美元收入标准的贫困线以下，15%的人生活在每天1美元收入标准的贫困线以下。

也门人口分布很不均衡，各地区分布存在很大差异。20世纪90年代末全国人口密度每平方公里28人，其中首都萨那市每平方公里4385人，伊卜省每平方公里299人，塔伊兹省192人，哈德拉毛和马里卜省6人，舍卜沃省5人，焦夫省4人，迈赫拉省2人。复杂的地理环境是人口分布不均匀的主要原因之一，在一定程度上增加了地区发展不平衡和城乡差距。农村人口的60%分布在山区，很多地区资源匮乏，交通困难，是赤贫地区。这些地区向城市移民是很普遍的。由于人口增长和城市化发展迅速，2005年也门人口密度每平方公里从90年代的28人增加到了40人，农村人口从占80%以上减少到占75%。

由于社会服务体系不健全，也门人口生育和生命健康质量低劣。根据也门2003年家庭健康统计，妇女生产率很高，育龄妇女人均生育6.2个孩子。此外，也门的出生率和死亡率也很高，2006年人口出生率和死亡率分别为42‰和8.3‰，婴儿出生时死亡率为60‰，男婴和女婴死亡率分别为64‰和55‰。也门人平均寿命比其他发展中国家低，人均寿命62.1岁，男女分别为60岁和64岁。

政府确定了2001～2020年国家人口规划，将控制人口列为社会和经济发展计划的优先发展项目。政府的控制人口措施包括：发动政府机构、社会团体参加调查和探讨人口问题，通过基层行政单位和学校宣传人口政策及相关知识，提高国民认知程度；执行一系列社会服务计划，改善生活环境和人口素质，如执行保护妇女和儿童的社会服务计划，解决妇女教育和工作问题，保护儿童不受战争、疾病和社会不良伤害等；重视人口素质教育，扩大基础教育，提高中等和高等教育质量，加强各方面的技术和职业培训；发展城乡医疗卫生服务，提高服务质量，重点改善农村地区医疗状况；扩大社会参与范围，不仅号召社会团体参加，也鼓励私人参与各种社会服务项目；积极参加国际组织活动，寻求国际社会帮助，参照和执行社会服务的国际标准和吸收其他国家的有益经验。

1993 年也门政府成立了国家人口委员会，主要负责对人口动态进行跟踪、调查、研究，提供国家人口发展政策的建议和意见，并及时发布有关人口的国家法规、政策和计划措施、调查报告等信息。政府总理兼任委员会主席，公共卫生和人口部长任委员会副主席，委员会设秘书处，秘书长和副秘书长，下设负责各方面事务的分委员会。政府的公共卫生和人口部设置了生育卫生管理局，负责计划生育和生育卫生事务。2007 年委员会加强了对人口事务的管理和人口发展的监控，审查已有的人口计划，在总结经验教训的基础上制定了新的人口计划，增加了计划支出，在执行计划过程中协调政府和非政府机构的行动，建立了地方执行人口政策的执行机构。

二 部落

部落众多，分布广泛，是也门社会的一大显著特征。目前，也门有 4 大部落联盟，即哈希德、巴基尔、哈卡和穆兹哈吉，约有 200 个较大部落，北方 168 个和南方 25 个是定居的农业部落和畜牧业部落，其余是不定居的游牧部落。北方部落中有 141 个分布在也门高原地区，27 个分布在沿海平原地区。

也门的部落制度至今保存得比较完整，大部落联盟由多个大部落组合而成，部落之间以联盟或领属关系连接；大部落包含若干个中、小部落，部落又分为若干氏族，每个氏族居住在一个自然村。每个部落都有自己的领地，对政府保持一定的独立性。各部落的制度和规矩自成体系。根据传统习俗和伊斯兰法制定的法律法规，主要涉及民事和刑事范畴，用以处理有关的部落争执和对部落人的惩处。每个部落都有权处理与外界结盟、战争、冲突和缔约等事务。每个部落都拥有配备各式武器的武装力量，负责保卫部落安全，并在国家需要时充实国家的军事力量。部落由酋长和部落首领委员会主持，酋长是部落的绝对权威，集所有权力于一身，实行家长式管理，与首领委员会商讨后决定一切事情，按照本部落制度和习惯处理部落事务。部落人以同宗同族或者嫡亲血脉为主线，其归属感和服从观念是根深蒂固的，忠实于部落胜于忠实于国家。不同部落的生活习惯和生活方式不尽相同，但均保留着古代阿拉伯人的慷慨好客与勇敢顽强的传统精神，有些偏僻山区的部落甚至还有以抢劫为荣的不良遗风。

部落在也门社会基本结构中占有重要地位，它蕴含着极大的社会能量，在相当长的历史时期对也门的政治、经济和社会生活发挥着巨大作用，影响着也门社会生产力和生产关系的发展变化。现在，也门国家的许多上层官员和议会议员都是部落人，或与部落力量有着这样或那样的联系。目前，在也门人数众多、实力最强、影响最大的部落要数哈希德和巴基尔两大部落联盟了。哈希德部落联盟主要集中在萨那、哈杰、萨达诸省，管辖 7 个大部落，包括 50 多个小部落，人口超过 100 万。该部落联盟组织严密，有强大的部落武装和较雄厚的经济基础，艾哈迈尔家族自 300 年前一直处于部落联盟的领导地位。第 12 代大酋长阿卜杜拉·本·侯赛因·艾哈迈尔在北也门"9·26"革命成功后，支持共和派，反对封建君主复辟，率领 6000 名部落武装人员参加了著名的萨那保卫战，曾担任过北也门的部长和议长。南北也门统一后，连续两次被选为议会议长，直到 2007 年 12 月 29 日因病去世。其子侯赛因·艾哈迈尔继任部落联盟大酋长，2008 年 2 月又被选举为副议长。也门现任总统萨利赫也出自哈希德部落。巴基尔部落分布在北自伊卜南至萨达省一带的广阔区域，统辖 7 个大部落，其占地面积、拥有的人口和武装力量均多于哈希德部落联盟，但其组织不如前者严密。哈希德人和巴基尔人原是同宗，在古代萨巴王国时期，为争夺王位曾相互残杀，长期对立，因此，两大部落联盟一直存在较深矛盾。独立后的伊玛目政权，视其为左膀右臂，利用大部落间的矛盾和武装力量维护王权的封建统治，但是两个部落联盟都不满伊玛目的专制统治和干预部落事务的做法，与政权的矛盾激增，最后都投入了反对伊玛目专制政权的斗争。时至今日，这两大部落联盟在也门的政治生活中仍具有举足轻重的作用。

近些年来，随着社会经济的发展、政治民主改革的启动、文化教育的提高和城市化进程的加速，也门的部落状况也发生了一些变化，传统的部落组织结构受到一定冲击，部落成员与部落的那种紧密依附关系出现松动。许多人离开故乡和自己的部落，来到城市寻找工作，开始新的生活，并逐渐融入多元化的城市文明社会之中。城市周边及交通发达地区的部落，在现代文明的熏陶下，部落习俗呈现淡化的趋向。在也门南方地区，封建的部落势力在统一前进行的社会改革运动中基本瓦解。但从整体上看，也门社会经济仍不发达，文化落后，全国性的政治民主化进程刚刚起步，封建的部落势力仍然根深蒂固，浓郁的封建等级观念和狭隘的部落主义影响很大。部落成员仍然保持着对本部落及其酋长的高度忠诚，部落利益高于民族利益。部落间的经济利益纠纷或其他矛盾，时常导致部落间的武装冲突，造成人员伤亡。另外，国家制定的某些法令和改革措施，一旦触及部落或其酋长们的政治、经济利益，就会引起部落势力的强烈不满，他们甚至不惜采取非法手段，迫使政府满足其要求。

协调政府与部落之间的关系，削弱或根除狭隘的部落主义，加强民族团结，是也门政府面临的一个重大问题。政府正在通过扩大教育和公共服务、健全各级行政机构，逐渐改善山区部落生活条件，大力发展国家和地方经济，满足地方要求，不断提高人民生活水平和法制观念，作为应对措施。

三　民族、宗教、语言

门的主要居民是阿拉伯人，问及他们的始祖，也门人会异口同声地承认自己是盖哈坦（南阿拉伯人）子孙，盖哈坦人也就成了也门人的代称。

1. 民族

据考古发现，早在远古时期以前，阿拉伯半岛就有人群生活，盖哈坦人就是这里的早期居民之一。阿拉伯社会学者将阿拉伯半岛上的早期居民划分为两大类：一类是消亡了的阿拉伯人，另一类是留存下来的阿拉伯人。前者指伊斯兰教兴起之前已经不复存在了的阿拉伯部落，如阿德人、赛莫德人、泰斯米人等。他们的消亡既有天灾的原因，也有战争的因素，但不可否认，他们中的一部分人融入了存留下来的部落之中。后者又被分为两大族，其一被称为纯粹的阿拉伯人，其二被称为归化的阿拉伯人。纯粹的阿拉伯人即指盖哈坦的子孙南阿拉伯人而言，也称盖哈坦人或也门人。由于他们很早就定居在这里，故自称土著阿拉伯人。归化的阿拉伯人则指伊斯玛仪的后裔阿德南的子孙北阿拉伯人而言，也称阿德南人，如希贾兹人、纳季德人等。由于他们是较晚时候迁入阿拉伯半岛的，故称归化的或入籍的阿拉伯人。

至于盖哈坦人出现在也门的具体时间，至今仍缺乏确凿可信的史料证据。

2. 宗教

也门人的早期宗教，就其本源来说，属于拜物教，其主要特征是星宿崇拜。也门人认为各种自然现象后面，都存在一种神秘的力量，星宿就是这些神秘力量的象征。阳性的月亮神在名目众多的神灵中占据首位，太阳女神"舍姆斯"的名称是通用的，它被看做是月亮神的配偶。金星"阿斯太尔"是它们的

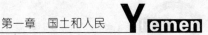

儿子，它是执掌土地和农业的神灵，个别地区还称其为贸易的保护神。除了全国性神灵外，各部落往往还有自己的部落神或家族神。风、雨等自然现象及农作物都可能成为他们的崇拜对象。

为了表达对神灵的尊崇，得到神灵的庇佑，也门人修建了许多神庙，除定期在神庙举行隆重的祭祀活动外，遇到从战场得胜而归、农业丰收、久病痊愈、经商盈利等喜庆时刻，也要去神庙敬献财物，以谢神灵的庇佑。对触犯戒律者的惩罚，是在神庙中竖立一块忏悔还愿的铜板铭文。

公元1世纪后，犹太教和基督教先后传入也门，部分也门人逐渐接受了这些一神教，或皈依基督教或信奉犹太教。7世纪早期，伊斯兰教在阿拉伯半岛蓬勃兴起，也门人普遍皈依伊斯兰教，伊斯兰教也就成为也门的主流宗教。什叶派的宰德派和逊尼派的沙斐仪派信徒在也门穆斯林中约各占50%。

3. 语言

古代也门人使用的语言，统称南阿拉伯语，也称希木叶尔语。从也门地区出土的文物考证发现，早在公元前1200年以前，也门人就有了自己的语言记录符号——希木叶尔文字。希木叶尔文字属于拼音文字体系，有29个字母（木斯奈德字母）。学者对于这种文字的渊源意见不尽统一，但据研究，这些字母很可能是源于西奈字母的早期分支，经过演化发展成为被也门人广泛使用的木斯奈德字母。后来，由于也门一些部落的北迁，以及南北阿拉伯人商业文化交流的增加，南北方阿拉伯语得以相互影响、交融。特别是源于麦加的伊斯兰教在阿拉伯半岛取得统治地位后，北方阿拉伯语成为统一国家的官方语言，伊斯兰教的《古兰经》就是北方阿拉伯语语言的典范。出于政治和宗教信仰的原因，也门人逐渐用北方阿拉伯语取代了希木叶尔语。

第四节　民俗和节日

一　民俗

1. 饮食习惯

门人饮食习惯同半岛的其他阿拉伯国家相似。主食以面食为主，有发面大饼、玉米饼和面包，也有米饭。副食是各种肉类、海鲜类和蔬菜。肉类有羊肉、牛肉、鸡肉、鸭肉。海鲜有各种鱼、鱿鱼、虾等。蔬菜有西红柿、黄瓜、辣椒、卷心菜、洋葱、土豆和绿叶菜等。果品主要是葡萄、桃、荔枝、石榴、哈密瓜、西瓜、香蕉等。干果是葡萄干、榛子、松子等。

也门人的烹调习惯以烧烤、煎炸和蒸煮为主。食品口味偏爱辛辣，调料除了盐以外，还用胡椒粉、辣椒粉、葱、蒜、姜和各种香料。饮料是咖啡、红茶、酸奶、果汁和矿泉水。咖啡中放香料和生姜，茶中放咖啡豆壳。

也门的美味食品有烤全羊。羊头比较珍贵，是待客的上乘佳肴。所有的饭菜与其他阿拉伯国家的风味相同，有清炖和清蒸肉、放上咖喱和调味料的烧肉、烤制或煎制的肉、鱼和虾，配上生菜、蔬菜色拉和泡菜；主食是大饼、面包和米饭。一般人家吃饭比较简单，多是大饼蘸着用肉和菜煮熟的浓汤，还有阿拉伯的"霍姆斯"豆酱。客饭比较丰盛，饭后还有各式甜点和水果。也门是沿海国家，渔业资源丰富，海鱼品种多且新鲜，在也门家庭餐桌上很常见。

"英吉拉"（大饼）是也门的一种特色美食。这种食品的原料是"苔麸"①，当地人把"苔麸"磨成粉状，加入水和成面，

---

① "苔麸"类似于小麦，颗粒状果实比芝麻还小，根茎高过脚背，像小软草一样。"苔麸"产量很低，在隔红海相望的埃塞俄比亚等国家种植。

放在一个大圆筐笸箩里摊开，盖上盖子放两三天，发酵后蒸成薄薄的大饼，状如煎饼，松软、味酸，上有很多小气孔。吃"英吉拉"时，用手撕一片，蘸一些调料。这种调料叫做"WOT"，是一种微辣的调味汁，里面加有鸡蛋、鸡块、牛羊肉或蔬菜。"英吉拉"是从埃塞俄比亚引进的，已经有3000年历史了。

也门人遵循伊斯兰教规，绝对禁酒，按照传统习俗禁食猪肉和使用猪制品，还忌食动物的内脏和血，不爱吃红烩带汁的菜肴。忌讳左手传递东西或食物，因为如厕时用左手。

2. 也门咖啡

也门人爱喝咖啡。咖啡品种各式各样。也门咖啡在世界闻名遐迩，也被称为"摩卡咖啡"。

公元6世纪前，也门一直被称为阿拉伯，因而从也门运至其他地方的咖啡树也被称为"阿拉伯咖啡树"。"阿拉伯咖啡树"原产地是埃塞俄比亚，15世纪传到也门，17世纪由荷兰商人将其带到了世界各地。

也门咖啡很早以前就被称为"摩卡咖啡"。摩卡（Mocha，又译穆哈）是也门西南的一个红海港口，是阿拉比卡种的咖啡豆发祥地，曾以"摩卡咖啡"之名享誉世界。由于也门和阿拉伯地区出产的咖啡豆通过摩卡港运出，所以人们把阿拉伯地区产的咖啡统称为"摩卡咖啡"。"摩卡咖啡"风靡一时，世界各地曾刮起过一阵摩卡旋风。但是由于地区混乱和种植无规划等问题，咖啡产量很不稳定，影响了"摩卡咖啡"的声誉。

也门咖啡均产于海拔约900米以上地区。咖啡树的幼苗先在苗圃培育后再移植到高海拔地带，种植过程中不使用任何农药和化肥，成熟后的咖啡豆在咖啡树上自然风干，用石磨去壳后再经人工反复选粒洗净，得到的咖啡豆形状规整，大小均匀，颜色可从浅绿色到黄褐色，香味馥郁而持久，制成的优质咖啡无论是单独还是混合饮用，都意趣隽永，令人神清气爽，给人以无穷回味。如今也门摩卡咖啡的种植和处理方法与数百年前的基本相同。在大多数也门的咖啡种植农场中，咖啡农抵制使用化学肥料，他们栽种杨树给咖啡提供生长所需的阴凉。这些树种植在陡峭的梯田上，以便能够最大限度地利用较少的降雨量和有限的土地资源。不仅如此，摩卡豆至今仍然用一种稻草编织成的袋子来装运，而不用化学编织袋，可以说是彻底的绿色食品，完全符合食品安全标准。

也门咖啡有许多品种，大多是以其产地和类型命名。人们喝的咖啡风味各异，例如可以有新鲜木材、烟草、麝香、果酒、烤坚果、可可及温馨的调味料等风味。摩卡咖啡更是如此。摩卡咖啡豆的外形与埃塞俄比亚的哈拉咖啡豆相似，比大多数咖啡豆小而圆，看起来很像豌豆，酸度高。目前市场上摩卡咖啡最著名的品种，有伊思玛丽、马他里、萨那尼等。萨那尼咖啡豆粒形中等，有果酒风味，产自萨那及周边地区；马他里咖啡原产自萨那西部的马他里地区及周边，是最为人知的摩卡咖啡，风味独特，咖啡豆有巧克力色泽，粒形完整，可有果酒和调料味。伊思玛丽咖啡是摩卡咖啡最稀有的品种，产于也门海拔最高的地区，产量有限，价格昂贵，可有果酒、香料、坚果、麦芽等多种风味，质量在马他里和萨那尼咖啡之上，是世界上最好的咖啡。除此以外，喜拉齐、扎马尔尼也是很有名的咖啡品牌，分别产自萨那至荷台达的高山地带和扎玛尔地区。

咖啡历来是也门的传统出口产品，现在仍然是重要的经济作物和出口产品之一。但是多种原因造成咖啡的生产和出口状况一直不景气。

3. 卡特

卡特（Gat）是一种多年生灌木植物的叶片。卡特树一般可活数十年，树叶形状类似茶叶，扁长，两头尖，原产于埃塞俄比亚，叫做恰特草（Gatha Edulis）。卡特含类麻黄碱的物质，有轻度麻醉作用，食用功效比茶叶更显著，咀嚼后有一定刺激作用，能加速血液循环和加强心肺功能，减轻身体不适，使人神清气爽，达到提神醒脑之功效。古代阿拉伯人曾用卡特叶作为酒类的代用品，所以卡特又被称为阿拉伯茶。也门人咀嚼卡特成风，是生活中不可或缺的内容。由于国内销售市场广大，收益丰厚，所以农民热情倍增，约1/4的农村劳动力都从事卡特种植，卡特种植面积逐年增加，占农作物种植面积的10%以上，产值约占农业总产值的40%。

咀嚼卡特是也门人古来的传统习俗。咀嚼的方法是将没有经过任何洗涤的新鲜卡特叶或带梗的嫩叶子送入嘴里，慢慢咀嚼但不下咽，且不停地咀嚼新卡特叶，一般咀嚼时间长达3～4个小时，致使两腮逐渐鼓起。也门人咀嚼卡特成为社会的一个景观。男人不论工作还是休息、饭后闲聊还是招待客人，甚至开会议事都离不开咀嚼卡特。从每家每户到街边小巷，从高级饭店到乡村小店，无处不见咀嚼卡特的人。富足人家的妇女咀嚼咖啡现象也非常普遍。很多家庭下午都有卡特聚会，为了方便还腾出一间好房作为卡特屋，供卡特聚会使用。

卡特现象已经影响了也门的经济和社会发展进步。据国际卫生组织提供的研究报告，卡特不是麻醉品，人们嚼食卡特上瘾不是生理上的原因。但是长期咀嚼卡特无疑对身体产生副作用，不利于健康生活[①]。医学调查表明，人们吃卡特习惯不加洗涤，化学杀虫剂的残余导致了许多疾病。长时间咀嚼卡特，增加了消化道系统和呼吸道系统疾病，口腔癌、肺癌、血癌也明显呈上升趋势。卡特使人兴奋，睡眠减少，食欲减退，嚼食卡特的孕妇生下的婴儿均先天营养不良，身体瘦弱，对下一代构成了严重威胁。

---

①　1981 年初，阿拉伯麻醉品事务管理局曾作出决定，将"卡特"与鸦片、可卡因归为一类麻醉品。

另外，据统计，也门全国每年吃卡特要花掉 30 多亿美元，也门人购买卡特的花费占家庭基本用品开支的第二位，给贫困家庭增加了支出负担。不仅如此，很多也门人喜好咀嚼卡特，花费时间和金钱，且很多人不分场合和时间，以至工作懈怠。总统萨利赫曾于 1999 年初亲自签署命令，禁止军事机关和军人在工作时间嚼吃卡特，禁止在办公场所嚼食卡特。命令强调，嚼食卡特是一种劳民伤财的陋习，既有害健康，又耗费大量资金。萨利赫还以身作则，旨在掀起抵制嚼食卡特的运动。政府也多次做出决定，并发动全社会行动起来，阻止卡特现象进一步发展。

4. 也门腰刀

腰刀（Jambiyya，阿拉伯译音，意为侧翼的、侧面的）是也门男子的佩饰。腰刀曾被也门人作为武器用以自卫，如今变成了一种佩带的饰物，男子装饰的重要部分。如同女子佩戴珠宝首饰一样，挎腰刀是也门男子的一种爱好，似乎要以此显示男人的威风、勇敢和力量。不同档次的腰刀也是地位和身份的象征。男子外出时身不离腰刀是传统习俗，久而久之形成了也门独特的人文景观。

也门腰刀具有 3000 年的历史，各式各样的精致腰刀是古代遗产传承发展的结晶。也门一些博物馆里展示的各时期腰刀，述说了也门文明的历史。腰刀的一个引人之处在于刀鞘上的极致曲线，刀鞘末端几乎以 180° 的角度向上翘起。刀柄的材质在很大程度上决定了腰刀的价值。上等腰刀的刀柄是由动物角、长颈鹿骨，或者是骆驼蹄甲等材料做成的，刀柄两边通常装饰有两块金片或银片。最昂贵的腰刀是赛伊法尼腰刀，刀柄是由犀牛骨做成的，也门人常称为可心儿。还有一种阿萨迪腰刀也很名贵，取名于古代也门国王的名字阿萨迪·卡迈尔。做刀柄的犀牛角从非洲、印度等地方进口，其他动物角和骨头取自当地。也门腰刀的刀片有很多种类，刀片的品牌也决定着腰刀的优劣和价值。哈达拉米、阿达尼、马卜拉德等牌子都很有名,而最好的刀片是哈达拉米刀片,产自哈德拉毛地区。上等腰刀要配上好木材制作的刀鞘,最好的刀鞘称为"阿西卜"刀鞘。阿西卜刀鞘根据所用木材的种类分为两类,目前最多的一类叫哈氏迪刀鞘,另一类叫巴珂里刀鞘。后一种刀鞘很像剑鞘,常见于也门拉赫季和阿比扬一带的高层人士的佩刀。佩腰刀的腰带也分很多种,最好的腰带叫做木法德哈利,制作讲究、做工精细、装饰华丽,刺绣着各种图案。高级腰带一般都用纯金线装饰。也门传统的腰刀打造以萨那和塔伊兹的作坊最负盛名。

腰刀的年代越久远价钱越昂贵。从刀柄装饰角的颜色可以推断出腰刀的年代,随着时间的推移,颜色可由深变浅,如果色泽光亮或者像玻璃一样透明,腰刀估计有 400~1500 年的历史,价值连城。现在也门和很多国家重视保护自然环境,都实行了禁猎犀牛等珍稀动物的法律,用这些动物骨骼和犄角制作刀鞘的腰刀越来越少,市场价格不断上涨。

也门人常用腰刀作为礼物赠给亲友,表示吉祥、祈福。领导人赠送国外贵宾腰刀,代表国家和民族对来宾热情的欢迎和诚挚的敬意。1961 年 2 月,阿拉伯也门(北也门)穆斯林代表团访华时,赠送毛泽东主席一把长 38.7 厘米、宽 9.7 厘米的精美昂贵的腰刀。腰刀为双面刃,尖略上挑,刀鞘外包牛皮,用金丝绣着精美的图案,钉在宽长牛皮背带上;牛皮背带上的图案为树叶、果实、文字,结头处钉以花头银铆钉;刀柄以牛角制成,呈束腰形,两头为圆头银铆钉。1974 年 11 月,民主也门(南也门)主席鲁巴伊赠送国务院副总理李先念一把长 30 厘米、宽 6.5 厘米的腰刀,刀柄是犀牛角材质,刀鞘弯成 120°。这两件礼物是也门最高贵的阿拉伯腰刀赠品,类似的腰刀只有地位显赫的贵族成员才有资格佩带。

腰刀也在喜庆聚会上被当做歌舞的道具。旅游业兴旺发达后，腰刀作为当地特色的旅游产品，备受外来游客的青睐。

5. 服装服饰

也门人传统的服装很有特色，最突出的是男穿裙女穿裤，这是也门人服饰的一大标志。一年四季，男人中不分老幼都是上身穿素色或者花色衬衣，天冷时外面穿皮衣、毛衣等较厚的外套，下边用一块布缠腰裹紧当做裙子，一般是白色和素花布，年轻人和孩子的裙子带有颜色和花的图案，再用一条宽带束腰，光脚趿拉着拖鞋，头带白色或花格缠头巾。另外，身着阿拉伯长袍和头带缠头巾也是很常见的装束，大袍颜色一般以白色和素色为主，再用一条宽带束腰。男子从 15 岁就开始腰束宽腰带和佩带腰刀。也门男人以佩带腰刀显示威严，即使开玩笑，也不能随便拔出他们的腰刀，这是最忌讳的事情。

从也门人服装、头巾和腰带的式样、材质和装饰，可以看出也门人地域的差异、地位和身份的不同。一般的也门男人普遍穿裙子，而沙漠游牧人和干活的人则喜欢穿大袍，大袍袖子之宽大，可以在旅行或干活时当做袋子装东西。清真寺阿訇一律穿雪白的大袍，这也是所有清真寺阿訇的基本装束，有的在外面罩一件对襟长衫，显得很庄重。长老、法官和部落首领等也穿长衫。社会上层人士的头巾和腰带用金银线刺绣，镶嵌金银珠宝等高级装饰，腰带用好皮革或上等材质的布料制作，手工技艺精湛，价格昂贵。有的部落首领不缠头巾而是头带用布裹着的高帽，上配有精美的装饰，看上去同样很威严。百姓的头巾、腰带材料和装饰就很一般了。各地区头巾缠绕方式有所不同。部落人通常用一大块布缠头，布的一角垂到肩头，这是阿拉伯人最普遍的一种缠头式样。哈德拉毛游牧部落的人习惯用大斗篷包住头发，也有人仅用一根皮带缠在头上，勒住额前的头发。

随着时代变迁，也门的传统服装大有改进，很多人在衬衣或大袍外面套上了西服，这种东西合璧的装束算是一种时尚吧。政

府公职人员和公司企业职员上班时穿西服，追求社会时尚的现代青年喜欢穿 T 恤衫、牛仔服和牛仔裤。

也门妇女习惯穿裤子，外边再套上长裙，脚上也是光脚趿拉着拖鞋。由于宗教习惯和传统习俗的原因，她们在出门时从头到脚用黑纱和黑布遮盖严实，再披上披肩，纱巾遮脸，有的连眼睛部分都不露出来。即便在大学里，女学生也是如此装束。在一些不太开放的地方，妇女抛头露面被视为有伤风化的行为，会遭人讥讽和白眼。唯独北方地区有些部落例外，那里的妇女外出时，没有从头到脚用大袍和纱巾遮掩，只披着一件花布披单，看上去简单利落，显得很超前时尚，实际上这样的装束不过是那里的传统习俗而已。

其实也门妇女很爱美，喜欢穿色彩鲜艳的服装，再配以各式各样的精美装饰。她们出门前都会精心梳妆打扮。姑娘们是为了自己更加靓丽，妻子们则主要是为了讨丈夫喜欢，上等社会的妇女非常讲究，每天在家里认真梳洗，描眉涂口红染指甲，还要穿金戴银，手腕上套上十几个金银手镯，耳环手链脚链等饰物一应俱全，不厌其多，走起路来叮当作响。每逢亲朋好友聚会和宴会，女宾们单处时，大家都纷纷脱下黑袍，卸下头巾面纱，露出色彩斑斓的高档民族服装和金银珠宝各种配饰，精心的装扮衬托着她们的白皙肤色，使她们显得雍容华丽，犹如一场服装服饰展示会。

6. 社交礼仪

（1）见面礼仪：也门人相见时，先互相问候，然后拥抱及亲吻面颊一至三次，或握手后互吻手背一两次，或握手后吻自己的手背一次，表示对客人的尊敬。素不相识的也门人相见，双方主动握手并互相问候"赛俩姆"（意为：你好）。也门有一种传统吻足礼，晚辈拜望长辈时，或在出远门前与长辈告别时，先拥抱长辈，然后吻他的脸部，再跪下依次吻大腿、小腿、直到脚背，表示晚辈对长辈深深的敬意和衷心的祝福。

（2）接待礼仪：也门人最隆重的接待方式，是为客人熏檀香和喷香水。主人迎客人进入客厅后，点燃檀香放进铜制的手提香笼内，然后请客人站起来，解开他的外衣下排纽扣，撩起下摆，把香笼放在贴近他的腹部位置，嘴吹香笼，让香气四溢的烟雾散入客人衣内，长时间保留沁人心脾的香气，表示真挚的友谊长存。当客人告别时，主人拿出巴黎名牌香水，喷洒到客人的颈部、前胸及手上，如果客人用手抹一下自己的脸，并说上一句"我感到荣幸"的话，主人会格外高兴。

（3）部落迎宾：也门民间待客有很多礼仪。北也门最大的部落哈希德部落慷慨好客，每逢宾客来访，全村人在酋长的带领下夹道热烈迎接。村民敲起手鼓、吹着喇叭、唱着民歌，挥动腰刀起舞，有时还鸣枪致敬。主人将客人请进客厅，客人要脱鞋席地而坐。客厅中央摆放着高高的水烟壶，吸管长一米，大家轮流吸。一般的客人用点心和糖果招待，宴请贵宾，则要杀牛宰羊。最著名的招待菜肴是烤全羊，其他还有清蒸牛肉、烤羊肉串、羊油炒米饭等客饭，最后一道是甜点和水果。饭后主人为客人送上红茶、咖啡、奶茶、姜汤等饮料。

山区和沙漠地区的部落人朴实好客，每逢有客来访，无论是否认识都会热情招待。他们当着客人的面杀羊，把羊脑献给客人，然后请客人品尝带着血丝的烤羊肉。第二天的早饭是奶茶和点心。饭后恭送客人离开。来客可以送些小礼品留作纪念，但不可给钱，主人认为那样做是看不起他们，会因此而生气。

（4）家宴礼仪：也门居民很慷慨，家宴上会拿出最好的食物招待客人，如烤羊羔、炸鸡、炸鱼、炸牛排等。他们以最上等的菜肴"烤驼羔"招待最尊贵的客人。"烤驼羔"是把驼羔腹内掏空装上一只羊羔，羊羔的腹内填入一只鸡，鸡膛中再塞进一只鸽子，加上各种香料和调料后在篝火上烤熟。然后将烤好的肉搁在托盘里端上桌，烤肉的香味扑鼻而来，令人垂涎。也门人还用咖啡款待客人，客人们可以细细品尝正宗摩卡咖啡特有的味道，喝完一杯，殷勤的主人会马上再续上一杯，如不想再喝，可举杯摇晃一下向主人示意不再需要了。也门属禁酒国家，招待客人时和宴会中从不备酒。

（5）商务礼仪：也门人同别人打交道，即使是谈生意，往往也不能遵守约定的会面时间。要有长时间等候、延期或取消约会的准备。商业文书是采用盖公司章与签名并行的行文方式，盖图章是非常重要的。商务谈判一般用阿拉伯语，很多政府官员都不懂英语。政府机构的投标书都是阿拉伯语，需有很好的阿拉伯语翻译帮忙才行。特别要注意的当地禁忌是，在商谈或对话中不要用手指对方。

（6）婚姻礼仪：也门人把婚礼当做欢乐的庆典和重要的社交活动，婚俗至今保留着许多阿拉伯传统习俗和当地特有的习惯。婚姻有以下几个步骤。

第一，选择对象：在也门的传统家族里，婚姻嫁娶基本由父母做主，尤其是父亲拥有绝对的权威。按照伊斯兰教规，男女授受不亲，除了家庭成员和亲戚外，小伙子很少有与女性接触的机会，选择未婚妻就只能靠父母和亲友了。也门没有女方提亲的习惯。

在也门，小伙子们到了十七八岁，父母就开始为儿子张罗婚事了。首先，母亲会在亲友和邻居的子女中留心，通过自己的社会圈子物色未来的儿媳妇。一旦相中某位姑娘，父母商量后通过各方面做详尽的了解或做实地考察，之后征求儿子的意见。也门同其他阿拉伯国家一样，表兄妹婚姻是常见的。

第二，相亲：男方选中对象后，父母会托人到女方家提亲。女方家同样对男方进行调查了解。如双方同意婚事，便选定相亲日期。相亲时，男方父子带着礼物到女方家中，给女方家了解小伙子的机会。被相中的女子也许有机会出面见客，向客人献茶或椰枣，但必须戴上面纱。相亲结束，女方父母经过慎重考虑并征求女儿的意见。女方同意后，男方就可以正式求婚了。

第三，求婚：求婚的日子一般选在星期四或星期五。这一天，未婚夫在父亲和 3 ~ 4 名男性亲友的陪同下，带着给未婚妻的戒指和给未来岳母的衣服，还有葡萄干、椰枣等其他礼物再次来到女方家中。未婚夫通过父亲，恭恭敬敬地把礼物送到未来岳父的手中。然后双方商定婚礼的具体日期和聘礼的数量。聘礼大部分由男方承担，且必须在结婚前备齐，主要是送给未婚妻的珠宝首饰和衣服等。按照也门风俗，结婚以后这些珠宝首饰和衣服就成了新娘的私有财产。由于这些首饰比较昂贵，所以成为一种婚姻的保障，男子就是顾及这些首饰也不会轻易提出休妻。婚事基本确定后，任何一方反悔都被认为是很不光彩的事。一般被休的妇女很难再嫁，寡妇才有再嫁的可能。伊斯兰教允许男人娶 4 个老婆，很多也门人讨两个老婆。

第四，订婚仪式：结婚过程一般持续 3 天，从星期三至星期五。星期三下午双方正式签婚约，也就是订婚，星期四双方招待近亲，星期五是当地人的休息日，新郎新娘举行婚礼。订婚仪式在女方家中进行。仪式由阿訇主持，新郎对未来岳父恳请说："以安拉（真主）的名义，您愿意将女儿嫁给我吗？"未来岳父回答："以安拉（真主）的名义，我愿意将女儿嫁给你为妻。"阿訇问新娘的父亲："你女儿是否同意这桩婚事？"回答"愿意。"接着，新郎与岳父同时伸出右手紧握对方。阿訇将一条白布放在两人手上，开始念诵《古兰经》第一章，为新人祈福。

当新娘的父亲将象征婚姻幸福美满的葡萄干撒向空中时，仪式进入高潮。在场的亲友特别是孩子们争先捡食落在地毯上的葡萄干，谁捡得最多就预示着谁将来最幸福。按照当地风俗，凡捡到葡萄干的人都要或多或少地拿出贺礼，现场有专人高声念着礼单。

第五，结婚典礼：星期五进行热闹的婚礼。厨师一大早就带着厨具赶来，杀羊宰牛，烹调饭菜，准备中午丰盛的婚宴。婚礼的来宾一般都多达上百甚至几百人。邻居的妇女们会随身带来自家的餐具，并帮女主人做些准备工作，收拾好房间和庭院。婚礼开始时身穿崭新的阿拉伯长袍、手拿金色宝剑的新郎在全家男子和来宾的陪同下，先在屋里做礼拜和祈祷，然后到庭院门口，迎接来宾。在城里，送亲的车队少则十几辆，多则几十辆，响着喇叭打着双灯通过街道。新娘的陪嫁随同婚车运到新郎家，陪嫁一般是首饰、绣花衣服、全套铜餐具。新娘进门时，在门框上磕破一枚鸡蛋，鸡蛋是多子的象征。新郎将手放到新娘的额头上，念诵《古兰经》"一切赞颂，归于真主"，表示对妻子的尊重，欢迎新娘成为家庭一员。乐手们奏起欢快的鼓乐，一群青年男子载歌载舞，拥簇着新人进入洞房。客人们席地而坐，盛大的婚宴在欢呼声中开始了。

整个下午都沉浸在欢庆中。阿訇不时地吟诵经文，祈祷新人一生幸福安康。乐手们奏着鼓乐，小伙子们兴致勃勃地欢歌起舞。来宾们在熏香的烟雾缭绕中席地而坐，悠闲地抽着旱烟喝着咖啡和茶，随意品尝着椰枣和葡萄干等各种小吃。直至夕阳西下，客人们才渐渐散去。

第六，致谢：次日早晨，新郎要到女方家送礼，答谢岳父岳母对妻子的养育之恩，感谢他们将美丽的女儿嫁给他。岳父母向新郎回赠礼物，一般是各种甜食，表示希望新婚夫妇的生活和睦甜蜜。婚后第二天，两家女眷在新郎家欢聚。第七天新娘回娘家宴请女友。

（7）丧葬礼仪：也门人的丧葬礼仪依照伊斯兰的丧葬习俗进行。伊斯兰教主张丧事从简，亡者应在死后三日内下葬。按照《古兰经》所说，穆斯林死后回到安拉（真主）那里去，前世罪恶深重的人下地狱，前世清白的人上天堂。穆斯林们都相信，逝去的人是被安拉召回了，因而他们送葬时情绪比较平静，后事办得也不太铺张。根据伊斯兰习俗，穆斯林实行土葬。亡者遗体被整容沐浴后，用白布裹身平放在灵柩内。出殡时，由亲戚轮流扶持灵柩，一路重复《古兰经》经文："我们属于真主，最终要回到真主身边。"到墓地后，遗体面向圣地麦加放入墓穴。送葬者排成一队，跟随阿訇念诵《古兰经》经文，最后大家齐念三遍经文："我们属于真主，最终要回到真主身边。"填埋墓穴时，亲属向亡人说最后告别词："愿真主收留你，款待你。"至此，整个下葬仪式结束。

夜幕降临时，亡者的亲属在搭建的大棚里举行祈祷仪式，亲戚在门口迎送参加仪式的人。亲朋好友进棚在椅子上就座，默诵《古兰经》为亡者祈祷。祈祷仪式持续三个晚上，只接待男宾，女宾是白天在单设的地方进行祈祷活动。

二　节　日

门国家法定的节日有公共节日，包括国际节日、国家节日，还有宗教民俗节日。

1. 公共节日

公历新年　1月1日

国际妇女节　3月8日

国际劳动节　5月1日

统一日　5月22日（1990年5月22日南北也门宣布统一）

革新运动纪念日　6月13日

革命日　9月26日（1962年9月26日北也门推翻王室，成立阿拉伯也门共和国）

国庆节　10月14日（1918年10月14日也门独立，建立王国）

革命日 11 月 30 日（1967 年 11 月 30 日成立南也门共和国。1970 年 11 月 30 日改名为也门民主人民共和国）

2. 宗教民俗节日

伊斯兰新年 伊斯兰教历 1 月 1 日

阿舒拉日（忏悔日） 伊斯兰教历 1 月 10 日（忏悔日）

穆罕默德诞辰日 伊斯兰教历 3 月 12 日

穆罕默德登霄日 伊斯兰教历 7 月 27 日

开斋节 伊斯兰教历 10 月 1 日或 2 日

宰牲节(古尔邦节) 伊斯兰教历 12 月 10 日

第二章

历　史

也门有 3000 多年文字记载的历史，是阿拉伯世界古代文明的摇篮之一。公元前 14 世纪到公元 525 年，先后建立了麦因、盖太班、哈德拉毛、奥桑、萨巴、希木叶尔等奴隶制国家。7 世纪成为阿拉伯帝国的一部分。16 世纪初葡萄牙人侵入，1789 年英国占领了属也门的丕林岛，1839 年又占领了亚丁。1863 ~ 1882 年英国先后吞并哈德拉毛等 30 多个部落酋长领地，组成"亚丁保护地"，将也门南方的大部分领土分割出来。第一次世界大战前，也门北方人民进行了一系列争取独立的武装斗争。1918 年，也门脱离奥斯曼帝国统治，建立了独立的穆塔瓦基利亚王国，成为阿拉伯世界第一个宣告独立的国家。1934 年，也门王国在同沙特阿拉伯争夺边界的战争中失败，英国乘机迫使其签署不平等条约，承认英国对南部也门的占领，也门被正式分割为南北两方。1959 ~ 1963 年英国先后将也门南部的 6 个苏丹国拼凑成"南阿拉伯联邦"，后"亚丁保护地"宣布加入。1962 年，北也门人民进行了"9·26"革命，推翻封建王朝，建立了阿拉伯也门共和国。1963 年南部人民在"民阵"领导下，举行大规模的反英武装斗争，终于在 1967 年 11 月 30 日取得独立地位，成立也门民主人民共和国。随着国际形势的发展，南北也门加快了统一的步伐。1988年双方签署了南北居民自由过境和共同开发边界地区石油、矿业资源的协议，揭开了加快统一的序幕。1990年5月21日，南北也门议会签署了统一宪法草案，5月22日也门正式统一，结束了百余年来的分裂局面，实现了也门人民统一祖国的夙愿。然而，南北也门存在的各种问题激化了政治矛盾，致使1994年4月爆发了内战，给国家政治、经济和人民财产造成极大损失。7月内战结束后，也门面临着维护国家统一局面、经济和社会全面发展的艰巨任务。

第一节 古代也门

许多保存迄今的石刻和金属版上的记载证明，古也门有许多奴隶制国家。古希腊的地理学家埃拉多斯芬和一些古罗马历史学家的著作中也都提到过。

在这些奴隶制国家中，最重要的是麦因、萨巴和希木叶尔三个王国。这些古代王国曾经进行过非常活跃的商业和中转贸易，他们把从印度和东南亚各国运来的宝石、黄金、象牙、香料、生丝和丝织品等销售给红海和地中海一带国家，同时把本国的产品，特别是安息香出口国外。

一 麦因王国（公元前14世纪~前630年）

麦因王国是也门出现的第一个国家，有些学者认为麦因人是盖哈坦的后裔，大约于公元前14世纪在萨那北部建立国家。麦因王国最主要的城市马里阿布城就是现在的马里卜城。麦因人最初用腓尼基字母（由西奈字母发展而来）记录他们的社会活动，在希木叶尔文字形成后，改用希木叶尔文字，讲古阿拉伯语。麦因王国建国时实行神权政体，国王是最高统治者，同时担任大祭司，掌握神权，称为"麦兹瓦德"。王权稳固后，逐渐向世俗政体转化，国王改称为"马利克"，即国王。麦因王国统治者实行父子、兄弟相传的王位继承制，历27任国王。麦因王国强盛时曾占领过南起哈德拉毛、北至希贾兹的阿拉伯半岛大部分地区，其势力一度扩展到巴勒斯坦南部和埃及东北部，取代了亚述人、腓尼基人和埃及人的地位。

麦因王国的农业和商业比较发达，国家税收主要来源于此。麦因人尤以商业活动闻名于世，他们打通了麦因经阿拉伯半岛北部游牧地区通往埃及、叙利亚的商道，将也门特产的各种香料、手工业品及来自印度的货物，用庞大的驼队运往埃及、叙利亚和两河流域。为了防止游牧部落袭击，商队由军队护送，商道沿途设有驿站，并有武装卫队驻扎，一些驿站发展成为麦因人的殖民地。

公元前7世纪，麦因王国开始衰落，一些地区先后摆脱王权控制，宣告独立。由于政局动荡，经济发展受到影响，国力日渐衰微。此时，觊觎麦因王国多年的竞争对手萨巴王国乘隙而入，向麦因王国发动全面攻势，约在公元前630年，麦因王国被萨巴人攻陷。

二　萨巴王国（公元前10世纪～前115年）

萨巴王国是古代也门最负盛名的国家，系盖哈坦人萨巴·阿卜杜·舍姆斯之子凯赫兰的后裔所建，起初只是一个小酋长国，后经过一系列征服扩张，发展成为地域辽阔的强盛王国。萨巴王国分为前后两个时期，前期因国家的最高统治者称为穆卡拉布，史称这一时期为穆卡拉布时期，约始于公元前10世纪，止于公元前650年。这一时期共有15位穆卡拉布（国王）先后执政，首都为萨尔瓦赫城。后期称为马利克（国王）时期，即萨巴国王时期，始于公元前650年，止于公元前115年。在此期间约有22位国王执政，首都迁移至马里卜。

公元前 7 世纪末，萨巴王国的穆卡拉布耶萨阿·埃姆尔·瓦格尔发动了入侵麦因王国的战争，遭到麦因人的顽强抵抗铩羽而归。公元前 630 年，卡勒布·伊勒·瓦塔尔终于战胜了麦因王国。公元前 650 年，瓦塔尔在征服扩张接连取得成功之后，向全国郑重宣布将其称号改为"马利克"（国王），从而开创萨巴王国的新时期。自战胜麦因王国后，萨巴王国又与盖特班国、哈德拉毛国、奥桑国等国展开征服与反征服的斗争，最终取得了胜利，到公元前 540 年将这些王国一一吞并，基本占据了南阿拉伯地区。

前萨巴王国时期，国王穆卡拉布集神权与政权于一身，在首都建设了规模宏大的月神庙。到了后萨巴王国时期，王权巩固，国力增强，国家进入兴盛时期，因此王权世俗化，国王不再担任神职，改称"马利克"。

萨巴人继承了麦因人的商业活动并发展了航海术，使阿拉伯半岛的商业和贸易更加兴旺。他们利用季风知识，使航船可以穿越红海抵达印度洋，垄断了东西方的海上贸易。也门特产的各种香料源源不断地运往埃及、波斯、印度、罗马、希腊，同时又将这些国家的珍珠、象牙、纺织品、金银制品等运回也门，或转售至其他国家，从而赚取巨大利润，促进了国家的兴盛。萨巴王国的农业和水利也相当发达，萨姆胡·阿里·叶努夫和他的儿子耶思阿·艾慕尔·贝纳当政时，建成了著名的马里卜水坝（约公元前 5 世纪），为子孙后代留下了珍贵的遗产。

公元前 2 世纪末，由于萨巴王国统治集团内部发生了激烈的权力之争，不同派系之间相互倾轧、杀伐，政权频繁更迭，政局动荡不安。战乱及统治者的疏于管理，使萨巴人赖以生存的农业、商业遭到严重破坏，动摇了国家的经济基础。公元前 115 年，萨巴王国被希木叶尔王国所取代。

三 希木叶尔王国（公元前 115～628 年）

早期生活在也门西南高原的希木叶尔人，也属于盖哈坦人的后代。约公元前 200 年时，在也门的部落战争中，希木叶尔人征服了周边的其他部落，壮大了自身实力，随之与萨巴人开战，推翻萨巴政权，于公元前 115 年建立了希木叶尔王国。

建国之后，希木叶尔人修复了因战乱而破坏的农业设施，恢复了农业的兴旺景象。此外，他们重整陆路商道，改善码头、港口的条件，陆、海商贸重新活跃起来，商旅往来于欧亚非三大洲之间，财源滚滚而来，有力地促进了建筑业、手工业的发展，著名的乌木丹宫就是这个时期的杰出代表产物。

希木叶尔王国存在的 640 年分为两个时期，第一时期从公元前 115～300 年，第二时期从 300 年到 525 年。后期王国征服和占领了更多的领地，统一了南阿拉伯半岛。

340～328 年、525～575 年，希木叶尔国两度被信奉基督教的埃塞俄比亚人（阿克苏姆王国）占领。埃塞俄比亚人占领也门期间，基督教和犹太教传入也门地区。570 年埃塞俄比亚人进攻麦加，史称"象年战争"，但以失败告终。575 年，波斯人赶走了埃塞俄比亚人，也门处于波斯帝国统治之下，直至 628 年也门成为阿拉伯哈里发帝国的一个省份。

四 古代奴隶制度

也门在原始公社阶段，部落是社会的重要组织形式，部落内实行氏族民主制和生产资料公有制，生活资料平等分配，部落酋长和部落首领委员会管理内外部事务。在农牧业定居和生产力发展过程中，部落领导权增强，由争地和自卫引发的部落战争和部落兼并事件频发，因而出现了以共同的经济、社会利益连接的部落联盟和以部落联盟为基础的国家雏形。部落联盟首脑由最强大的部落酋长承担，这个部落也称"领袖部落"。部落联盟成立"部落领袖会议"共同管理部落联盟事务，"领袖部落"首领和其他各部落首领是部落领袖会议的成员，部落领袖会议集体决定部落联盟的重大事务。部落联盟有自己的常备军事组织，主要军事力量来自于"领袖部落"的成员。其他部落的成员都是后备军事力量，当战事需要时，他们立即弃农参战。所有部落土地和部落成员都服从部落联盟首领和"部落领袖会议"成员的管理。

所辖领地扩大、农业生产发展、出现剩余产品和战争俘虏增多，使部落间和部落内部贫富差距越来越明显，并由此催生了新的社会关系。在部落上层占有生产资料和部落剩余产品的基础上，产生了以部落首领为主的统治阶级，带有原始民主因素的部落制逐渐被奴隶制替代，经济、行政和军事管理机构也不断健全，古代也门的奴隶制国家就这样形成了。

1. 古代奴隶制国家的建立

古代也门奴隶制的出现和奴隶制国家的形成，是也门古代文明发展的一个重要标志，特别是麦因、盖太班、哈德拉毛、奥桑、萨巴、希木叶尔等奴隶制国家的出现，促进了古代也门奴隶制的发展完善。

古代也门奴隶制国家的初期、中期和末期，由强大部落及其坚强的部落联盟组成的大部落，始终保持着优越的经济和政治地位，是奴隶制国家社会上层的基础和奴隶主贵族阶级的主体，把持着国家大权。大部落的兴衰直接影响着国家的命运，这一点在也门所有奴隶制国家的历史中都是如此。

古代也门奴隶制国家的出现，在时间上相互交错，并有着基本相似的发展经历、政治制度形式和国家性质，从而形成了一个延续的奴隶制国家的发展历程。在奴隶制国家的初期，神权政治起着很大作用，政治制度属于政教合一性质。为了巩固王权，宗教成为国王专制的有力工具，其所在的大部落敬奉的"神祇"，因国王的崇高地位而变得更加神圣，以至成为保佑国家和全体百姓信奉的"神祇"，寺庙和僧侣的地位也因此而骤然提升。国王被奉为大祭师、神权在本土的代理人，负责管理国土和所有国家事务。对于包括土地在内的国家事务，国王以法令形式，或根据部落领袖会议的专门契约形式公之于世。在奴隶制国家得到巩固和国王崇高地位被确立后，神权作用逐渐消退，政治制度基本世俗化。国王依靠自己的大部落及其军事组织和部落联盟的力量，对弱小部落、战俘、通过战争占有其土地的部落人进行奴役性统治，并通过大规模修建水利设施，开发土地，打通国际商道和建立商业中心，发展国家经济和增强国力。

2. 古代奴隶制国家的政治制度

也门古代奴隶制国家的政治制度有两个特点。其一是：奴隶制国家形成的初期，政治制度基本属于神权专制性质，其后逐渐向世俗专制性质转化；同时带有原始氏族民主制因素，其最明显的表现是国家咨议制的存在，它是统治集团辅佐王权和平衡权力的重要形式，是也门原始部落制社会向奴隶制社会过渡的产物，符合也门奴隶制社会的大部落在经济、政治中发挥重要作用的实际状况。其二是：由于自然环境和历史原因以及社会发展滞后等因素所致，部落生活始终是也门社会生活的重要组成部分，对政治制度的影响非同一般。大部落首领出任国王，各部落酋长担任省、区等地方行政长官，大部落首领集团和大部落军事力量在国家政治中起着支柱作用，国王与各部落首领有着相互依存的经济和政治关系，都是维护部落利益不受侵犯和维持部落形式长期存在的重要因素。

古代奴隶制国家实行王权世袭制，由父子或家族兄弟传承王位。由部落首领等部落代表组成的部落委员会成员、国家官员、大土地持有者、大祭师、大商人和平民代表等组成国家咨询会议。委员会主要职责是辅助王权，并拥有有限的立法权，在一定程度上起着监督和约束王权的作用。村社和城市部落的首领既是臣服于国王的国家和地方官员，又是自己部落的代言人，起着调节国家和部落之间利益的重要作用。国家行政机构主要有军事、经济和财税部门，下属各省区具有一定的行政自主权，建立相应的军事、经济和财税机构负责管理本地区事务。

也门奴隶制国家的社会结构是：由王室、部落酋长、军事将领、城市商人、宗教祭师等组成奴隶主贵族阶级，他们是社会的上层和国家政权的基础；由享有自由人身份的城市平民、战士和小土地所有者等构成社会中间阶层，他们在部落委员会和城市咨询会议中有自己的代表；而下等部落人、家奴、寺庙和土地奴隶等则构成社会最底层的奴隶阶级。在长达十几个世纪中，不断强化的王权和逐渐壮大的统治阶级，加强了奴隶制专制制度，维持了以奴隶集体劳动为基本生产方式的奴隶制经济；大规模水利灌溉设施建设、贯通半岛南北的商道和商业城市的发展，带来了奴隶制国家经济和社会发展的繁荣景象。

3. 古代奴隶制国家的衰落

也门古代奴隶制约在公元 3 世纪末开始衰落。约公元 3～6 世纪，也门处于内外交困的危机中。统治集团上层日益腐败，内部矛盾逐渐尖锐化；地方封建势力兴起削弱了奴隶主阶级的王权专制；外部势力不断侵入，引起了连绵不绝的征战。诸多因素导致了王国衰败。北部沿海商业的兴起和商道的开辟，埃塞俄比亚和波斯等外族人相继入侵和占领，致使也门商道遭到破坏，农业和商贸业凋零，也门奴隶制在接连的重创中逐渐衰落。公元 6～7 世纪，封建制度逐渐占据了主导地位。

第二节　中古时期也门

一　阿拉伯帝国前期（628～661年）

公元6～7世纪的阿拉伯半岛，除也门外，其他地区正处于原始社会解体和阶级社会逐渐形成的阶段。当地商业贵族为了巩固其统治，扩张土地，发展商业贸易，亟待建立一个强大的政治实体，而广大下层人民渴望平等、公正和美好的生活。出生于古莱什部落贵族家庭的商人穆罕默德，顺应历史发展的需要，于7世纪初在麦加创立了伊斯兰教，掀起了一场宗教、政治、经济、社会变革运动。

1. 也门皈依伊斯兰教（628～632年）

628年，穆罕默德开始向阿拉伯半岛各地派遣使者，要求人们皈依伊斯兰教。随着伊斯兰教的影响不断扩大，各地区纷纷派代表会见穆罕默德表示归顺，处于波斯人统治下的也门也不例外。也门人积极皈依伊斯兰教，主要是试图通过这一途径摆脱波斯人统治，恢复失去的政治经济地位。至于也门的波斯总督巴赞及其部下改宗伊斯兰教，则完全是形势所迫。波斯统治者接受伊斯兰教，标志着波斯帝国对也门占领的终结、也门伊斯兰教化和归顺阿拉伯帝国统治的开始。从此，也门成为穆斯林大家庭的一个重要成员。

也门人皈依伊斯兰教起初仅仅是名义上的，因为他们中的大多数人对伊斯兰教义不甚了解，更多考虑的是如何摆脱波斯人的统治，恢复自己原有的主宰地位。因此也门的伊斯兰教化并非顺利，穆罕默德在世期间，也门就出现了反对伊斯兰教的地方暴动。632年，阿布赫拉·本·盖斯以真主在也门代言人的身份，在家乡哈卜起事，驱逐穆斯林统治者，很快占领了也门西南部地区。阿布赫拉的叛乱使穆罕默德震怒，他给也门的酋长们写信，要求他们起来与叛乱者战斗。不久，阿布赫拉被部下谋杀，持续 4 个月的叛乱随之被平息。然而，在穆罕默德去世之后也门又爆发了新的危机。

2. 四大哈里发时期的也门（632～661 年）

632 年，先知穆罕默德去世，艾布·伯克尔为先知继承人，阿拉伯帝国统治者哈里发（632～634 年在位）。这时曾在阿布赫拉叛乱中起重要作用的希木叶尔王子盖斯·本·麦克舒赫在也门举兵暴动，一度占领萨那，对阿拉伯半岛的统一和中央集权制度构成威胁。艾布·伯克尔派人平叛。约半年时间，叛乱被基本平息，被俘的叛军首领们被押解到麦地那，交由艾布·伯克尔处置。

艾布·伯克尔对平叛是坚决果断的，但对俘虏的态度则是宽容的。在经过教育开导后，俘虏们平安返回也门与家人团聚，有几位获释的叛乱首领，在日后的伊斯兰征服运动中还作出了不小的贡献。

为了更有效地管理也门，艾布·伯克尔把也门分为南北两个省。北也门首都设在萨那，南也门的首都设在杰纳德（亚丁北部）。哈德拉毛有时划归北方省，有时划归南方省，有时则成为独立的辖区。省总督由麦地那中央政权派遣，总督从地方官员中挑选助手，协助其为国库征收赋税、解决人们的分歧和争执。艾布·伯克尔要求总督根据《古兰经》和"圣训"行事，按照人们在伊斯兰法律面前一律平等的原则进行审判。考虑到也门人的情绪，艾布·伯克尔没有再任用波斯人作为也门的统治者。这一做法得到也门人的拥戴，加深了他们对伊斯兰教的信仰和对中央政权的信服，社会秩序逐渐恢复稳定，经济活动得以复苏，也门逐渐伊斯兰化。

第二位哈里发欧麦尔·本·哈塔卜执政后（634～644 年在位），继续奉行其前任的路线，也门地区政局稳定。但这一时期居住在奈季兰①的也门基督教徒被统统送到了阿拉伯半岛以外的

---

① 位于也门西北部，1934 年也门与沙特阿拉伯发生边界冲突后，被划归沙特阿拉伯版图。

叙利亚和伊拉克，这无疑是促进也门伊斯兰化的重要举措。

第三任哈里发奥斯曼·本·阿凡执政期间（644～656年在位），确定了《古兰经》的经文，从而使全体穆斯林拥有了统一、可信的神圣经典。但是，奥斯曼任人唯亲，不善管理，导致各省总督利用掌控的权力，大兴奢侈之风，聚敛钱财，压榨百姓，引起人民强烈不满。

奥斯曼被反对者杀害后，阿里·本·艾比·塔利卜被推选出任第四代哈里发（656～661年在位）。阿里上任后，为平息各地广大人民的不满情绪，同时出于加强统治地位的考虑，废除了奥斯曼在位时作出的很多任命和决定，招致了阿里新老政敌的反对，统治集团内部出现新的权力角逐。以穆罕默德的妻子阿伊莎为代表的反阿里派打着为奥斯曼复仇的旗帜，向阿里发起进攻。阿伊莎派失败后，叙利亚总督穆阿维叶继而同阿里展开了激烈的较量，也门变成了双方争夺的战场。经过殊死征战，阿里清除了进入也门的穆阿维叶派势力，获得了也门穆斯林民众的拥戴。不久，拥护阿里的人发生分裂，一部分不满阿里政策的下层穆斯林脱离阿里，组成哈瓦里吉派（出走派）。661年，阿里遭哈瓦里吉派刺杀身亡。哈里发阿里的去世结束了伊斯兰教正统哈里发时代，也为穆阿维叶夺取哈里发政权清除一大障碍。

二　阿拉伯帝国中、晚期及其后的也门独立王朝（661～1517年）

1. 伍麦叶时期的也门（661～750年）

哈里发阿里遇刺身亡后，出身于伍麦叶家族的叙利亚总督穆阿维叶自称哈里发，创建了伍麦叶王朝，定都大马士革。伍麦叶王朝的旗帜为白色，中国史书上称其为"白衣大食"。穆阿维叶在夺取哈里发王位和对外扩张征战中，主要依靠信仰基督教的叙利亚人和迁徙到叙利亚的阿拉伯部落力量，其中包括也门部落。在叙利亚的也门部落中，最著名的是希木叶尔系的凯勒卜部落，他们勇猛善战，是穆阿维叶军队中的精锐。为使也门部落效忠于自己，穆阿维叶娶了凯勒卜部落女子为妻，并确定他们俩的儿子为王位继承人，从而巩固了凯勒卜人的地位。

凯勒卜人的得势，令以盖斯人为代表的北方阿拉伯人极为不满。当穆阿维叶二世继承王位时，盖斯人坚决不予承认。伍麦叶人倚仗凯勒卜人的支持，在拉希特草原战役中击溃了盖斯人，保住了哈里发职位。在伍麦叶王朝以后的统治中，盖斯人和也门人成了两个政治派别。

穆阿维叶执政期间，将哈里发帝国划分为 9 个省区，也门和南阿拉伯为一个省区。随着伊拉克、叙利亚、埃及等文明发达区域被穆斯林征服，也门在阿拉伯帝国的政治、经济地位有所下降，但仍是帝国财政的重要来源之一。也门远离中央政府，人民富于民族意识和战斗精神，并且拥戴哈里发阿里。为保持对也门的控制，穆阿维叶向也门的部落酋长们赐予金钱和物品，以笼络人心，换取也门部落对他的忠诚。同时，穆阿维叶又担心他派往也门的总督和官吏留在也门的时间过长，营造自己的势力而拥兵自重，起来推翻哈里发帝国。因此，穆阿维叶采取频繁调换政策，在他执政的 20 年间，调换了 7 次也门总督。

这种频繁的调换政策，有效防止了总督们在也门培植发展个人势力，但是却给也门的社会政治、经济生活带来不稳定的负面影响。一些总督为了保住职位，横征暴敛，每年向国库缴纳大量金钱，来表明他们的忠诚，换取哈里发的信任。有些总督则在有限的任期内大肆聚敛钱财中饱私囊，从而加重了也门人民的负担，使社会矛盾日益激化，最终引发也门反对伍麦叶人统治的起义运动。

伍麦叶王朝后期，统治者为了满足穷奢极欲的生活的需要，对人民残酷剥削，激起帝国境内广大民众的强烈不满和反抗，到处爆发反对伍麦叶政权的人民起义。746年，也门发生的塔利布·哈克起义就是其中之一。

起义军首先攻打哈德拉毛总督府，俘虏总督易卜拉欣。随后又攻打萨那，总督卡西姆败北弃城而逃。塔利布·哈克率起义军进入萨那城，在萨那清真寺发表演说，号召也门人民遵循《古兰经》和"圣训"，认主独一，铲除邪恶，与离经叛道的伍麦叶人斗争到底。起义军很快控制了整个也门，一个新的哈里发政权在萨那诞生。

塔利布·哈克起义的最终目的是占领大马士革，因此，当他巩固了在也门的统治之后，即令他的助手艾布·哈姆宰·穆赫塔尔领兵夺取圣城麦加、麦地那。经过激战之后，战争以麦加、麦地那总督的失败而告终。艾布·哈姆宰进入麦地那城，向穆斯林民众宣讲起义军的政策和目标，号召他们加入反对伍麦叶政权的斗争行列。接着，他组织了一支军队去攻打大马士革。

麦加、麦地那两个圣城的失陷，极大地震动了伍麦叶宫廷。哈里发麦尔旺抽调精兵强将，组成讨伐军，由阿布杜·马立克率部前往应敌。由于长途奔袭，休整不足，连续作战的也门起义部队战斗失利，朝廷军队随即收复麦加和麦地那。起义军将领艾布·哈姆宰战死沙场，塔利布·哈克发誓要为哈姆宰报仇，亲率起义军抗击朝廷大军。双方在麦加附近展开决战，结果塔利布·哈克阵亡，起义军惨败。伍麦叶军队收复也门，持续一年零四个月的也门起义运动被镇压。

也门起义虽然被平息，但遍及帝国疆域的起义此伏彼起，如火如荼。747年，艾布·穆斯林在波斯呼罗珊发动了反对伍麦叶王朝的起义，并在什叶派和阿拔斯人的支持下取得节节胜利。750年4月，艾布·阿拔斯率领军队占领大马士革。8月逃亡埃及的哈里发麦尔旺，在法尤姆被起义军所杀，伍麦叶王朝灭亡，在其废墟上一个阿拉伯新王朝——阿拔斯王朝诞生。

2. 阿拔斯王朝时期的也门（750～1258 年）

阿拔斯人是先知穆罕默德叔父阿拔斯的后裔，与先知同源于著名的哈希姆家族。他们在"还政于哈希姆家族"的口号下，利用各种力量在阿拉伯帝国的政治变化中取得胜利，夺得国家最高权力，750 年以巴格达为中心创建了阿拔斯王朝。阿拔斯人以黑色为标志，中国史书上称其为"黑衣大食"。在长达 5 个世纪的时间里，巴格达一直是阿拔斯帝国的首都，也门成为帝国的一个行省。

也门人发动的反对伍麦叶王朝的起义，虽然独立于阿拔斯人的起义运动，但它牵制了伍麦叶政权的力量，客观上支持了阿拔斯人。反而言之，阿拔斯人的成功，使也门人摆脱了伍麦叶政权的统治。但富于民族意识和反抗精神的也门人，尤其是哈德拉毛地区的哈瓦利吉派，有着强烈的政治、经济平等要求，对阿拔斯人在也门的统治形成挑战态势。阿拔斯统治者对此不无防范，因此，打击政治异己、镇压叛乱、控制也门政局、维持社会稳定，成为阿拔斯王朝早期哈里发统治也门的基本政策。

阿拔斯王朝建立后的最初一个世纪是国家鼎盛时期，社会稳定、经济繁荣、百业俱兴。在此大背景下，也门的社会、经济状况也出现了复苏。

农业历来是也门经济的命脉，农业赋税是国家财政收入主要来源之一。阿拔斯统治者重视发展农业，推行了一些有利于农业发展的措施。其中包括将税收与收成挂钩，而不是按照土地面积的固定税率。这样一来，提高农作物产量对增加农业税收就显得十分重要。因此，国家及地方统治者势必要拿出相当的钱财改善水利等农业设施，以提高农作物产量而增加农业税收，从而发展了农业，安定了民心。

这一时期也门的商业、手工业也重新活跃起来。在萨那、哈德拉毛、亚丁等地区的港口，设有常年贸易市场，交易十分火爆。也门这个时期出口商品主要有各种谷物、香料和树胶，而换回来的是也门人需要的各种商品。也门人制造的长矛、腰刀、弓箭等武器，以工艺精湛、质量上乘而誉满阿拉伯帝国。其中腰刀已演变成为也门独特的工艺品，其精美的做工，华丽的装饰，深为也门人所喜爱。时至今日，也门人仍把腰刀当做不可或缺的配饰带在腰间。此外，这一时期也门的纺织业、皮革、家具、珠宝业也很发达，并在传统的工艺和式样上融进了伊斯兰文化色彩，以满足也门人及阿拉伯半岛居民的需要。

随着阶级、民族矛盾的加深，各地不断兴起反对阿拔斯政权的起义。9 世纪中叶以后阿拔斯帝国开始衰落，一些政治宗教势力乘机发展实力，建立独立政权。1055 年，塞尔柱突厥人攻占巴格达，阿拔斯王朝名存实亡。1258 年，蒙古人攻陷巴格达，阿拔斯王朝覆亡。

3. 也门独立的封建王朝（公元 9 世纪～1517 年）

从公元 9 世纪初起，也门人不满阿巴斯哈里发政权的残酷统治，凭借也门山多路险易守难攻的地势，掀起各种反对哈里发政权的斗争，并相继建立起了一批独立、半独立的封建国家，主要有基亚德艾米尔王国（818～1021 年）、雅法尔艾米尔国（824～1002 年）、阿里·本·法德勒王朝即伊斯玛仪王朝（9 世纪末～917 年）、宰德派伊玛目①王朝（898～1962 年）、纳贾赫王朝（1021～1159 年）、苏莱赫王朝即第二伊斯玛仪王朝（1048～1138 年）、祖赖阿王国（1138～1174 年）、哈提姆王国（1099～1174 年）、马赫迪王国（1159～1174 年）等。

---

① 阿拉伯语译音，原意为教长和领袖，历史上有些受宗教影响较深的阿拉伯国家元首由伊玛目担任，其制度具有政教合一的封建神权专制性质，后来一些带有封建神权专制性质的国家元首沿用了这个称号，如也门、阿曼等。

12 世纪末，欧洲封建主以收复圣地耶路撒冷为名，对东方穆斯林世界进行了多次大规模的军事征服，即所谓的十字军东征。1164 年，阿拉伯人的法蒂玛王朝（909～1171 年）哈里发阿迪德派遣库尔科及其侄子萨拉丁·本·阿尤布率兵进军埃及，逐出入侵的十字军。从此名不见经传的萨拉丁登上了历史舞台，成为反十字军的英雄。1171 年，哈里发阿迪德病危，萨拉丁废黜了哈里发阿迪德，自立为苏丹，建立了阿尤布王朝（1171～1250 年）。阿尤布人在埃及的成功和法蒂玛王朝的崩溃，无疑对以法蒂玛哈里发为精神支柱的也门各酋长国是一个沉重的打击。

萨拉丁巩固了在埃及的统治后，占领了苏丹，控制了红海西岸，并准备占领也门和叙利亚。1174 年，萨拉丁军队开始进攻也门，不到一年，几乎占领了整个也门，也门成为阿尤布王朝的一个属国，1250 年阿尤布王朝被埃及马木鲁克王朝（1250～1390 年）取代。从阿尤布王朝统治起的 300 多年间，也门又先后建立了独立的拉苏勒王朝（1231～1450 年）和塔西尔王朝（1450～1517 年）。1517 年 4 月，塔西尔王朝以阿米尔国王之死而告灭亡。

三 奥斯曼帝国对也门的统治（1538～1918 年）

恰逢塔西尔王朝灭亡时，奥斯曼帝国苏丹塞利姆一世的使者来到萨那，说叙利亚和埃及已被奥斯曼人占领，马木鲁克王朝覆灭，要求在萨那的马木鲁克的长官亚历山大效忠奥斯曼。亚历山大决定投靠新政，宣布归顺奥斯曼帝国。

1. 奥斯曼帝国第一次占领也门（1538～1635 年）

1538 年 8 月，受奥斯曼苏丹派遣，苏莱曼帕夏率 80 艘战船和 2 万名士兵抵达亚丁港，用大炮轰开了亚丁城，推翻了塔西尔人的最后一个地方政权，在亚丁建立了以比哈拉姆为首的奥斯曼政府。这一年被认为是奥斯曼第一次统治也门时期的开始。

苏莱曼帕夏占领亚丁后，开始向也门内地扩张。此时，在萨那的伊玛目王国是也门存留下来的唯一王国，伊玛目沙拉夫丁的军队成为抗击奥斯曼的主要力量。在也门人民的支持下，伊玛目的军队进行了顽强的抵抗，但由于内部矛盾重重，行动不一，给奥斯曼人留下许多可乘之机。另外军队装备陈旧，很难抵挡拥有大炮、滑膛枪等优良装备的奥斯曼军队。1547年4月，奥斯曼军队攻占了萨那，将也门正式变为奥斯曼帝国的一个行省。随后，奥斯曼军队继续向北推进，企图彻底消灭也门的抵抗力量。

2. 北方卡塞姆王朝（1635～1871年）

在也门抗击奥斯曼占领的斗争处于低潮时期，伊玛目王朝在卡塞姆领导下在也门北方再次兴起。为了争取卡塞姆，平息也门的抗奥运动，奥斯曼帕夏希南向伊玛目卡塞姆提出和谈建议。但由于双方彼此不能接受对方的谈判条件，和谈无法进行。继而，帕夏希南采取了更加残酷的镇压手段，不仅打击伊玛目的武装，而且打击一切有亲伊玛目倾向的部落和平民，企图断绝伊玛目与群众的联系。奥斯曼人的这种做法激起了更多也门人的不满和反抗，原来一些接近奥斯曼人的也门贵族也起来反叛。希南被迫再次与伊玛目进行和谈，接受伊玛目原来的条件，双方于1606年签署了为期一年的和平协议。奥斯曼政府正式承认卡塞姆为伊玛目，并承认他在其所管辖地区的主权。

和平协议签订后不久，卡塞姆病故，其子穆罕默德为其继承人，尊号"穆艾伊德"。1625年奥斯曼总督黑德尔在萨那以替伊玛目做宣传的罪名，处死一名德高望重的伊斯兰学者。穆艾伊德认为这种行为违反了和平协议，要求总督交出凶手，在遭到总督的拒绝后，便发动了对奥斯曼的战争。战争打响后，许多奥斯曼人占区的部落首领都积极参加抵抗奥斯曼人的作战。在广大人民的支持配合下，伊玛目的军队连战连捷，使奥斯曼军队伤亡惨重，士气大挫，战败局面无法挽回。1629 年，黑德尔撤离萨那逃往宰比德。伊玛目军队收复萨那后，继续追剿奥斯曼军队，经过 6 年征战，迫使奥斯曼军队于 1635 年全部撤出也门，结束了对也门近百年的黑暗统治。

3. 奥斯曼帝国再度占领也门与也门独立（1872～1918 年）

18 世纪后半期，也门国内大部分领土掌握在也门本土的统治者伊玛目们的手中。到 1872 年，奥斯曼人卷土重来再度征服也门，把也门划为奥斯曼帝国的一个行省。从此，也门的政治、军事、财政大权统统落入奥斯曼当局手中。可是奥斯曼侵略者在也门的统治并不牢固，许多也门部落不承认萨那的奥斯曼政权，并且拒绝纳税。从 19 世纪 90 年代起，也门各地方的部落开始了反对奥斯曼侵略者的游击战争。奥斯曼苏丹政府为了"保卫奥斯曼帝国"，年复一年地向也门派兵，可是他们在也门只找到了自己的坟墓。

1904～1905 年也门掀起大规模起义，迫使奥斯曼苏丹政府承认起义的领袖叶海亚·伊本·穆罕默德任也门的伊玛目。不过双方和解的《土也和约》直到 1911 年才最后签署，1913 年奥斯曼苏丹正式承认也门的自治权，承认伊玛目叶海亚对也门什叶派各部落地区的教权和政权。至此，也门名义上虽然还是奥斯曼帝国的领土，但是事实上已获得独立主权。在也门的奥斯曼苏丹政府机构只是徒具形式而已。奥斯曼帝国在第一次世界大战中战败，1918 年也门正式脱离奥斯曼帝国宣告独立，建立穆塔瓦基利亚王国，伊玛目叶海亚掌管国家政权。

四 封建制度的发展

在连续几个世纪的外族入侵中，整个也门地区处于严重的封建割据状态，封建生产方式开始替代奴隶制生产方式。在也门奴隶制国家衰落的同时，代表新兴封建势力的半岛北部的阿拉伯人逐渐崛起，他们利用伊斯兰教向外扩张并最终统一了阿拉伯半岛，建立了封建帝国。

也门人是在反抗波斯人残暴统治的情况下，皈依伊斯兰教和接受阿拉伯帝国统治的，而他们在参与阿拉伯人的对外扩张中，也获得了不少实际的经济和政治利益。628年也门被并入阿拉伯帝国的版图。由于阿拉伯统治者拒绝奴隶制，采用伊斯兰封建政治和经济制度，因而促进了也门封建社会的形成和发展。在阿拉伯帝国中央政府的统治下，也门同帝国所辖其他地区一样，开始实行伊斯兰封建专制制度。直至20世纪中叶，封建制度延续了上千年。

1. 阿拉伯帝国的封建神权专制统治

在阿拉伯帝国的各个时期（632~1258年），也门是帝国中央政府所管辖的一个行省，由帝国任命的总督行使统治权力。总督有权任命政府官员，负责实施中央政府制定的伊斯兰政治和经济政策，向哈里发负责，每年向中央政府缴纳赋税。阿拉伯帝国是封建神权专制政权，最高统治者哈里发既是国王也是宗教领袖。四大哈里发时期（632~661年），哈里发由最高宗教会议推选穆罕默德的弟子继任。伍麦叶王朝时期（661~750年），开始实行哈里发家族的世袭制，君主专制逐渐强化。阿拔斯王朝时期（750~1258年），君主加强了专制统治。哈里发政权大量增加地方赋税，并加紧政治统治以防止地方势力膨胀，对地处商道和交通枢纽、且具有强烈的民族反叛精神的也门尤为重视，因而从各方面进行严格控制。

阿拉伯帝国时期，伊斯兰制度促进了阿拉伯社会封建经济基础和上层建筑的完善，新兴的封建地主阶级占据了社会政治和经济的主导地位。到阿拔斯时期，各地方封建势力的壮大发展已经威胁到哈里发的专制权力，很多地方开始脱离中央政权的控制，哈里发统治名存实亡，也门也是如此。中央政权沉重的赋税引起了也门人的极大不满，与哈里发的政治矛盾不断加剧。从四大哈里发时期起，也门就已经出现了反叛中央政权的活动，此后争取独立的起义活动日渐增多。到阿拔斯王朝时期，也门开始出现一些半独立和独立的地方王朝。

2. 也门独立国家的封建神权专制制度

阿拔斯王朝统治时期，也门各地方部落不断发生反叛中央政权的起义，819 年本·基亚德以宰比德为中心建立了独立的基亚德艾米尔国，但在名义上仍服从阿拔斯哈里发的统治，为哈里发祈祷。基亚德艾米尔国存在二百余年，统治者信奉伊斯兰教，利用宗教维持统治政权，其势力扩大到也门大部分地区，基本实现了也门的统一。后来的几个世纪，也门基本处于分裂状态，地方的部落封建势力在相互倾轧和争夺地盘中，纷纷建立了独立的王国。

这些独立王国的一个共同点，就是始终不放弃伊斯兰这面大旗。统治者们或宣布自己归属某阿拉伯王朝，或打着某教派的旗帜实施统治，其政权都是封建神权专制性质，形成了小国林立和教派各异的封建割据局面。如 1045 年建立并统一了也门的苏莱赫王朝，宣称依附于埃及什叶派的法蒂玛王朝（909～1171 年）；从 1021 年起两次夺取宰比德地盘的纳贾赫王朝，宣布继续为阿拔斯王朝祈祷；大约从 10 世纪起一直占据萨达地区的宰德教派[①]的伊玛目王朝，独树一帜地打着宰德教派的旗帜，其势力扩大到了整个北也门地区。16 世纪伊玛目王朝统治者打着伊斯兰旗号带领也门人民抗击奥斯曼人，终于在 1635 年迫使入侵者撤

①　什叶派的一个重要支派，亦称五伊玛目派。该派教规规定教派领袖伊玛目必须是什叶派鼻祖阿里和法蒂玛的后裔即"圣裔"，还规定允许同一时期和同一地区有几个伊玛目。公元 901 年，叶海亚·本·侯赛因在也门建立宰德派伊玛目国家，从此确立了宰德派伊玛目王朝在也门的长期统治地位。

离也门，并一度成立了统一的也门政权。1159 年以宰比德为中心建立的马赫迪王朝，则遵循伊斯兰原教旨，实行平等公正的经济分配原则。

各独立王国的统治者都努力振兴伊斯兰文化和文明，以此促进社会的发展，同时通过各项改革措施稳定局势和活跃经济。另外统治者们也都将伊斯兰教作为争夺地盘和权力斗争的有力工具，最突出的例子是北部宰德派的伊玛目王朝统治者。他们善于利用教派矛盾达到政治目的。在夺取政权时，他们唆使宰德派信徒去反对逊尼派和伊斯玛仪派①的信徒，以经济政策拉拢宰德派的部落酋长，将逊尼派和伊斯玛仪派信徒的肥沃土地分封给他们，同时鼓励宰德派的部落掠夺其他两派所占领的地区。伊玛目王朝的统治者始终利用教派矛盾巩固王权统治，到了近代，他们挑起了两个主要教派宰德派和沙斐仪教派②信徒之间的流血冲突，两派从此结下了世代的刻骨仇恨。教派势力之间发生争夺政治、经济权力的破坏性的剧烈争斗，导致农民和贫困的部落儿女遭殃受害，引起了民众对统治者的极大不满，因而经常发生两派的封建主，部落人和平民百姓奋起反抗伊玛目的事件。在 20 世纪初殖民主义占领时期，教派矛盾被英国殖民主义者利用，他们推波助澜并乘虚而入占据了南也门。也门各地区的教派矛盾同部落矛盾和民族矛盾交织在一起引发争斗、仇杀以至战争是由来已久的。

3. 封建神权专制强化

在也门各朝代统治者进行统治的过程中，封建神权专制得以强化。以伊玛目王朝为例，伊玛目叶海亚家族通过世袭伊玛目职位，始终掌管国家最高的宗教和世俗权力，实行封建神权专制，

---

① 伊斯玛仪派是什叶派的一个支派，亦称七伊玛目派，是宗教极端派别。
② 沙斐仪教派是逊尼派（正宗派）的四大教法学派之一。

同时建立了维护封建制度的国家行政机构和军队，成立了相应的地方行政机构。伊玛目为自己的家族和所控制的"圣裔"① 分封土地和任命政府高官，让他们成为社会贵族，同时给予地方酋长等其他封建势力不同程度的经济和政治特权，使他们成为伊玛目政权的社会基础。在奥斯曼统治时期，伊玛目政权竭力反对中央政权，其地位一度受到了奥斯曼统治者的破坏。奥斯曼总督为了削弱伊玛目政权，采取一些卑劣手段，如赐予一些封建主，尤其是也门中部地区（伊卜、塔伊兹地区）的封建主以"帕夏"和"贝克"等封号，以此笼络人心，离间他们与伊玛目政权的关系；同时利用教派矛盾，拉拢沙斐仪教派家族，与他们结成政治联盟，反对宰德教派的伊玛目王朝的统治。

也门脱离奥斯曼统治获得独立主权后，伊玛目王朝统治也门，继续实行封建神权专制，以高度的专制和庞大的官僚体制维护王权，保障封建统治阶级的经济和政治地位。伊玛目集神权和政军大权于一身，任命王族和"圣裔"家族成员担任中央政府官职；同时加强对地方管理，效仿奥斯曼帝国统治也门时的做法，将也门划为7个行省，下设县、区、村各级行政机构，任命地方官员和教法执行官代其行使职权，审批所有地方行政事务。从伊玛目王朝建立时起，政权不依附于任何阿拉伯王朝，并反对外国殖民主义入侵，受到了也门人的拥护，成为中世纪到近代也门民族主义政权的典范。另外，为了达到维护封建制度和统治权力的目的，独立后的伊玛目政权采取闭关锁国政策，抵制一切外来影响。民族主义和国家封闭是独立后伊玛目统治政权的特点。

4. 封建国家的社会结构

也门封建国家实行伊斯兰封建等级制。社会上层是封建地主阶级，其中一部分是具有经济和政治特权的伊玛目王族、"圣

---

① 先知穆罕默德后裔的家族。

裔"阶层和宗教法官阶层。王族和"圣裔"阶层，是国家统治集团的核心，占据着最高宗教和行政领导地位；法官阶层利用宗教执行权，取得了仅次于"圣裔"阶层的社会地位。另一部分是代表地方封建势力的部落酋长阶层、占有大量土地的大地主阶层。这些阶层中的官僚化程度也很高，在阿拉伯也门共和国成立以前，国家民事机构中的95%成员属于"圣裔"、"法官"、酋长等几个阶层。社会上层世俗力量与宗教力量长期以来互为依存，但也因在社会地位及待遇上存在着一定差异，而经常引起政治矛盾。也门的社会中间阶层有商人、手工业者和富农等。社会中下层有大量的农民、部落农牧民和城市贫民。非伊斯兰民众的社会地位也非常低下。社会最底层是一些家奴和部落奴隶。长期的封建等级制度使也门社会阶级分化极为严重，直到20世纪60年代初，封建贵族与广大农民和贫民之间的政治和经济地位相差悬殊，生活水平有天壤之别。

5. 部落与封建制度

部落在也门封建社会中仍然占有一席之地，公元9世纪以后各地区出现的独立王国，都是在大部落酋长领导下建立的。以部落为基本社会结构的因素，决定了部落酋长阶层在封建君主专制制度下，具有很大的权力空间，在政治和经济生活中都占有重要地位。他们不仅是土地占有者，拥有雄厚的经济实力，而且拥有相当的政治地位。一些大部落酋长在所创立的独立王国中占据着绝对统治地位。地区部落酋长是地方势力的代表，担任所在地方的政府官员，其势力独霸一方，掌控所辖区域的政治和经济大权。也门的部落分农业部落和游牧部落，多数在边远山区，交通不方便。虽然那里的经济和社会发展相对落后，但是封闭的环境有助于保存部落的原生状态和完整的部落制度，有利于部落酋长阶层将部落作为维护自己经济利益和政治地位、与国家政权抗衡的重要手段，也在一定程度上造成了也门长期封建割据的局面。

在也门千余年的封建社会中，部落酋长阶层是封建阶级和封建专制制度的重要支柱。

近现代历史上，由来已久的反对王权分化盘剥、抵御外族入侵的强烈意识和防范措施，让地区部落增加了反封建专制和反殖民主义的历史作用。虽然一些部落酋长曾经立场不坚，左右摇摆，根据境遇和地位变化，采取过支持封建王权和殖民当局的立场，但是随着滚滚向前的历史潮流，大多数酋长都投入到了轰轰烈烈的也门民族民主运动当中。

6. 封建制度的特点

也门的封建专制制度有两个明显特点：一是具有典型的政教合一性质，这对于封建制度的强化是有力的保障；二是部落制度在其中具有重要影响，酋长阶层是封建统治阶级的中流砥柱。总之，地域环境和社会结构的特性，古代文明的丧失和近现代社会发展滞后的实际情况，都对也门封建专制制度的发展和延续起了很大的作用。

第三节　近现代也门[①]

一　英国侵略及也门反侵略斗争（1839～1925 年）

长期以来，英国殖民主义者一直垂涎也门的领土，早在侵略阿拉伯半岛的时候，就千方百计地想把战略地位重要的也门置于其控制之下。

1. 英国占领南也门（1839～1914 年）

1839 年，英国强占了属于也门的亚丁地区，控制了通向印

---

① 　为保持内容的完整性，将 17 世纪以后至奥斯曼帝国于 1872 年再次入侵也门的内容放在第二节。

度洋最近的通道。也门的船只只有经过被英国控制着的曼德海峡才能进入印度洋。

占领亚丁只是英国殖民主义者入侵也门的前奏曲。他们的最终目的是，以亚丁为基地，不遗余力地向也门其他地区进行殖民扩张。

英国人利用也门南方诸酋长国、苏丹国国力衰弱和贫穷落后的特点，自1839～1914年的70余年中，采取武力威胁与金钱收买等软硬兼施的手段，先后迫使和诱骗这些小国的统治者同他们签订了一系列条约，逐渐将殖民势力扩展到整个南也门地区。为了有效控制南方诸小国，英国人奉行分而治之政策，通过在各小国之间及部落之间制造矛盾纠纷，加大了各国苏丹、埃米尔、酋长们在经济和安全方面对英国人的依赖性。

2. 也门为收复南也门失地而斗争（1914～1925年）

英国在也门南方的蚕食政策，引起占据也门北方的奥斯曼当局与英国的冲突。1914年，英国与奥斯曼帝国签署一项条约，明确规定在奥斯曼人控制的也门北部地区，与英国控制下的也门南部地区之间，划了一条自丕林岛起至巴纳河止的分界线。这条分界线的划定，表明奥斯曼政府事实上已经承认英国对也门南部地区的统治。但是也门的伊玛目叶海亚及其父亲既不承认南方的独立，也不承认英国在南方地区的统治，认为亚丁和其他英国保护地是也门领土不可分割的部分，坚决要求英国归还这些地区。

第一次世界大战期间，英国想把也门拖入反对土耳其的战争中去。可是伊玛目叶海亚没有屈从英国的胁迫。恰恰相反，也门人民奋起反对英殖民主义、解放亚丁，当时也门的军队差不多已迫近亚丁，但终因力量薄弱而没有成功。

英国殖民者对也门的侵略活动直到战争结束也没有停止。他们利用与也门相邻的阿西尔公国首领伊特里西王与也门伊玛目的矛盾，唆使他去侵占也门的红海沿岸地区。1918年英国占领荷台达港后，将其交给了阿西尔。英国的行径促使也门人民继续进行反抗英国殖民者及其仆从的斗争。

十月社会主义革命像鼓舞其他被压迫的民族一样，也鼓舞了也门人民。伊玛目叶海亚在国内人民的要求下，把大多数部族团结在自己周围，领导他们夺回被侵占的土地。1925 年，荷台达港和也门的全部红海沿岸地区终于获得了解放。

二 第二次世界大战前后的也门（20 世纪 20 年代～1962 年）

第一次世界大战后，也门的处境是很困难的。同英国在红海上进行竞争的意大利人，就利用这点来加强它在也门的地位。1926 年，意大利和也门两国在萨那签订了一项为期十年的"友好贸易条约"。根据条约，意大利政府向也门提供技术设备和各种物资。他们为了占领也门市场，取代英国在也门的地位，特别成立了"意大利阿拉伯公司"。意大利对也门的扩张政策，引起了英国的不安。经过讨价还价的谈判，英国和意大利达成协议，意大利表示不再干涉也门的事务。

1. 继续为保卫领土完整而斗争（1928～1934 年）

1928 年英国政府向也门发出最后通牒，要求立即把与亚丁保护地接壤的争执中的土地交给英国。也门政府拒绝了这个无理要求。英国对也门进行威胁，用飞机轰炸也门的城市和乡村，英国的仆从们则在也门国内煽动各部落酋长起来反对国王。但是爱国的部落酋长没有上当，因此英国对也门所施加的各种压力，并没有带来所期望的结果。

英国进攻也门的时候，伊玛目曾请求意大利给予援助，但是同英国一样不怀好意的意大利，没有理睬也门的请求。由于力量强弱悬殊，也门的抵抗遭受了挫折。与亚丁连接的争执中的土地，终于被英国殖民主义者强占。

苏联在这个时期，给予也门人民以真诚无私的援助，它强烈谴责英国的侵略行动，并应也门国王的请求，与也门建立了外交和贸易关系。1928年两国签订了友好条约，这个条约对也门具有极其重大的意义，因为世界上第一个社会主义国家承认了也门的主权和独立。

苏联用公平合理的价格收购也门的咖啡，并向也门出售它所迫切需要的粮食、工业用品及日用品等物资。苏联还派遣医生到也门首都萨那，为当地居民治疗疾病，充分显示出社会主义国家才是被压迫民族最可靠的朋友。

2. 南也门成为英国殖民地（1934年）

1934年3月英国挑起了也门和沙特阿拉伯之间的战争。战争中，沙特阿拉伯占领了也门的荷台达，后来根据双方签订的《塔伊夫条约》，沙特阿拉伯将荷台达交还给也门，同时还对两国现存的国界达成了协议。英国利用当时的形势，在战争前一个月迫使也门签订了不平等的萨那条约，条约有效期40年。根据条约，英国正式承认也门"完全绝对的独立"，也门和英国属地间的边界将在条约期满前最后确定，但在这以前，边界仍然以1905年英土协定所规定的边界为准。这个不平等条约，迫使也门承认了英国对亚丁及附近地区的统治，南也门成为英国殖民地，南北也门从此分裂。

3. 大国争夺也门势力范围（20世纪30年代~1962年）

意大利也利用了也门在同沙特阿拉伯作战中受到削弱的机会，在占领埃塞俄比亚后，加强了对也门的扩张。1936年意也条约宣告延长。1937年意大利派遣了一个军事代表团到也门，意大利军官在也门军队中占据了重要的位置。随后，意大利把坦克和其他武器运进也门，并在那里建立了无线电台，为以后将也门变成自己的军事基地打下基础。1939年意大利政府强迫也门政府签订一项协定，其中规定也门把红海中若干岛屿租给意大利政府作为海军基地。意大利试图通过这些基地控制也门，同时利用这些岛屿和红海的东西两岸来控制英国的交通线。英国则用各种办法来抵制意大利的计划。1937 年英国引诱也门参加了伊拉克和沙特阿拉伯所签订的"伊沙友好条约"。由于第二次世界大战已迫在眉睫，英国企图通过这个条约来组织中近东国家支援英国。1939 年英国同意大利一样，也向也门派遣了军事使团。

第二次世界大战期间，意大利军队在北非惨遭失败，随之失去了在也门的势力范围。也门虽然没有参加第二次世界大战，但是采取了支持同盟国反法西斯的立场。1943 年 2 月，也门驱逐了境内的意大利人，断绝了与意大利的外交关系。

英国虽然摆脱了一个与他争夺也门统治权的凤敌意大利，可是在第二次世界大战期间以至战后，却遇到了一个更强大的竞争对手美国。

第二次世界大战后，英国无论在经济上、军事上都受到严重的削弱。更重要的是亚非广大地区的民族解放运动正以无比的生命力蓬勃发展。受到世界形势的鼓舞，也门发起了反对英国殖民统治的运动。

三　阿拉伯也门共和国（1962～1990 年）

1."9·26"革命的准备阶段（第二次世界大战后～1962 年）

第二次世界大战后，随着阿拉伯民族解放运动和世界民族解放运动的蓬勃发展，也门南方出现了一批新的民族主义组织，其中主要有"人民民主联盟"、"阿拉伯复兴社会党"、"阿拉伯民族主义者运动"等。20 世纪 50 年代末，这些组织相继在也门北方展开活动，并建立了分支机构。它们都具有比较明确的民族主义政治倾向，其目标是推翻封建神权制度，建立自由的、反帝反殖的也门共和国，并提出统一也门和统一阿拉伯的口号。这些主张在各阶层群众中产生了很大的反响，为也门革命的全面爆发提供了舆论准备，推动了也门的民族运动，从反对伊玛目家族统治的运动发展到反对一切不合理制度、为建立一个新的共和国而斗争的民族民主解放运动。

1952年7月，埃及"自由军官组织"发动革命，一举推翻封建王朝，掌握了国家政权。埃及革命的成功，对也门军队中的爱国官兵产生了巨大影响，鼓舞他们开展反对伊玛目政权的活动。1961年年轻的中下级军官们秘密组建"自由军官组织"，确立推翻伊玛目政权的目标，提出彻底变革也门政治、经济和社会结构的主张。自由军官组织虽然是地下秘密组织，但由于革命形势的需要，它除了加紧壮大自身的力量之外，还积极与其他爱国团体及进步人士合作，结成广泛的反对封建王室统治的民族统一战线。面对也门的政治、经济和社会现状，如果没有军队的力量，是不可能实现任何真正意义上的革命的。因此，也门的爱国团体和爱国人士决定将他们的全部力量和一切政治活动均交由自由军官组织统一支配。这样自由军官组织在成功地组织了爱国统一战线的基础上，成为也门新兴爱国革命运动的领导者、组织者和主要执行者。

2. "9·26" 革命建立共和国（1962年）

1962年9月19日，也门国王（伊玛目）艾哈迈德去世，王储巴德尔继承王位。巴德尔上台后，也门的政治形势出现了一些变化。过去一直敌视巴德尔的哈桑（艾哈迈德的兄弟）派转而向他靠拢，并鼓励他与哈米德丁王室家族的其他成员联合起来。同时，部落酋长中的自由派思想影响上升，要求改革的呼声日益高涨。此外，巴德尔继承王位后，许多也门人指望他能给国家的政治、经济生活带来生机。然而新国王颁发的第一道诏书就发出警告，称将严厉镇压任何胆敢反抗新政权的人。这道诏书在爱国人士中间，尤其是在自由军官组织中，引起强烈的反响，成为革命爆发的导火线。

形势紧迫，自由军官组织决定趁王室家族势力尚未联合、巴德尔忙于筹备登基典礼之时，发动武装革命，一举推翻封建王朝。发动革命的时间定在 9 月 25 日晚。在革命前夕，自由军官组织希望能有一位在国内和军界都有影响的高级将领出任革命的领导者，他们选择了阿卜杜拉·萨拉勒准将。当时萨拉勒准将任国王卫队司令、巴德尔团团长和武器宫司令，曾因参与反对王室的活动，先后被监禁 7 年。当自由军官组织代表与萨拉勒取得联系后，他毫不犹豫地接受了自由军官组织的邀请，同意参加并领导即将爆发的反对王室政权的武装革命。

1962 年 9 月 25 日晚 9 时，设在萨那军事学院的革命指挥部召开战前动员大会，宣布行动计划和分配任务。晚上 10 点，参加行动的各路部队都已做好进攻的准备，按照指挥部的计划，革命行动的第一枪是刺杀伊玛目巴德尔，由侯赛因·苏克里上尉负责实施，刺杀成功后鸣枪为号，开始全面进攻的行动。然而，苏克里因故未能完成刺杀任务，于是指挥部下达了夜间 11 时发起总攻的命令。

攻打王宫的部队由 6 辆坦克、5 辆装甲车和两支突击队组成，进攻部队驶近王宫入口时，遭到国王卫队密集火力的阻击。革命者向国王卫队喊话，号召他们站在人民一边，推翻伊玛目王朝。对方不予理睬，双方展开激战，国王卫队凭借王宫坚固的工事和精良的武器顽强抵抗。黎明前，在坦克的轰击下，王宫遭到严重损毁，突击队攻入王宫，国王卫队放弃抵抗纷纷逃窜。巴德尔化装成女人，趁夜色逃离王宫，几经周折后逃往沙特阿拉伯。拂晓，革命者占领王宫。

由于有内线接应和计划的周密，自由军官组织顺利占领了广播电台、武器宫、电话总局等战略要地。9 月 26 日早晨，自由军官组织基本控制了萨那。7 时整，萨那广播电台向也门人民和全世界庄严宣告，伊玛目王朝已经被推翻，阿拉伯也门共和国诞生了。根据革命指挥部的行动计划，塔伊兹、荷台达、哈杰等地的战略要冲均被自由军官组织占领，当地的局势被控制，为全国革命的胜利奠定了基础。革命成功的当天，成立了以萨拉勒准将为首的国家最高权力机构——革命指挥委员会，第二天又成立了萨拉勒领导的第一届内阁。新政权由自由军官组织成员和参加革命运动的其他组织成员以及拥护、支持共和派的社会名流联合组成。

3. 也门内战（1962～1970年）

"9·26"革命成功后，以伊玛目巴德尔为首的王室残余势力纷纷逃往邻国沙特阿拉伯，企图东山再起。沙特阿拉伯王室担心也门共和革命浪潮波及沙特阿拉伯，引起连锁反应。出于巩固王室地位的目的，沙特阿拉伯政府宣布仅承认伊玛目巴德尔是也门合法政权的唯一代表，支持巴德尔推翻共和政权，恢复王位。占领南也门的英国殖民当局和在也门与阿拉伯半岛有着经济、政治利益的美国，为了维护各自在这一地区的既得利益，对也门革命采取敌视立场。于是，各方面出于不同目的形成了一个反对也门年轻共和政权的联盟。

（1）王室派挑起反对共和政权的内战：在共和国成立的第一周，以伊玛目巴德尔为首的王室派就开始在沙特阿拉伯组织反对共和政权的军事活动。他们用金钱和武器收买也门北方的一些部落酋长，网罗了4000多名部落武装，在巴德尔的叔父哈桑亲王的指挥下，攻占了焦夫省的哈兹穆城和萨达省府萨达城。为配合也门王室派的武装进攻，盘踞在南也门的英国派飞机轰炸萨那东部的马里卜和哈里卜，策应王室派武装占领这两座城市，进而占领萨那的东大门萨尔瓦赫和攻克萨那。在也门新政权面临危机的情况下，共和派向埃及、叙利亚和苏联等政府提出援助请求，并得到了积极回应。在埃及伞兵部队的支援下，也门共和派武装先一步抢占了萨尔瓦赫城外的制高点，迫使王室派武装退出萨尔瓦赫城。

11 月上旬，王室派武装占领也门西北部的哈莱德，基本控制了也门东部和北部地区，巴德尔的指挥部遂从沙特阿拉伯迁移到也门北部山区，形成了王室派与共和派对峙的局面。随着沙特阿拉伯等国对王室派援助的不断增加，也门局势日趋严重。为寻求外援，1962 年 11 月，也门共和政府与埃及签订为期 5 年的《共同防御协议》。按照协议，任何一方受到武装侵略时，另一方将给予全力支持。根据协议，双方成立了以埃及人为主导的最高委员会和军事委员会，埃及立即增加派驻也门部队的人数，还配备了飞机、坦克等重型装备，部署了约 7000 人的兵力守卫在通往萨那的各条公路上，确保共和政权首都的安全。

为粉碎王室派的武装进攻，消灭其有生力量，1963 年 1 月底，埃及负责也门事务的总统委员会成员萨达特来也门视察，制定了"斋月攻势"计划，并将在也门的埃及军队增加到 2 万人。2 月 16 日，埃及副总统兼武装部队总司令阿密尔元帅亲自指挥机械化部队由萨那北上，途中击溃了 1500 名王室派武装的阻击，2 月 18 日攻克萨达城，接着挥师东南，攻占了焦夫省的哈兹姆城。随后埃及军队与也门共和派武装联合作战，歼灭了哈里卜的王室派武装力量，于 3 月 7 日攻占了哈里卜城。"斋月攻势"的胜利，使共和派几乎控制了也门所有的重要城镇和主要公路，共和政权趋于巩固。

（2）和平解决内战的努力：政权得到稳固之后，共和派领导集团内部出现了与王室派对话、和平解决也门内战的意见。1963 年 6 月，共和派和王室派代表在拉赫季的卡尔什镇举行秘密会晤，前也门"自由人运动"领导人祖贝尔代表共和派出席，王室派方面出席会晤的是西亚基法官。此次会晤没有取得任何成果。

1964 年 1 月 13 日，第一届阿拉伯国家首脑会议在开罗举行。也门代表在会议上发言，对也门问题及发生"9·26"革命的原因做了详尽说明。会议期间，埃及总统纳赛尔向沙特阿拉伯王储费萨尔提出和平解决也门问题的建议，遭到费萨尔的拒绝。4月，埃及纳赛尔总统访问也门，亲自了解也门的局势，平息共和派内部的纷争，推进埃也全面合作。纳赛尔此访促进了埃也关系一体化进程，6月两国签订《统一协调协议》，规定两国在政治、经济、军事等方面"统一政策、统一行动"，并建立了埃也协调委员会和联合军事指挥部。

1964年6月，埃及和也门共和派军队向王室派武装发动夏季攻势。在长达两个多月的作战中，王室派武装遭到重创。埃也联军攻占了喀拉山，捣毁巴德尔的指挥部，击毙王室派武装数千人，但巴德尔逃生。

1964年9月，阿拉伯国家第二届首脑会议在埃及亚历山大召开，许多阿拉伯国家领导人对也门内战的升级深表不安，为也门两派和解而奔走斡旋。10月底在埃及、沙特阿拉伯两国政府代表的参与下，以祖贝尔为首的共和派代表团和以艾哈迈德·沙米为首的王室派代表团在苏丹的埃尔科维特举行秘密会议。会议决定：自1964年11月8日晚11时起实行停火，并停止一切敌对活动，于11月23日在也门哈赖德城举行共和派和王室派会议，在这次会议上将达成最后的和平协议。双方虽然达成停火协议，但并未执行，而是积极调动军队，争取军事上的主动，此后战火再起，和平协议化为泡影。

埃及驻军也门，在保卫也门共和政权方面起到了积极作用。但埃及当局对也门军事、政治、经济诸方面的控制引发了也门人的不满情绪。对埃及态度上的分歧造成共和派内部矛盾日益激化，纷争不断加剧，这大大削弱了其军事能力。到1966年上半年，王室派在沙特阿拉伯等多方的物质援助下连连取胜，埃及和也门共和派军队处于被动挨打的态势。

（3）两也门发表《塔伊夫宣言》和埃沙签订《吉达协议》：1965 年 8 月，来自也门王室派、共和派以及中立派方面的代表，聚集在沙特阿拉伯塔伊夫城讨论也门内战问题。会后发表的《塔伊夫宣言》，明确表示要在也门建立过渡政权，进行公民投票决定政体形式，同时对埃及军队撤出和沙特阿拉伯停止援助实行监督。会议代表还决定过渡时期的国家称为"也门伊斯兰国"。

塔伊夫会议使埃及纳赛尔总统大为震动，他认为会议宣言将过渡时期的也门国名定为"伊斯兰国"，对埃及支持的也门共和政权和埃及在也门的多年努力构成威胁。为了扭转被动局面，纳赛尔总统于 8 月 21 日前往沙特阿拉伯会晤费萨尔国王。经过反复磋商，8 月 23 日双方签署了解决也门问题的《吉达协议》。协议规定：立即停止一切武装冲突，由埃及、沙特阿拉伯组成联合和平委员会，监督停火；沙特阿拉伯停止对也门王室派的军事援助，埃及从 1965 年 11 月 23 日起的 10 个月内撤出在也门的全部军队；在 1966 年 12 月 23 日前，举行公民投票，选举过渡时期政府。埃、沙双方还决定 1965 年 11 月 23 日在也门西北部边境城市哈赖德举行共和派与王室派代表会议，贯彻《吉达协议》，协商解决也门问题。

1965 年 11 月 23 日，哈赖德会议如期举行。在会议上冲突双方代表都表达了实现和平统一、结束内战的真切希望。但当会议讨论过渡时期的国家政体形式时，双方各执己见，互不妥协，会议陷入僵局。王室派代表提出过渡时期应采用伊斯兰国政体形式，共和派代表则坚持过渡时期仍保持共和制，因为它是得到联合国和阿拉伯国家联盟承认的合法政体。共和派代表还表示在承认共和制的前提下，共和派可以吸收王室派人士加入过渡时期政府。王室派代表坚决反对共和派的主张，坚持必须先取消共和制，改变国家名称，才可以就其他问题进行谈判。

（4）埃沙签订"喀土穆协议"：哈赖德会议失败后，埃及和沙特阿拉伯一方面要为也门两派恢复谈判而努力，另一方面也必须考虑履行各自在《吉达协议》中所承担的撤军和停止援助的条款。1966 年 4 月，埃及宣布已从也门北方撤走约 3 万军队，从焦夫地区撤走约 1.5 万人，在也门留下约 2 万人。沙特阿拉伯政府和王室派谴责埃及对执行《吉达协议》缺乏诚意，同时迅速组织部队，企图占领埃军撤出的地区。

埃及减少在也门的驻军人数后，埃及驻也门军事情报机关进一步加强对也门军政领导人的监控和对也门军事、政治、经济事务的干预力度，以使也门领导层紧跟埃及的权力中心，为埃及在阿拉伯半岛地区的战略目标服务。这种做法引起了也门共和派领导集团的强烈不满，另外，他们也不赞成埃及军队长期留驻也门，主张埃及如期从也门撤军。

随着埃及驻军与也门共和派领导集团斗争的升级，埃及人感到难以推行埃及在也门的政策。而埃及情报部门认定也门共和派领导集团与沙特阿拉伯人和美国人秘密联系，企图清除埃及在也门的存在。于是，埃及驻军电告纳赛尔总统，要求让离开也门 10 个月的萨拉勒总统回国执政，纳赛尔采纳了这个建议。1966 年 8 月，萨拉勒总统回到萨那。随后，他在也门发动了一场大规模的"清洗运动"，矛头直指共和派中主张与王室派谈判的和解派及其支持者。

至 10 月底，"清洗运动"已导致 100 名军官被解除军籍，仅在萨那一地被捕入狱者就达 2000 多人，还处决了一批被指控与美国、英国、沙特阿拉伯情报机关有联系的"间谍分子"，其中包括部分高级军官。大清洗过程中产生了大量的冤假错案，搞得人心惶惶，政局动荡，一些持不同政见的共和派人士被迫逃往国外，从而进一步加剧共和派内部矛盾，这成为萨拉勒政权垮台的重要原因之一。

1967 年 6 月 5 日，以色列发动第三次阿以战争，次日，也门宣布与支持以色列的美国断交。战争以阿拉伯国家的失败告终，埃及在战争中损失惨重，政治、经济、军事实力受到极大打击，难以维持在也门的军事存在，纳赛尔总统不得不重新考虑对也门的政策。

1967 年 8 月，在苏丹首都喀土穆举行的第四届阿拉伯首脑会议期间，埃及总统纳赛尔与沙特阿拉伯国王费萨尔举行特别会晤，并就也门问题达成"喀土穆协议"。双方同意和平解决也门问题，埃及从也门撤出全部军队，沙特阿拉伯停止对王室派的一切援助；由苏丹、摩洛哥、伊拉克三国外长组成联合和平委员会调解也门问题。

但是，萨拉勒断然拒绝执行"喀土穆协议"。他宣称这一协议是把当事国也门排除在外，由两个阿拉伯国家签订的，他不允许触犯也门共和国的主权和独立。尽管萨拉勒对协议采取抵制态度，和平委员会仍按原计划于 10 月抵达萨那。也门群众强烈反对和平委员会的到来，组织了抗议示威活动，并导致十几名埃及士兵被杀。和平委员会被迫离开也门，在它提交的报告中，要求纳赛尔释放软禁在开罗的也门领导人，让他们返回也门工作，通过和平途径解决也门问题。鉴于事态严重，纳赛尔决定释放被软禁在开罗的埃里亚尼等数十名也门共和派领导人，并明确表示在 10 月内撤出全部在也门的埃及军队，也门的事情交由也门人自己解决。

10 月 30 日，埃及军队全部撤出也门。11 月 5 日，以埃里亚尼为首的共和派中的和解派，依靠部落酋长们及其在军队和政府中的支持者发动不流血政变，宣布解除萨拉勒的一切职务，成立以埃里亚尼为首的共和委员会，这次政变被称为"11·5"运动。新政权成立后的第二天，埃里亚尼宣布释放被关押的所有军政人员并恢复原职务。还宣布与兄弟国家和解，为恢复也门和平、安全与稳定而努力。

（5）反对王室派武装进攻的"70天战斗"：埃及军队撤出也门使共和派军事实力受到极大削弱，埃里亚尼政权发出的和解呼吁，被王室派理解为无能的乞求。于是王室派策划乘共和派新政权立足未稳、军事力量薄弱之机，一举推翻共和政权，恢复君主制。1967年11月28日，在美国和沙特阿拉伯的支持下，王室派开始向萨那发动强大军事攻势，并很快完成了对萨那的包围封锁。当时，驻守萨那的只有2000名士兵和一些部落武装。面对王室派的围攻，共和派积极抵抗，并通过电台呼吁萨那及全国军民团结起来，粉碎王室派的进攻。在苏联和叙利亚战机的大力支援下，共和派军队和部落武装以及人民抵抗力量协同作战，有效地抵御了王室派的围攻。2月6日，共和派军队击溃了控制萨那至荷台达公路的王室派守军，打通了萨那与荷台达港口间的战略要道，解除了萨那的被困局面。此后，王室派军队节节败退，被迫放弃攻打萨那的军事行动计划。

从1967年11月28日萨那被包围到1968年2月6日萨那解困，历时70天，因此，也门历史上称这次战役为"70天战斗"。这次战役的胜利使共和国得到巩固，影响进一步扩大。而王室派武装力量遭到重大损失，从此一蹶不振。

（6）也沙签订《吉达协议》及和平解决"内战"："70天战斗"之后，也门国内外形势朝着有利于和平解决内战方向发展。首先是以埃里亚尼为首的共和派在保持共和政权的前提下，继续奉行与王室派及其邻国沙特阿拉伯和解的政策，以便尽快恢复也门的和平与稳定。其次是随着内战的进展，王室派内部也发生着变化，受现代思想影响的年轻王室家族成员们，认为传统的伊玛目制度已不能适应也门的政治现状，应进行必要的改革。在他们的作用下，伊玛目的权力受到一定限制。1969年末，王室派的主要领导成员都流亡海外，推翻共和制、恢复君主制已然无望。

"70 天战斗"使沙特阿拉伯确认王室派已不可能战胜共和派，继续援助王室派只能是白白浪费金钱，而与共和派改善关系，促成也门冲突双方和解，既可卸掉一个沉重的包袱，又可恢复地区稳定，实现与也门政府的合作。因此，沙特阿拉伯决定停止援助王室派，而寻求与共和派发展关系的机会。

1970 年 3 月，也门共和派的政府总理兼外长艾尼出席在沙特阿拉伯吉达召开的伊斯兰国家外长会议，受到友好接待。会议期间，艾尼总理同沙特阿拉伯的苏尔坦亲王就双边关系及结束也门内战问题举行会谈，并签订《吉达协议》。协议要求沙特阿拉伯停止对王室派的援助，承认也门共和政权，并向其提供财经援助。

也、沙关系有了重大改善后，在沙特阿拉伯政府的调停下，也门王室派承认《吉达协议》的基本原则，与共和派达成谅解。双方经协商，吸收部分王室派人士进入政府，其中艾哈迈德·哈米教授出任共和国委员会委员，侯赛因·穆尔法克等 4 人担任内阁成员，加迪尔等 10 位酋长为全国委员会委员。同年 7 月，也门政府代表团访问沙特阿拉伯，沙特阿拉伯政府正式承认阿拉伯也门共和国，双方同意建立大使级外交关系。至此，也、沙关系全面和解，持续近 8 年的也门内战正式宣告结束。随后，英国和法国也正式承认了阿拉伯也门共和国。

四　南也门的民族解放运动及其独立（1945～1970年）

1. 民族解放运动的兴起（1945～1963 年）

自1839 年英国侵占南也门后，南也门人民反对英国占领的起义就时有发生。第二次世界大战后，在西亚北非地区国家的民族解放运动蓬勃发展影响下，南也门人民展开了反对英国殖民统治的斗争，20 世纪 50 年代至 60 年代初，反英斗争以组建民族主义组织和从事政治斗争为主要形式。1953年后，南也门陆续出现了一些爱国青年进步团体和阿拉伯民族主义政党。1956年，共产党人巴吉布和阿卜杜拉·努曼、艾斯纳基等人领导的一些爱国团体，联合组成了"民族统一阵线"，并在南也门的历史上第一次高举民族主义旗帜，号召人民摆脱殖民统治，实现民族独立和国家统一。与此同时，北也门政府也向英国提出南北也门统一的要求。

英国为了维持在南也门的统治，于1959年2月迫使亚丁保护地的法德里、下亚菲阿、奥扎利三个苏丹国和比汗、扎拉、上阿瓦里格三个酋长国的统治者在英国拟订的"南阿拉伯酋长国联邦"的宪法上签字，成立了所谓的"南阿拉伯酋长国联邦"，造成南也门自治的假象，以掩人耳目。同年10月拉赫季苏丹国也被迫加入联邦。随后的两年中，英国又陆续将东亚丁保护地的瓦西迪、伯勒合弗、比尔阿里等酋长国拉入联邦，共拼凑了13个苏丹国和酋长国，并改名为"南阿拉伯联邦"。1963年1月亚丁保护地也并入联邦。而那些亚丁保护地中未并入联邦的其余部分被称为"南也门保护地"。英国殖民主义的欺骗行径引起也门人民的极大反感，激起了他们更大的反抗浪潮。

1959年阿拉伯民族主义者运动（简称"阿民运"）在亚丁建立支部，拥护埃及总统纳赛尔的政治主张，号召成立包括所有民族民主力量在内的民族阵线。阿民运亚丁支部积极争取爱国知识分子，重视在农村、工厂和学校发展成员，广泛建立基层组织。1960年，在亚丁支部负责人拉蒂夫的影响下，包括盖哈坦·沙比在内的一批有识之士加入了组织。1961年2月和1962年1月，沙比代表亚丁支部两次赴开罗与其他一些爱国组织代表及北也门"自由人运动"领导人共商推翻北也门伊玛目政权和解放南也门大计。与会者一致认为，为了完成民族大业，必须建立一个包括所有爱国组织和人士的民族统一战线。

1962 年北也门"9·26"革命的成功,为南也门的民族解放运动提供了必要的后方根据地,极大地鼓舞了南也门人民反对英国殖民主义的斗志。1963 年 4 月,沙比被委任为萨拉勒总统南方事务顾问。为推动南也门人民的反殖斗争,沙比利用这一身份加紧筹建民族统一战线。5 月,他在萨那主持召开了筹备会议,8 月 18 日,阿民运代表与南也门其他反英民族主义组织代表和爱国知识分子、军人、部落知名人士在萨那举行"全民代表大会",会上成立了以阿民运为主体的"被占领的南也门民族解放阵线"(简称"民阵")。大会决定通过武装斗争的途径,把南也门从英国殖民主义及其仆从手中解放出来,并组成了以沙比为首的领导机构。从此,南也门民族解放运动进入了一个新的历史发展阶段。

2. 开展反英武装斗争与建立共和国（1963～1967 年）

1963 年 10 月 14 日,民阵领导南也门人民以拉德凡山区为根据地,组织了反英武装暴动,包括武装攻击英军兵营,袭击殖民当局驻地,破坏军事设施等行动,也门的现代史上称其为"10·14"革命。这次暴动拉开了反英武装斗争的序幕,将南也门民族解放运动引入了以武装斗争为主要形式的新时期。

"10·14"革命极大地激发了南也门广大人民群众的反英爱国热情,他们积极为民阵武装募集钱粮,许多青年、工人、学生和贫苦农民子弟纷纷奔赴拉德凡山区,加入民阵武装组织。南也门人民的反英武装斗争得到了埃及和北也门共和政府的大力支持,埃及和北也门政府除了向民阵提供武器弹药和给养外,还在塔伊兹和萨那建立训练营地,为民阵培训各类战斗指挥人员,对民阵武装力量的发展壮大起到了重要作用。1964 年 6 月,民阵又在达西纳地区和达拉地区开辟了两条反英武装斗争新战线,同时,民阵游击队潜入英国殖民统治中心亚丁,开展秘密活动,为最后夺取亚丁做准备。从 1967 年初起,按照既定方针,民阵武装在南也门境内发起全线攻势。

1967年2月，游击队从秘密斗争转为与英国占领者公开武装较量。1967年4月，民阵游击队在亚丁街头多次与英军交火，战斗异常激烈。7月20日，游击队在支持民阵的陆军士兵和公安总部士兵的支援下，攻占了英国人控制的亚丁克利特尔区，并控制了两天之久，使英军蒙受重大损失。到9月，英国控制的17个酋长国中，有12个酋长国已经落入人民之手，亚丁周边的村镇也大都被民阵所控制。英国在南也门的殖民统治摇摇欲坠，依附于英国殖民者的苏丹、埃米尔和酋长们，感到末日即将来临，纷纷逃往国外。11月初，民阵基本上控制了南也门的局势，11月6日，亚丁陆军司令部和公安部队发表声明拥护民阵。

民阵领导的南也门人民反英武装斗争的胜利，迫使英国政府于1967年11月21日同民阵在日内瓦举行谈判，同意南也门独立。1967年11月30日，南也门人民共和国宣告成立（1970年11月改名为也门民主人民共和国），结束了英国对南也门长达129年的殖民统治。

3. 独立后的南也门（1967～1970年）

南也门人民共和国成立后，民阵成为执政党，民阵领袖沙比出任总统。沙比执政期间，主要依靠殖民时期遗留下来的旧军政国家机器，旧的经济社会制度并未发生任何本质的变化。

为了摆脱西方殖民主义控制，南也门新政权与苏联等社会主义国家发展友好关系，并受其影响开始探讨"社会主义"发展道路。1968年3月，在民阵第四次代表大会上，以沙比和拉蒂夫为首的一派，同以伊斯梅尔和鲁巴伊为首的一派围绕国家发展道路问题产生分歧。前者主张在南也门应该寻求西方的援助以解决财政困难，坚持实施既不是资本主义也不是共产主义的"社会主义"，进行"社会主义"改造的步伐不宜过快。后者则主张在农村进行土地改革，实行"耕者有其田"，在城市进行国有化进程，走"科学社会主义道路"，同苏联等社会主义国家结盟。后者在这次会议上占了上风，大会决定南也门选择"科学社会主义"道路。

　　但会议之后沙比没有执行大会决议，并对伊斯梅尔、鲁巴伊为首的民阵左派采取了打击措施，大肆逮捕左派人士及支持者。1968 年 7 月，鲁巴伊领导的人民卫队挫败了沙特阿拉伯和美国中情局在阿瓦里格地区策划的反对共和国的武装叛乱，得到广大人民的拥护。1969 年 6 月，伊斯梅尔、鲁巴伊及人民卫队回到了亚丁。沙比派感到民阵进步派对其统治地位构成严重威胁，便着手实施彻底肃清进步派的方案。在民阵大多数成员和社会各界的支持下，鲁巴伊和伊斯梅尔于 1969 年 6 月 22 日发动了"纠偏运动"，推翻了盖哈坦·沙比政权。

　　沙比政权被推翻后，纠偏运动领导者们成立国家最高政权机构总统委员会，鲁巴伊任主席，伊斯梅尔任民阵总书记。新的领导集团积极贯彻民阵第四次代表大会的决议，将国家引入民族民主革命的道路上。1970 年 11 月 30 日，新政权参照苏联等社会主义国家的经验，颁布第一部国家永久宪法。宪法规定，国家代表工人、农民、知识分子、小资产阶级以及所有劳动者的利益，以完成民族民主革命和过渡到"社会主义"建设为目标。同时，将南也门国名改为"也门民主人民共和国"。

五　南、北也门的统一进程（1970～1990 年）

1. 统一的制约因素

历 史上的也门曾是一个统一的国家，19 世纪列强入侵将也门割裂成南北两部分。结束南北也门的分离状态，实现民族统一，早已成为南北也门广大人民的共同期盼。北也门的宪法规定，也门是不可分割的整体，实现统一是全体公民的神圣责任。南也门的宪法则把也门统一作为执政党的一个基本原则，强调为建立统一的也门而奋斗。

但是，在也门统一的道路上存在着不少制约统一进程的因素和障碍。首先是伊玛目在北也门长期的专制统治和英国在南也门的殖民统治，造成南北双方长期隔阂。其次是南也门革命成功后，效仿苏联走"社会主义"发展道路，实行计划经济，而北也门基本采取西方资本主义的发展模式，实行自由经济。南北也门政权都试图以自己的社会制度取代另一方的社会制度。另外，北方保守的伊斯兰势力和部落势力，坚决反对同奉行"社会主义"政策的南也门政权交往，更不用说与之合并了。

外部势力的干涉也极大地影响着南北也门统一进程。首先是沙特阿拉伯，出于维护其在阿拉伯半岛的政治、经济利益，不希望在它的面前出现一个统一的、强大的也门。沙特阿拉伯人认为，萨那的共和政体与亚丁的"马克思主义"政体的统一，将使沙特阿拉伯在阿拉伯半岛面临一个人口众多、军事力量强大的对手，这不仅使它失去在北也门的传统势力中的影响，还会对沙特阿拉伯本身及红海地区的安全构成威胁。因此，对南北也门的统一进程采取阻挠政策，通过经济援助对北也门进行控制，扶植亲沙势力同南也门相对抗。

此外，也门的战略地位极其重要，美苏两霸为在中东，特别是在阿拉伯半岛南部激烈争夺势力范围，占据也门战略要地，不断干涉也门内部事务，造成南北也门长期对峙的态势。20 世纪60 年代以来，苏联大力推行南下政策，企图控制曼德海峡，掌握印度洋经红海达地中海的海上大通道。南也门独立后，苏联通过政治、经济、军事援助和意识形态方面的影响，扩大在南也门的势力范围。为了牢牢地控制南也门，苏联并不支持南北也门实现统一。美国为抑制和抗衡苏联势力的继续膨胀，也竭力干扰南北也门实现统一的进程。除加强对沙特阿拉伯及其他海湾国家的支持、在南也门培植反对派力量之外，美国还企图通过直接或间接的经济、军事援助吸引北也门，利用南北也门之间的矛盾，支持、鼓励北也门与南也门对抗。

2. 一波三折的统一进程（1970～1986 年）

（1）两国达成第一份统一协议：实现南北也门统一，是北也门"9·26"革命和南也门"10·14"革命的主要目标之一。1967 年 11 月，南也门独立建国后，南北也门关系发展良好，双方领导人开始围绕也门统一问题进行频繁接触，寻求实现统一的途径。1970 年 11 月，双方在北也门的塔伊兹举行会晤，讨论南北统一问题，并达成了第一份关于也门统一的协议。

然而，由于此后南北也门在发展道路和内外政策方面出现很大差异，塔伊兹协议根本无法得到贯彻落实，统一谈判也因此中断。随后两国彼此支持对方的反对派势力进行反政府活动，并引发领土纷争，边境冲突事件接连不断。1972 年 2 月，边境冲突升级为第一次南北边境战争。

（2）指导统一进程的《开罗协议》和《的黎波里宣言》：为了制止南北也门边境不断升级的流血冲突，缓和紧张局势，实现南北和解，1972 年 9 月阿拉伯国家联盟调解南北也门问题。10 月 13 日，南北也门代表在开罗进行谈判。在阿盟调解委员会的斡旋下，经反复多次协商，双方于 10 月 28 日签订了《开罗协议》。协议确认，南北也门将合并为只有一个首都，一个总统，一个立法、司法、行政机构的统一国家，新国家的政体为民族民主共和政体。

依据《开罗协议》的规定，1972 年 11 月，鲁巴伊和埃里亚尼在利比亚首都的黎波里举行会晤，并签署了《的黎波里宣言》。宣言明确规定，南北双方在《开罗协议》的原则上达成下列协议：拟建立的统一国家名称为也门共和国，首都设在萨那，伊斯兰教为国教，伊斯兰法为立法的主要依据，国家的目标是实现阿拉伯伊斯兰模式的"社会主义"。《的黎波里宣言》使南北也门的统一进程又向前迈进了一步，该《宣言》与《开罗协议》成为指导两国统一进程的纲领性文件。

（3）统一进程曲折反复：南北也门关系的改善和统一进程的推进，令沙特阿拉伯感到不安。在沙特阿拉伯的支持下，北也门的部落势力强烈反对与南也门领导人对话，并向埃里亚尼发难、施压，阻挠统一进程的继续。结果，南北关系再趋紧张，《开罗协议》和《的黎波里宣言》被搁置，也门统一进程受挫。

1974年6月，哈姆迪中校通过"纠偏运动"上台后，限制部落势力，主张也门统一。1975年阿盟首脑会议在摩洛哥举行期间，哈姆迪主席与鲁巴伊主席相互承诺，北也门从敏感的边境城镇卡塔巴和马卡维撤走驻军，南也门政府制止对北也门进行的任何破坏活动，遏制以南也门为基地的北也门反对派势力。双方希望能在也门的土地上正式举行元首会晤，真诚地商讨也门统一大计。

1977年2月26日，鲁巴伊和哈姆迪在北也门的边境城市卡塔巴举行会晤。双方一致同意成立以两国元首为首的最高委员会，从加强两国的经济、贸易和工农业合作、发展方面入手，促进双边关系。

卡塔巴会晤后，两国合作关系加强，统一进程提速，双方准备在1977年10月哈姆迪主席出席亚丁纪念"10·14"革命胜利10周年之际，宣布南北也门实现统一。然而，哈姆迪在动身赴亚丁前夕被刺身亡。舆论普遍认为暗杀与统一进程有直接关系。暗杀事件干扰了南北统一计划，客观上助长了反对南北也门统一的势力。

加什米继任北也门国家元首后，迫于国内部落势力和沙特阿拉伯的高压，暂缓了南北也门统一的计划。1978年6月24日，加什米被南也门派来的特使暗杀身亡。萨那指控南也门主席鲁巴伊为暗杀阴谋的策划者。

暗杀事件导致南北也门关系立即进入紧张对立状态。同时也引发南也门的军事政变，以民阵总书记伊斯梅尔为首的强硬派战胜了以鲁巴伊主席为首的温和派，并处死了鲁巴伊。与此同时，南北双方加大了向对方反政府组织提供支持的力度，致使南北两国间的矛盾日益尖锐，1979 年 2 月 20 日，南北也门爆发了第二次大规模的边境战争。

（4）《科威特协议》后统一进程时断时续：南北也门的边境战争再次引起阿拉伯国家的关注。1979 年 3 月 4 日，阿拉伯联盟在科威特举行紧急外长会议，讨论制止南北也门流血冲突。3 月 28 日，北也门总统萨利赫和南也门最高人民委员会主席伊斯梅尔在科威特举行会晤。经过三天的磋商，双方同意实现和解，签订了关于实现两国统一的《科威特协议》。协议要求宪法委员会在 4 个月内拟出统一国家宪法草案，然后，两国元首再次会晤，讨论并同意宪法草案后，提交双方议会批准，最后对宪法草案进行公民投票及选举新国家的统一立法机构。

《科威特协议》的签订，使南北也门重新走上统一之路。但是两国政府都没有中断向对方反对派提供支持，从而使两国关系难以实现真正的正常化，统一之路举步维艰。

1980 年 4 月，阿里·纳赛尔取代伊斯梅尔任南也门总统。他主张要加速推进南北也门的统一进程，反对把统一只当成口号的做法。5 月 6 日，阿里·纳赛尔邀请北也门总理艾尼访问亚丁，商讨和平统一问题。双方签订了一系列经济、文化合作协议。同年 6 月 13 日，阿里·纳赛尔访问萨那，与萨利赫总统探讨双方在国际与安全方面的合作。双方同意每 4 个月举行一次元首会晤，研究各种统一协议和决定的执行情况。然而，此时北也门反政府的民族民主阵线武装与政府军在北也门中、南部地区的军事对抗日趋激烈，北也门政府认为民族民主阵线武装力量如此活跃与南也门的支持分不开。南北关系再度乌云笼罩，统一进程面临夭亡。

为消除南北双方的矛盾，继续推进统一进程，9 月 23 日，科威特埃米尔贾比尔邀请南北也门元首到科威特举行会谈。最后，在埃米尔贾比尔的斡旋下双方达成谅解。南也门同意终止对北也门民族民主阵线的援助。

1981 年 12 月初，南北也门组成了以萨利赫总统和阿里·纳赛尔总统为首的最高委员会和联合内阁委员会，以加强对南北合作及统一工作的敦促和指导。12 月 30 日，统一国家宪法草案经过商讨拟订完毕。1982 年 1 月 9 日，南北方领导人同意宪法草案。但是通过宪法草案的其他规定程序迟迟未能启动，其原因主要是当时南北双方都不具备完善的议会机构，而议会选举工作几年之后才完成。

1982～1985 年之间，南北也门高级别人士互访频繁，最高委员会和联合内阁委员会定期举行会议，两国在外交、内务、公民相互往来、工农商、文化教育等领域加强合作，达成了许多合作协议。南北也门的友好合作关系在这一时期出现了良好的发展势头，在双方的密切交往中，两国领导人之间的友谊日益加深，增加了统一的希望。

1985 年底南也门统治集团内部权力之争呈白热化，1986 年 1 月爆发了"1·13"事件。以阿里·纳赛尔为首的温和派被以伊斯梅尔为领袖的强硬派挤垮，纳赛尔及其部分支持者逃亡北也门，阿里·纳赛尔时代的南北也门友好关系宣告结束，也门统一进程面临新的考验。

3. 历尽坎坷，实现统一（1986～1990 年）

（1）排除阻力，重开统一谈判：北也门总统萨利赫十分关注南也门局势的发展，与阿里·纳赛尔保持密切联系，并向他提供援助，希望他能重掌政权。纳赛尔派失利后，萨利赫同意他们越境到北也门"避难"。萨利赫总统虽然支持纳赛尔打回老家去，但他更倾向于南北也门敌对双方通过谈判实现和解。然而，南也门强硬派领导人萨利姆·萨利赫·穆罕默德拒绝与逃亡的阿里·纳赛尔对话，坚持对阿里·纳赛尔及其支持者进行审判，使北也门萨利赫总统的努力付之东流。

随着南也门新政权在南也门国内的地位日益巩固，阿里·纳赛尔大势已去，萨利赫意识到继续支持他反对南方政府，会导致南北也门对抗，于是决定在不放弃对阿里·纳赛尔有限支持的情况下，通过对话解决存在的问题，并排除了支持阿里·纳赛尔以北也门为基地与南方武装对抗的意见。

南也门由于"1·13"事件后所面临的经济困难和政局不稳，也希望与北也门改善关系。南北方领导人出于各自政治、经济需要，于6月下旬开始进行正式的官方接触，使紧张的关系有所松动，南北统一的大门再次开启。

（2）两国发展关系，加速统一进程：1987年9、10月间，南也门社会党总书记比德和国家主席阿塔斯先后访问北也门，同萨利赫总统举行高级会谈，这意味着南北关系又进入了一个新的发展时期。1988年5月4日，南北两国元首在萨那举行会晤，双方同意自7月1日起，公民可持身份证自由过境，双方公民有权在任何一方寻找职业。

1989年3月，联合内阁委员会举行第四次会议，成立了负责制定统一国家政治体制的统一政治委员会，并要求双方在两个月内完成各自的任务。10月，双方政治机构开始磋商两国的统一形式，北也门倾向在联邦的框架内同南方统一，南也门主张统一的第一个阶段在联邦的范围内进行。经双方协商后，联邦的形式被采纳。

1989年11月30日，萨利赫总统访问亚丁，与南也门社会党总书记比德就统一问题进行了三天磋商，签署了统一协议。双方一致同意1989年12月制定统一宪法草案，并将宪法草案提交双方议会，在 6 个月内通过，然后由双方议会在 6 个月内组织公民对宪法草案进行公决，宪法草案通过后，即选举统一国家的立法机构和行政机构。至此，南北也门的和平统一进程迈出了实质性的一步。

（3）实施南北也门统一的步骤：亚丁协议签署后，南北统一各项准备工作按部就班地进行，统一的实现进入倒计时。1990 年 4 月 19 日，南北也门党、政、军、议会主要官员在萨那开会，经过三天的讨论，达成宣布建立南北统一的也门共和国的《萨那协议》，也门人民的统一梦想即将实现。协议规定，1990 年 5 月 22 日南北也门实现全面合并，建立只有一个立法、行政和司法机构的也门共和国。本协议生效后，组建过渡时期的国家最高政权机构总统委员会。总统委员会由 5 人组成，经双方议会联席会议选举产生，然后总统委员会全体会议选举主席和副主席。过渡期自该协议生效之日起为时两年半。过渡时期的统一国家议会，由南北方议会全体成员及总统委员会任命的 31 名代表组成，过渡议会享有宪法赋予的一切权力。总统委员会则负责组织也门共和国政府。

1990 年 5 月 21 日，南北双方议会批准了统一的宪法草案及南北也门 4 月签署的《萨那协议》。5 月 22 日，南北方议会在亚丁举行联席会议，选举国家最高权力机构。大会选举北也门总统萨利赫和南也门社会党总书记比德等 5 人组成总统委员会。随后，总统委员会举行首次会议，选举萨利赫为总统委员会主席，比德为副主席，任命南也门主席阿塔斯为过渡政府总理；确立北也门首都萨那为统一国家的政治首都，南也门首都亚丁为统一国家的经济首都。同日，萨利赫总统在亚丁的议会大厦向全世界郑重宣布也门共和国成立。至此，也门结束了长达 300 多年的南北分治，开始了统一的也门的新历史时期。

4. 1994 年内战（1994 年 5 ~ 7 月）

统一后，北方全国人民大会和南方也门社会党联合执政，维持统一国家的政治平衡局面。但是，在 1993 年 4 月底的议会选举中，北方的伊斯兰教改革集团进入议会成为第二大党，党的主席艾哈迈尔出任议长，南方的也门社会党降为第三大党，在议会的地位十分不利。议会第一大党北方的全国人民大会在议会的席位未过半数，不能独立组阁，党的主席萨利赫总统提出三个议会主要大党联合组阁。这样就打破了南北方两党联合执政的格局，形成了一对二的局面，南方的政治权力被削弱。

（1）两党分裂，武装冲突不断：政治平衡被打破加上南方发现新油田，使政治和经济利益之争同时凸显。南方对自统一后北方领导人的政治控制和经济垄断等做法极为不满，双方围绕着修宪、实行总统制和军队合并等问题展开了激烈争斗。也门社会党认为全国人民大会和萨利赫本人试图通过宪政改革完全控制权力，指责他破坏统一时关于权力分配的协议。1993 年 8 月比德出访德国后，直接回到南方首府亚丁。他在亚丁提出了保障也门社会党政治权力和人身安全的 18 点意见，但被萨利赫断然拒绝。11 月也门社会党公开指责北也门政府试图打着统一的旗号吞并南方，随后在政府任职的南方官员全部撤回亚丁，他们试图通过这一举动迫使萨利赫接受比德的 18 点意见，以确保南方利益。南北两党领导人严重的政治分歧引发了也门的政治危机。

也门其他政党和社会各界努力寻求南北和解的途径，阿拉伯国家也从中斡旋。1994 年 2 月 20 日在约旦国王侯赛因的主持下，两党和其他政党组织达成了和解协议。但是比德和其他南方的政府官员仍然拒绝回到首都赴任。第二天，南北双方的军队在阿比扬省发生武装冲突。此后，双方军队在各处的武装冲突接连不断。1994 年 4 月 4 日，在阿曼苏丹卡布斯的主持下，萨利赫与比德在阿曼首都马斯喀特进行谈判，结果不欢而散。4 月底双方发生了大规模武装冲突，造成数千人伤亡。5 月初美国助理国务卿佩莱抵达萨那进行调解，但无济于事。双方的武装冲突继续扩大。

（2）冲突升级，爆发全面内战：1994年5月4日，政府军对南方首府亚丁及周边地区的重要设施发动突然袭击，南方军队立即回击，对首都萨那进行空袭。双方的地面部队在扎马尔、阿姆兰和阿比扬等地区展开激战。内战全面爆发，战火即刻蔓延至全国近半数省份。5月5日萨利赫宣布全国进入紧急状态，并命令政府军向南方进发，目标是占领亚丁。比德立即下令南方军队做好抵御政府军进攻的准备，同时向北方重要城市和军队发射导弹反击。也门议会和总统委员会分别召集紧急会议，以分裂罪名解除了副总统比德、总理阿塔斯和国防部长卡西姆等南方主要领导人在政府的职务。5月15日政府军击溃驻扎在北方地域内的南方军队。

也门内战开始后，世界各国呼吁南北也门领导人采取克制态度，尽快停火，避免事态进一步恶化。5月7日，阿拉伯联盟在开罗召开紧急会议，讨论也门局势。会议呼吁所有阿拉伯国家为结束也门内战采取一致行动。海湾合作委员会对也门内战深表遗憾和痛心，要求南北也门领导人以国家和人民利益为重，停止内战。5月18日，也门政府提出停火的4个条件，即：南方必须承认萨那政府的合法性；南北双方武装部队合并；南方领导人投降；恢复国家宪法。5月20日，萨利赫和比德分别接受阿拉伯国家领导人的建议，同意在穆斯林的重要节日"宰牲节"期间实行停火。同日萨利赫宣布单方面停火3天，给对方投降机会。

5月21日晨，比德宣布南方脱离也门共和国，恢复原来的独立地位，成立"也门民主共和国"，争取在民主与和平的基础上实现统一。他又于当晚宣布"也门民主共和国"正式组成总统委员会。5月22日，也门南方总统委员会选举比德为总统，比德任命南方的也门人民联盟领导人阿里·加法里为副总统，任命曾出任统一后也门政府总理的海德尔·阿塔斯为总理，并委托他组织"民族统一政府"。萨利赫立即发表声明，强烈谴责比德分裂国家统一的行为，并要求国际社会不要承认南方独立。接着他下令要不惜一切代价攻占亚丁，收复南方。经过激战，6 月中旬政府军攻占了亚丁北部的战略要地，6 月末，又攻下亚丁郊区，还占领了南方军队控制的多数区域。7 月 6 日，政府军占领了南方第二大港口穆卡拉，比德等南方领导人被迫逃亡国外，南方军队全线溃败。7 月 7 日政府军占领亚丁，基本控制了整个南方地区。内战以北方的胜利而告结束。

（3）内战损失巨大，负面影响众多：内战历时两个月，给也门经济和人民生命财产造成巨大损失。约 5 万人死于战火之中，伤者不计其数，数 10 万人逃离家乡，也门人民的身心备受战争创伤。内战还使很多机场、电站、公路桥梁等基础设施遭到严重破坏，工厂企业被迫停产，石油等生产设备被毁坏，本可满足国内供应的石油只能依靠进口，城市建筑和民房也遭到不同程度的损毁。据估计，内战造成的直接经济损失约 100 亿美元，间接损失无法估量，给本来就很贫穷的也门以致命的打击。

内战对也门国际声誉和投资环境带来严重的负面影响。也门的外国公司在内战期间纷纷撤离，这对刚刚兴起而急需外资的也门石油等重要经济领域影响极大。由于战后重建需要大量资金、人员、技术和设备，也门政府被迫开出了超优厚的条件，以吸引外资到也门参与投资和建设。尤其是在石油方面，政府以将一半以上的石油利润给予投资者的优惠条件，吸引外国公司投资开发也门石油。

内战还影响了也门的对外关系。受海湾战争的影响，阿拉伯国家对也门北、南双方的态度截然不同。由于也门曾在海湾战争中支持伊拉克，因此，伊拉克和曾经支持过伊拉克的约旦和苏丹等国家，一致支持萨利赫政府打击南方分裂势力；而反对伊拉克侵略科威特的海湾合作委员会和埃及、叙利亚等国家，基本倒向南方，支持南方反对北方控制的立场。另外，其中一些阿拉伯国家原本对这一地区出现强大统一的也门就各怀心思，这次支持南也门独立大有推波助澜促成南北分治局面的用意。因而内战使也门政府同部分支持南方的阿拉伯国家的关系更加紧张。为了在经济重建中得到更多的援助，战后的几年中，也门政府主动与这些阿拉伯国家修好，缓和关系。

5. 维护统一，促进全面发展（1994 年后）

内战结束，南方政治势力被削弱，萨利赫基本控制了全国局势。为了维持统一局面，政府加强了对南方的控制，严惩分裂分子。萨利赫发表《告全国人民书》，宣布在维护统一和尊重宪法原则的基础上，通过对话解决政治分歧，尽快恢复正常的公共生活，扩大参政，建立地方自治制度。同时，政府采取了安抚措施，避免与南方的矛盾再次激化。1997 年 5 月萨利赫任命曾在统一前任南也门政府计划部长的独立人士法拉吉·加尼姆为政府总理，并实施了发展南方经济的多项计划，尽量缩小两地区经济差距。经过萨利赫政权的努力，也门政局逐渐趋于稳定，进入了统一国家的全面发展的新时期。

第四节　著名历史人物介绍

一　叶海亚·本·哈米德丁

门独立后第一任伊玛目。1869 年生于萨那，1904 年其父伊玛目艾哈迈德·本·叶海亚去世，叶海亚·本·哈米德·本（Yahia Bin Hamid Din，1869～1948 年）继任伊玛目。1918 年也门脱离奥斯曼帝国独立，建立穆塔瓦基利亚王国，叶海亚成为第一任伊玛目（国王），掌管国家政权。1948 年遇刺身亡。

叶海亚统治也门期间，在本部落宰德派圣裔、法官、酋长等封建贵族的支持下，沿用了宰德派传统的统治模式，集政教大权于一身，实行封建神权专制统治。他推行宗派主义政策和严格的封建等级制度，通过苛捐杂税聚敛民财供王室挥霍，扩充国家机器为王权服务，这些政策使教派之间的流血冲突时常发生，各地民众的反抗也接连不断。叶海亚为了抵御西方殖民主义的侵略和干涉，维护统治地位，采取了闭关锁国政策，整个国家与外部世界隔绝，不与外国政府和机构发展密切关系，阻止国外异端思想传入。叶海亚没有采取任何社会改革和发展措施，不允许社会各方面的现代化变化，使也门的经济和社会发展几乎停滞。但是叶海亚根据巩固政权的迫切需要，建立了正规军，开设了一所军事学校，并引进了现代化武器装备和学习先进西方军事科技知识。在外交方面，他谨慎发展国际关系，参与地区和国际事务，目的是让国际社会承认和支持也门的独立和主权。叶海亚始终以统一也门为大业，反对英国占领南也门。但是 1934 年英国借也门与沙特阿拉伯边界战争的危机形势，迫使叶海亚与英国签订条约，承认英国在南也门占领的合法化。40 年代叶海亚的专制统治激化了社会矛盾，也门民众掀起了大规模的反对王权统治和反对英国殖民主义的运动。1948 年 2 月 17 日叶海亚遭遇也门"自由人运动"成员的袭击，当场毙命。随即"自由人运动"发动了1948 年革命，宣布推翻王权建立立宪政权，但是叶海亚之子王储艾哈迈德挫败了革命行动，夺回了王位。

二 阿卜杜拉·萨拉勒

阿卜杜拉·萨拉勒（Abdullah Sallal, 1917 ~ ） 阿拉伯也门共和国（北也门）第一任总统。1917 年在萨那出生。1939 年毕业于伊拉克巴格达军事学院。回也门后进入军界，先后任通信兵队长、荷台达海港主任、萨那军事学院院长、萨那皇宫卫队长、巴德尔团团长、王室军事委员会委员、总参谋长等职。其间曾因参与反对王室活动两次被捕和被软禁。1962 年 9 月被选为秘密的"自由军官组织"领导人，率领"自由军官组织"进行"9·26"革命，推翻了伊玛目政权，建立了阿拉伯也门共和国，同年 10 月任共和国总统兼武装部队总司令，并兼任政府总理和外交部长等职。1967 年 12 月 5 日在政变中被解除总统职务，后流亡开罗。1981 年经获准回国定居。

萨拉勒任总统期间，与纳赛尔政权关系密切，依靠埃及军队的全力支持，以及苏联、叙利亚等国的军事援助，领导共和派顽强抵抗由沙特阿拉伯和西方支持的王室派的武装反攻。因其采取的强硬立场遭到了共和派内部和解派的强烈反对，萨拉勒于1965 年 6 月去开罗寻求支持，1966 年 8 月回国后开展了大规模的"清理运动"，清除勾结王室和国外势力反对共和政权的人，组成国家安全法庭对这些人进行审判和处置，其矛头指向和解派及其支持者；同时他下令解散共和国委员会和政府，组成了新政府。萨拉勒坚持强硬路线，主张埃及继续在也门驻军，反对与王室派和解。1967 年经过国内外各方面的努力，民族和解大势所趋，10 月底埃及从也门撤军。11 月 5 日以艾里亚尼为首的和解派在社会民众和军队的支持下解散政府，罢免了萨拉勒的总统职务。

三　盖哈坦·穆哈麦德·沙比

盖哈坦·穆哈麦德·沙比（Qahtan Mohammad Al-Shaabi，1920～1981 年）　前也门人民共和国（南也门）第一任总统。1920 年在拉赫季出生。曾就读于苏丹喀土穆大学农业机械系。回国后在拉赫季地区农业部门工作。参加过反对英国殖民主义统治和争取民族独立的运动，1960 年流亡国外，同年加入阿拉伯民族主义者运动。1963 年在阿拉伯也门共和国任总统的南也门事务顾问。同年参加了创建"解放被占领土的南也门民族阵线"（简称"民阵"）的工作，并任执行委员和总书记。1967 年作为民阵代表团负责人赴日内瓦同英国政府谈判，并签署了南也门独立协定。同年 11 月 30 日南也门独立，沙比出任南门共和国（1970 年 11 月改名为"也门民主人民共和国"）第一任总统兼总理、武装部队总司令。其领导的民阵成为执政党。1969 年 6 月 22 日在民阵内部的"纠偏行动"中被迫辞职。1981 年因病去世。

沙比在任总统期间，采取保守政策，主要依靠殖民时期的国家机构管理国家，基本维持旧的经济和社会制度，尽量不触及本国大地主、富农、大资产阶级和外国资本的根本利益，1968 年颁布的农业改革法令也未能根本解决农村的封建土地关系问题。由此引起了社会广大民众的不满，要求社会全面改革的呼声高涨。执政党民阵的领导层内部也发生了严重的意见分歧，沙比为首的右派主张国家不宜进行大规模的社会主义改造，认为应该寻求西方援助解决财政和经济困难，坚持实行非资本主义和非共产主义的"社会主义"路线。这种保守主义倾向遭到了以伊斯梅尔和鲁巴伊为首的左派的强烈反对，他们主张实行农村土改和城市国有化，走"科学社会主义"道路，同前苏联等社会主义国家结盟。1968 年 3 月在民阵第四次代表大会上，左派意见得到了广泛的拥护，大会最终决定南也门选择走"科学社会主义"道路。但是沙比拒绝执行决议，利用总书记和总统的职权，改组政府，压制和打击党内的左派，逮捕大批左派骨干和社会各界的支持者，造成了国内的紧张局势。占民阵多数的左派力量在社会各界的广泛支持下，于 1969 年 6 月发动"纠偏运动"，沙比被剥夺了所有权力并被关押，后被软禁在家。

四 阿里·萨利姆·比德

阿里·萨利姆·比德（Ali Salem Al-Beedh, 1939 ~）原也门民主人民共和国（南也门）执政党——也门社会党总书记，也门共和国总统委员会副主席。1939年生于哈德拉毛省。曾在开罗技术专业学校机械专业进修。1960年加入阿拉伯民族主义运动，1963年8月南也门"民阵"成立时成为领导成员之一，南也门独立后出任国防部长。1969年6月起历任外交部长、国务部长、计划部代理部长、地方管理部长，1980年10月出任政府副总理。在也门社会党"一大"、"三大"、"五大"上当选为政治局委员，1986年2月当选为党的总书记。比德积极推进南北也门统一进程，1988年5月，与北也门总统萨利赫在萨那签订了了南北居民自由过境和共同开发边界地区石油、矿业资源的协议，1989年11月又签订了《亚丁协议》，批准南北也门于1981年起草的《统一宪法（草案）》，1990年5月22日也门统一时，出任共和国总统委员会副主席。1994年5月，南北也门因政治矛盾激化爆发了内战，比德率领南也门军队与北也门军队武装对峙，议会和总统委员会以分裂国家的罪名解除了他的总统委员会副主席职务。7月在北方军队的强大攻势下，南方军队溃败，比德同其他南也门主要领导人逃亡国外。

五　阿卜杜拉·本·侯赛因·艾哈迈尔

卜杜拉·本·侯赛因·艾哈迈尔（Abdullah Bin Hussain Al-Ahmar，1931~2007年）　也门共和国前议长。1931年生于萨那近郊。1959年子继父业成为也门最大的哈希德部落第12代酋长。1963~1990年先后任总统委员会委员、内政部长、国民议会议长、协商议会议长、协商会议委员。1993年5月当选为议长，1997年4月和2003年5月再次当选。在任期间曾于1974年4月、1999年6月率也门议会代表团访华。2007年12月29日上午在沙特阿拉伯首都利雅得费萨尔专科医院病逝，享年76岁。

艾哈迈德是虔诚的穆斯林，笃信伊斯兰教，认为遵守伊斯兰原则是实现社会、国家安全和稳定的根本保证。作为也门最大部落的酋长和国家领导人，他在也门部落中和宗教界都拥有较高的地位和威信，对也门政治生活产生了重要影响。50~60年代艾哈迈德反对伊玛目的专制统治，支持1962年"9·26革命"推翻封建王权，领导部落武装参加了共和派抵抗王室派武装进攻八年内战。艾哈迈德对萨利赫政府与激进的南也门政府实现统一进程存有疑义，曾反对南北也门的统一，但最终还是服从大局，采取了维护也门统一的立场。在1994年内战中，他坚决支持总统萨利赫领导的政府军打击南方武装势力。统一后，也门实行政治开放政策，艾哈迈德于1990年9月组建了"伊斯兰改革集团"，并与总统萨利赫领导的全国人民大会结成政治同盟，1994年内战后成为也门第一大反对党和议会第二大党。艾哈迈德在也门与地区的国家关系中起了重要作用，特别是凭借与沙特阿拉伯的传统友好关系，对和平解决也门与沙特阿拉伯的边界问题和推进两国关系正常化作出了杰出贡献。他始终关注巴勒斯坦问题，反对以色列占领巴勒斯坦领土和屠杀无辜的巴勒斯坦人民，竭力主张维护耶路撒冷和阿克萨大清真寺的神圣地位，曾出任也门"捍卫阿克萨清真寺和巴勒斯坦人民委员会"主席、也门"耶路撒冷机构"主席。

第三章

政　治

　　也门是阿拉伯半岛古代文明的发祥地，约公元前 14 世纪，一些农业定居的部落在争夺地域和保护经济利益过程中，结成部落联盟，并逐渐形成以此为基础的雏形国家。约公元前 12 世纪，也门古代奴隶制国家已经比较成熟。公元 3 ~ 6 世纪，在埃塞俄比亚和波斯等的外族入侵中，也门古代奴隶制开始瓦解。公元 7 世纪半岛北部阿拉伯人占领也门，推行伊斯兰封建专制制度，促进了也门封建社会的形成和发展。16 世纪以后，也门相继遭遇了葡萄牙人、土耳其人和英国人的入侵与占领。在奥斯曼土耳其帝国统治时期，封建专制制度进一步完善。20 世纪初西方殖民主义觊觎也门的战略地位、自然资源和商品市场，采取了分裂也门和分而治之的政策。第一次世界大战开始后，奥斯曼帝国结束对也门的统治，1918 年北也门获得独立，建立伊玛目王国，伊玛目政权继续实行封建专制制度。1934 年英国迫使伊玛目承认英国对也门南部占领的合法性，将也门分割为南北也门。1962 年北也门通过军事政变推翻封建王朝，成立阿拉伯也门共和国。1967 年南也门结束英国殖民主义统治取得独立，建立也门民主人民共和国，两也门均实行现代国家的总统制共和政体。1990 年 5 月 22 日也门统一。统一后的也门制定了全面开放和改革的战略，以适应全球化的发展趋势和促进也门社会的发展进步。政治改革的主要内容是逐步实施宪政民主步骤、实行多党制和宪政选举。经过 10 多年的实践，政治改革进展顺利，并积累了一些成功的经验。

第一节 当代政治制度概述

也门阶级社会度过了与历史发展相应的政治制度阶段，即：古代奴隶制阶段，封建专制阶段。当代的也门同样出现了资本主义发展因素，世界的现代化变化促进了也门政治制度的发展进步。

一 建立共和制

在 19 世纪至 20 世纪中叶，也门人民经受了封建神权专制和西方殖民主义的两重压迫和剥削。沿海经济和工商业发展催生了工商业资产阶级和小资产阶级，并且出现了有政治纲领、政治目标和政治主张的规模不一的政治组织，他们是反对封建主义和殖民主义的民族民主运动的骨干力量，在农民、工人和城市各阶层中有着广泛的支持者。在第二次世界大战后世界民族民主运动的影响下，受 50 年代埃及等阿拉伯国家推翻封建王朝、建立共和国的启示，北也门激进的中小资产阶级军人充当了革命的先锋队，于 1962 年进行了"9·26"革命，推翻了封建伊玛目政权，建立了共和国。在北也门建立共和国的激励下，南也门的民族民主力量结成广泛的统一战线，1963 年开始进行大规模的反英武装斗争，终于在 1967 年 11 月 30 日摆脱英国殖民统治获得独立，建立了共和国。

两个共和国建立后，分别采用了不同的发展模式。北也门采用西方资本主义自由经济的发展模式；南也门走向了所谓的

"科学社会主义"道路，实行计划经济和国有化。但是两个也门的政治制度具有几个共同点：（1）都以现代国家的宪政制度为模式，实行总统制共和政体；但是都由军人直接掌权，实行总统集权专制和一党制。（2）20世纪60~70年代国际形势复杂，世界两大阵营对峙造成冷战的格局、阿以民族矛盾引发了几次中东战争、阿拉伯民族内部矛盾重重。在这种国际大背景下，受到外界各种政治因素的影响，两国领导集团内部保守势力与激进势力之间的斗争异常激烈，由此导致了政变频发，政权多次易主，政局动荡不定，南也门尤为突出。（3）20世纪80年代以后，苏联、东欧剧变和冷战结束，世界格局发生变化。在全球化和世界民主浪潮的影响下，两国政府都采取了一系列开放和改革政策，特别是北也门，政治制度开始向多元化和民主化方向转化。

二　统一后的政治制度

也门统一后成立了阿拉伯也门共和国，北也门的全国人民大会和南也门的社会党组成联合政府，制定了维护国家统一和振兴国家的政治改革措施。1990年5月21日双方议会通过的统一宪法草案，规定实行多党制和宪政民主制度。1991年5月举行全民公决通过了宪法，宪法规定开始统一后的政治过渡期，过渡期内实行总统委员会制和多党制，组成宪法起草委员会和最高选举委员会。

三　统一后的政治整顿和政策调整

南北政治矛盾的激化引起了1994年内战，但政治民主化改革的进程并没有因此受到影响。内战结束后，南方也门社会党的势力被大大削弱，总统萨利赫领导的北方全国人民大会控制了政权。1994年9月议会通过宪法修正案，其中规定政治过渡期结束，以总统制代替了总统委员会制。10月萨利

赫当选总统，个人权力不断加强，政治地位得到巩固。为了消除
内战影响，实现政权平稳过渡，政府进行了全面的政治整顿和政
策调整。1995 年 8 月议会颁布了新政党组织法，其中规定实行
多党制；1996 年 8 月颁布了新选举法，制定了宪政民主选举的
法律程序。政治整顿和政策调整基本达到了将国家政治引入法制
轨道、维护统一局面和稳定政局的目的。国际社会对统一后的也
门宪政实践给予了极大关注和肯定。

四　南北也门的社会结构

20 世纪世界的迅速变化和国内经济的发展，对也门社会
产生了重要影响，政治制度也发生了变化。首先在国
家独立的基础上建立了共和制，新政权由代表中小资产阶级的军
人集团和知识分子组成。新政权制定了反殖反封建、反垄断买办
资产阶级和振兴民族国家的政策，反映了广大国民的意愿。北也
门制定的国有化和社会福利政策，南也门制定的"社会主义"
计划经济和国有化政策，都不同程度地兼顾了各阶层民众的利
益，得到了社会各界广泛的支持和拥护。

南北也门在共和国时期的社会构成基本相同。广大民众是社
会的中下阶层和下等阶层，包括农村的农民、大城市的工人、城
乡的小资产阶级和社会贫民，他们曾经是反殖反封建的主力军，
也是新生政权的社会基础。其中约占人口 85% 的农民，是封建
社会中受剥削和受压迫最深的阶级。工人集中在大城市和港口城
市的新兴工业领域，人数不多，力量比较弱小。

大、中资产阶级由大城市和侨民中的工商业资产阶级组成，
主要从事进出口贸易和部分加工工业。由于两个共和政权执行了
不同的政策，资产阶级的地位也不尽相同。北也门政权将资产阶
级作为国家经济发展的依靠力量，政府制定的优惠投资政策，充
分保障了他们的经济利益。北也门的国有化政策主要是针对外资

和国家投资开发的新兴产业，对资产阶级的触及较小。南也门实行的"社会主义"国有化政策，针对社会的所有领域，因此对资产阶级打击很大，他们的利益受到了严重损害，其中很多人被迫将资产外移。80年代以后，两国都实行了改革和开放政策，资产阶级在经济发展中不同程度地得到了实惠，政治地位也有所提高。

原有的封建统治阶级，即王族、"圣裔"和法官阶层、封建大地主阶级、垄断和买办资产阶级及其追随者，都被新政权列入主要的打击对象，彻底失去了往日优越的政治和经济地位。北也门王室派势力在阿拉伯保守国家和西方势力的支持下负隅顽抗，与共和派展开了八年内战，但终以失败告终。

部落酋长阶层在现代也门社会中是比较特殊的阶层。由于部落是原始氏族社会和奴隶社会延续和演化而来的社会组织形式，因而部落酋长们和部落势力都带有浓郁的封建和氏族社会的色彩。大多数部落酋长拥护新政权，但是不支持铲除其赖以生存的封建经济基础。然而在新制度下，部落酋长们也在不断改变自己，以适应社会的发展。随着社会的发展变化，除保持部落酋长的地位外，很多酋长也兼有官员、商人以及知识分子等多重身份，同时还在国家与地方及部落之间扮演中间人的角色。

共和国的建立是也门进入现代社会的一个明显标志。但是也门的共和制带有集权专制的封建色彩。统一后，也门多次进行了宪政民主实践，政治制度逐渐走向了与世界和本国现代化发展相适应的政治民主化发展的轨道。

第二节　政治制度构成

一　宪法

从1936年至2000年，也门有关宪法的文件约40多件，其中包括南也门在英国保护时期殖民主义性质的宪政文件、两个也门独立后的宪法、宪法修正案、国民宪章、宪政公告等。

也门统一后颁布了几部宪法和宪法修正案。1989 年 11 月 30 日，原北、南方领导人萨利赫和比德在亚丁签署了统一宪法草案。1990 年 5 月 21 日双方议会通过了该宪法草案。1991 年 5 月 26 日举行全民公决通过了统一后的第一部宪法。宪法对政治过渡期的政治制度作出相关规定。1994 年 9 月 29 日议会通过宪法修正案，对过渡期结束后国家政治制度做了详尽规定，被认为是实际意义上的也门共和国第一部宪法。2001 年 2 月议会批准和全民公决通过了宪法修正案。

1. 1994 年宪法（修正案）

1994 年宪法共 5 章 159 项条款。第一部分总则，包括政治、经济、社会和文化、国防和安全；第二部分公民的基本权利和义务；第三部分国家权力和权力机构；第四部分国歌和国旗；第五部分宪法修正的基础和准则。

（1）总则：宪法总则中关于政治的规定是：也门共和国具有阿拉伯和伊斯兰属性，是独立主权国家，其完整性神圣不可侵犯，也门人属于阿拉伯和伊斯兰民族。伊斯兰教为国教，阿拉伯语为官方语言。伊斯兰法是立法的源泉。人民是国家的所有者和权力的来源，公民拥有直接投票和普选的权利，拥有间接的立法、行政和司法权。也门遵守联合国宪章，承认国际法确立的国际人权原则，遵守阿拉伯联盟宪章和世界公认的国际条约。

总则关于经济的规定是：国民经济建立在有益于个人、社会和国家独立自主发展的基础上。国民经济遵循以下原则：以伊斯兰公正为标准，发展和促进生产，实现社会团结和平衡，提供社会均等机会和提高社会生活水平；在法律允许的范围内开展公营、私营和合营部门之间的竞争，所有部门要公正和平等相待；私人所有权受到保护和尊重，不得随意没收私人财产，如公众利益需要，必须依法办理并公平地支付相应的报酬和补偿。

经济部分还对国家土地和自然资源、经济发展计划、科技、贸易、投资、税收、财政和工资报酬、公共基金和募捐、私有财产和遗产处理方面等做了相关规定。

（2）公民的基本权利和义务：关于公民的基本权利和义务，宪法规定：公民拥有平等的权利和义务。每个公民都有权利参与国家政治、经济、社会和文化生活，国家在法律规定的范围内保证公民在讲演、写作和摄影等方面自由表达。公民享有选举和被选举权、有通过投票表达自己意愿的权利，选举活动将按照法律规定的程序进行。也门不履行外国的引渡条款，禁止引渡政治避难者。国家保证公民个人的自由、尊严和人身安全；法律将对公民自由给予解释，没有法庭的判决公民不得被拘禁、搜身和扣押、非法驱逐，禁止直接和变相拷问，禁止逼供行为。也门按照伊斯兰法惩处罪犯；在逮捕、拘留和监禁犯人期间禁止体罚和酷刑。国家保证公民有私人通邮、通话、通电报和其他交往途径的自由，不允许非法检查、搜查、泄露个人隐私。公民有接受教育、享受医疗和社会福利的权利。

（3）国家权力和权力机构：A. 立法权：根据宪法，议会拥有立法权。议会负责制定和批准国家法律、国家大政方针、经济和社会计划，审批政府预算和决算，审批国际公约、双边和多边政治和经济协定等，监督和指导政府各项工作。

议会由301名议员组成，任期4年，通过公民直接和不记名的自由投票选举产生。议员候选人必须是25岁以上会读写的也门籍公民，必须品行端正和守法，必须忠实宗教信仰，没有法院确定的违背荣誉和诚实原则的犯罪记录，除非被宽恕和豁免。

全国公民按照选区参选，法定的选民与公民数量相等，数量不超过正负5%，每个选区选举1名议员。选举人必须是18岁以上的也门籍公民。成立全国选举委员会，负责议会选举和选举投诉事宜。

议会每4年选举一次，在到期60天前开始选举新一届议会。如遇特殊情况不能按期进行选举，原议会继续行使职权，直到条件允许选举产生新一届议会。

议会会址位于首都萨那。相关的议会法律章程对在何种情况下在首都之外举行议会会议作出规定，对各议会委员会的工作程序、特权和权力作出规定。

议会有权保护议员，如议会决定对议员进行上诉，须在决定后的15天内提出由最高法院调查，调查在上诉案交给最高法院之日起90天内完成，有关判决由议会在60天之内决定其有效性。议员资格不能被取消，除非2/3的议员通过决议。

新一届议会应总统的要求，在议会选举结果公告后的两个星期召集第一次会议。在总统没有要求的情况下，新议会将在到达上述所说日期后的两个星期内召集会议。

新议会第一次会议选举产生1名议长和2名副议长，组成议会领导委员会主持议会工作。设立由秘书长领导的常设秘书处，按照议会章程的有关规定行使职责，处理议会日常行政事务。

议会会议在一半以上议员参加的情况下，所产生的决议为有效决议。议会决议由与会的绝对多数议员同意获得通过，除非宪法和议会章程有特殊要求。未被绝对多数通过的决议，将在下次会议上优先审议。

议会会议向公众开放，但议会发言人公布召开封闭会议除外。根据总统、政府和议会20名以上议员的要求，可以举行议会封闭会议，议会审议主要议题时，根据具体情况举行公开或者封闭的会议。

议会每年举行2次一般会议，在特殊情况下举行特别会议。议会章程对一般会议时间和会期作出规定。由议会领导委员会决定或由1/3以上议员书面提出请求，议会可以要求总统发布召开议会特别会议的法令。

议员不能干扰行政和司法机构的工作，议员不能兼任地方议会议员或公共职务。部长会议成员可以同时具有议员资格。

议员在议会公开或封闭会议上及所在委员会中的言论，不构成中伤和破坏名誉罪名。

未经议会允许，议员不允许被调查、搜查、逮捕、监禁和处罚。如果遇到此类情况，必须立刻通知议会，议会将根据情况作出有关决定。如议会休会，将由议会领导委员会负责处理，且应在议会下次会议开始时通知议会。

议员资格不能被剥夺，除非违反宪法有关的章程、违背议会有关议员资格的章程。

宪法对议会与政府和总统关系作出如下规定：议员和政府均享有提出财政税收法案和修改法案的权利。经政府或20%以上的议员提出议会法案，法案提交有关法律委员会之前，须经专门委员会审查。

议员人数达到20%以上可以对公共议题展开讨论，并可以要求政府对此议题作出解释或对政府质询。由10名议员组成的特别委员会或由某个委员会对有疑问的议题及有关的政府部门、机关和领导集体、公司或地方机构进行调查，如有必要可以对有关证言和证据举行听证会。

政府（部长会议）集体和个人对议会负责，每个议员均可就有关问题对总理和副总理、部长和副部长提出质询。

如总理和副总理未对议会所提出问题进行修正，议会可以撤销对政府的信任。对有关问题的修改意见提案须由1/3议员同意才可通过。经1/3议员署名的对政府的不信任案须及时通知政府，并在7天之后进行议会表决，如提案被通过，总理须向总统提出政府辞呈。

总统无权解散议会，只有在紧急状态下和通过全民公决才可解散议会；总统有权颁布延缓议会会议的法令，并在 30 天内进行全民公决，经全民绝对多数通过法令。总统颁布解散议会的法令后，在 60 天之内选举新议会；如总统未宣布选举新议会或没有如期进行新议会选举，则解散议会的法令失效，原议会仍具有宪法合法性；如 30 天内未进行全民公决或没有获得全民绝对多数票通过，则解散议会的法令失效，原议会仍具有宪法合法性。新议会产生后，在 10 天之内举行第一次会议。新议会不能因同一理由被解散。

B. 行政权：宪法规定，行政权由共和国总统和部长会议（政府）掌管。

总统：宪法规定，总统是最高国家首脑、武装部队最高统帅。

依照法律程序，总统通过全国普选产生，总统任命一名副总统。总统候选人必须是 40 岁以上、会读写、父母为也门后裔的也门籍人，必须具有政治和公民权利，必须品行端正、忠实地信奉伊斯兰教、没有犯罪记录，未与外籍人通婚，而且在任期内也不允许与外籍人通婚。上述这些条款也适用于副总统。

根据宪法规定，总统候选人提名和总统选举须遵照以下条件：

总统通过公民直接选举和竞选产生。候选人资格须经议会专门机构按照宪法的有关章程审查，资格审查通过后的候选人名单提交议会进行推荐。候选人须经 10% 以上议员推荐，议会至少推荐两名以上总统候选人，以符合宪法章程规定的竞选条件。

经过全民投票，获绝对多数票的总统候选人当选共和国总统。如果没有候选人获得绝对多数票，获得票数最多的两名候选人，依照法律程序参加第二轮选举。

共和国总统必须服从人民的意志，尊重宪法和法律，有责任维护国家统一和革命的目标，遵守权力和平移交的原则，负责完成有关维护国家和外交政策的任务。总统依照宪法行使其权力。

总统任期五年，按照惯例最多延长一个任期。如总统与议会的任期同时期满，总统任期延长至选举产生新议会，在新议会召集第一次会议后，开始进行总统选举。

总统任期期满前的 90 天内开始进行新总统选举。选举在一个星期内完成。如果未进行选举，原总统根据议会的延期授权继续行使权力，期限为 90 天。如国家处于战争状态或遭受天灾及遇到其他紧急情况，不能进行总统选举，原总统在延期 90 天以后仍可继续行使其权力。

总统可以向议会提出辞呈并阐述理由，议会以绝对多数票接受辞呈。如果辞呈不被接受，总统可在 3 个月内再次提交辞呈，议会必须予以接受。

如果总统职位空缺或总统长期患病，副总统暂代行总统职权，期限为 60 天，其间进行新总统的选举。如果总统和副总统职位同时空缺，议会领导委员会代行总统职权；如议会处于解散状态，由政府代替议会领导委员会代行总统职权；如发生此类情况，首先进行议会选举，新议会在 60 天之内召集第一次会议，然后进行新总统选举。

共和国总统行使的职权包括：在规定时间内宣布进行议会选举，要求进行全国普选，任命新政府和发布共和国法令，公布新政府成员，召集总统和政府联席会议，制定符合宪法的国家政策，依法任命国防委员会成员，颁布共和国令，颁布议会通过的法律，任免政府成员、军官和警官，依法制定军阶等级，颁发共和国奖章和其他荣誉奖章，颁布议会批准的国际条约法令，颁布政府批准的外交协定的法令，授权建立外交使团并任免大使，接受在也门的外交使团和外交机构的照会，批准政治避难，依法宣布紧急状态和进行全国总动员，颁布其他有关宪法和法律的法令。

如议会休会或处于解散状态，总统可依法颁布紧急法令，但必须与宪法和法律的有关规定相一致。所颁布的法令应在议会的下次会议上进行审议。如法令未被议会通过，则被认为无法律效力，并由议会会议作出有关处理决议。

总统掌管国家行政权，负责政府事务。政府决议不得违反任何法律，否则将被认为无法律效力而被废除。如政府决议被废除，总统可授权政府再作出决议。

总统依法宣布共和国紧急状态法，议会将应邀在一周内召集会议讨论紧急状态法。议会如果处于解散状态，则被恢复并应邀召集会议。如紧急状态法令未提交议会，则被视为无效而被停止执行。总统只能在战争、内部动乱和自然灾害等情况下宣布紧急状态。紧急状态须限定时间，如延期须经议会批准。

总统有权要求总理汇报有关部长会议（政府）责任的落实情况。

总统批准死刑法令。

副总统辅助总统工作，经总统授权代行总统职权。

总统颁布协商会议的法令。根据此法令，协商会议由资深人士、专家和社会名流组成，目的是扩大政治参与范围和充分利用全国各地的有用人才。有关法律对协商会议作出规定。协商会议与议会共同召开联席会议，会议由议会议长主持，共同商讨和以多数票通过与宪法有关的问题、国家重大战略和政策。

总统和副总统可能对违反宪法和其他损害国家主权的重大叛国罪承担责任。根据有关审判法律的程序规定，须由半数以上议员提出相关的诉讼案，由2/3以上议员通过提起诉讼的决议。如对总统和副总统的指控成立，议会领导委员会代行总统职权，直至法院作出判决。议会将在下次会议通过有关决议。如果法院再次找出其他任何罪证，总统将被罢免，依法接受惩罚。

政府：宪法规定，部长会议是共和国的政府，国家最高行政机构，与总统共同掌管国家行政权，所有国家行政部门、代理机构和公司一律听从政府的行政命令。

政府由总理、副总理和政府部长组成，在组织法的基础上成立国家各行政部门。总理年龄须在40岁以上，政府成员年龄须在30岁以上，其他条件与议会议员相同。

总理经与总统协商后，任命政府成员，并经议会同意以取得其信任。总理和部长集体向总统和议会负责。

政府依法负责实施国家政治、经济、社会和文化及安全政策，辅助总统行使权力，制定内政外交政策，起草国家经济计划、年度预算和决算及负责具体的实施，起草法律草案和决议，起草条约和协定，并将其提呈议会或总统批准；负责保护国家内外的安全和维护公民权利，依法指导、协调和检查政府部门、管理机构、公司、公营和合营企业的活动。

总理依法任免其他政府官员，根据经济发展需要，负责制定和实施成立人力发展机构计划和组织人员培训计划。

总理领导部长会议和主持召集部长会议的例会，与部长们共同商讨国家政策的实施，监督会议决定的执行情况，统一协调落实国家政策，要求政府成员提交所负责部门事务的报告。

总统和议会有权对总理、副总理及部长和副部长进行有关犯罪事实的调查和审查，并经议会5名以上议员提议和2/3以上议员同意通过相关决议。犯罪诉讼议案须由5名以上议员提出，由2/3议员同意通过相关决议。一旦犯罪事实成立便可罢免他们，直到法院判决。

如政府辞职、被解散或被撤销信任，将以看守政府维持其职权，直到新政府成立。看守政府不能任免官员。

如总理同政府某位成员不能合作，可以说服总统免去不能合作成员的职务。如总理不能尽职将被停职，或议会撤销对政府的信任；或重新进行议会选举，但总理须向共和国总统辞职。

如多数政府成员提出辞职，总理将宣布政府集体辞职。

地方事务：宪法规定，国家划分若干个地方行政区域。

地方行政区域具有相对的独立性。有关的地方法律规定了地方会议（地方议会）产生办法和选举程序、地方行政官员、行政和财政资源、管理权限和责任、发展计划和实施等各方面事务，规定了行政与金融方面的地方分权原则。

地方会议经自由公正的选举产生，地方行政官员在所管辖的范围内依法负责制定区域计划和投资预算、监督和检查地方行政机构各项事务。

所有地方区域和地方行政是国家和地方事务不可分割的组成部分。地方行政官员对共和国总统和部长会议负责，完全执行其所做的一切决定。

国家鼓励和资助地方管理事务，将其作为地方发展的重要途径。

C. 司法权：宪法规定司法权由法院行使。

司法权完全独立。司法机构具有独立的财政和行政系统，法院负责对争执和罪行进行判决。法官依法行使司法权，在行使权力过程中，不依赖任何权力、不受任何外来因素的影响，如有违法行为将受到法律的制裁，且不受时间限制。

法院是完整的体系，相关法律规定了法官等级、职责、任职期限和程序、调动和晋级，以及其他权利和保障等。任何情况下不能在法律规定之外建立其他法院。

司法人员不能被解职，司法机构不能被解散，除非法律作出规定。法官不能担任非司法职务，除非法律作出规定。有关司法机构将进行职业审查和职业培训。

建立最高司法委员会，相关法律对其组织机构、成员的产生和职能等作出规定。最高司法委员会须依法实施其成员的任职、晋级和任免等规定，并保证委员会依法办事。国家预算包括司法预算。

共和国最高法院是最高的司法权威部门。相关法律对其组织机构、成员产生、职能和运行程序等作出规定。最高法院的职能包括：判断和提出违背宪法的法律法规和法律性决定，判断法官行使司法权的争议，调查和提供有关议会与议员在维系关系方面的诉讼意见，依法对公务员、商人、罪犯和个人与管理部门及相关决定发生争执的最终判决结果的上诉进行判决，依法审问共和国的总统和副总统、总理和副总理，部长和副部长。

除特别情况外，法院对公民开放，由于安全和其他理由法庭可以进行封闭式庭审，但在任何情况下都进行公开宣判。

（4）也门共和国国徽、国歌和国旗、首都：法律规定了共和国国徽、象征、证章和国歌。

国旗由 3 种颜色组成，从顶端开始依次为红色、白色和黑色。

萨那是也门共和国首都。

（5）修宪：宪法规定，共和国总统和议会有权要求修宪，但须提出修宪的理由及其说明。议会 1/3 以上议员同意可提出修宪要求。议会讨论修宪提案并由绝对多数议员同意通过修宪决议。如修宪提案未被通过，一年之内不能以相同的理由再次提出修宪要求。如议会通过修宪决议，将进行修宪的全民公决。公民绝对多数支持修宪，在宣布公民投票结果之日起，修宪决议生效，议会将在 2 个月后讨论需要修改的宪法章程。

成立完全独立公正的最高选举委员会，负责管理和监督普选及投票过程。委员会成员由推荐和任命的方法产生，相关法律对委员会的职权和运作方式作出规定。

1994 年宪法修正案规定，经议会同意可进行总统选举，总统候选人由 1/4 以上议员提名推荐，并由绝对多数议员同意才可确定。

2. 2001 年宪法修正案

2001 年宪法修正案延长了总统和议会任期，扩大了议会和协商议会的部分权限，对总统候选人条件放宽，对总统的宪政权力做了进一步限定，给予了政府工作相对的独立性。修正案的修正条款主要有：

（1）延长了总统和议员任期年限：原宪法规定总统和议员任期分别为 5 年和 4 年；修改后延长至 7 年和 6 年。

（2）改变了总统解散议会的途径：原宪法规定总统在紧急状态下和经过全民公决才可解散议会；改为在必要时经过全民公决可解散议会。

（3）改变了总统候选人的推荐途径并增加了总统候选人名额：原宪法规定总统候选人人选资格审查通过后，名单提交议会。总统候选人需要 10% 以上的议员推荐，议会多数议员通过，议会至少推荐 2 名以上候选人，以符合宪法章程规定的竞选条件；改为总统候选人人选资格审查通过后，提交议会和协商会议联席会议。候选人需要 5% 以上的联席会议成员推荐。联席会议至少推荐 3 名以上候选人，以符合宪法章程规定的竞选条件。

（4）限制了紧急状态法的颁布条件：删除了有关紧急状态法的以下条款：如果议会休会或处于解散状态，总统可依法颁布紧急法令，但必须与宪法和法律一致。紧急法令应在颁布后提交议会的下一次审议。如紧急法令未被议会通过，则被认为无法律效力，议会作出相关的处理决议。

（5）行政权相对独立：原宪法规定议会指导和监督政府工作；改为议会监督政府工作。

（6）扩大了协商会议的咨议权限：增加了有关协商会议权限的如下规定：协商会议的职责包括对国家发展战略进行研究并提出建议，以便更好地调动人民的积极性和加强民主基础；对国家机构的运转提出建议，目的是扩大解决社会问题的途径和增进人民团结；对总统提出的基本问题给予意见和建议；为制定国家和民族战略提出意见和建议，以共同实现政治、经济、社会、军事和安全等方面的目标；对行政管理和国家机构改革的规划、计划和政策措施提出咨询意见；与议会共同推荐总统候选人；与议会共同通过经济和社会发展计划和各项协定、条约；与议会共同商议总统提出的社会问题；关注新闻媒体和公众组织，研究其发展状况和发挥作用方面的问题；评价经济、财政、金融政策和年度投资的执行情况；审查监督机构和决算机构的报告，并向总统提供审查结论。

（7）增加了协商会议产生的条款：增加条款的主要内容是：协商会议由 111 名成员组成；协商会议成员经总统任命。议会和地方会议议员不能成为协商会议成员。协商会议成员年龄必须在40 岁以上。相关法律对协商会议的职责和权利作出规定。

（8）确定了协商会议辅助总统职权的重要地位：原宪法规定，协商会议与议会共同召开联席会议，会议由议长主持，共同商讨和以多数票通过与宪法有关的问题、国家重大战略和政策；改为根据总统要求，协商会议与议会召开联席会议，共同商讨与宪法有关的问题、国家重大战略和政策，并以联席会议多数成员通过相关决议。联席会议由议长主持召开。

二 议会和协商会议

1. 议会

议员：根据宪法规定，也门议会由 301 名议员组成，由全国301 个选区通过无记名投票直接选出。每个选区选民与公民数字基本相同，正负不超过 5%。议员任期 6 年。议会由 1 名议长和3 名副议长、1 名秘书长和 19 个专门委员会组成，每个专门委员会由 10～15 名议员组成。议长和副议长由议员在议会第一次会议上无记名投票选出，议长和副议长组成领导委员会。

议会会期：议会会议每年 2 次，7 月和斋月为休会期。上半年会期从 2 月 1 日至 6 月 30 日，下半年会期从 8 月 1 日至 12 月 31 日。每月召开两个星期会议，每天会议从上午 10 点至下午 1 点。

议会专门委员会：议会设 19 个专门委员会，包括：①宪法和法律事务委员会；②发展石油和自然资源委员会；③贸易与工业委员会；④财政事务委员会；⑤教育委员会；⑥高等教育、青年和体育委员会；⑦新闻、文化和旅游委员会；⑧电力、水利、建设和城市规划委员会；⑨环境及公共卫生委员会；⑩通信和交通委员会；⑪农业、渔业及水资源委员会；⑫劳动力及社会事务委员会；⑬外事及侨民事务委员会；⑭司法及宗教基金委员会；⑮伊斯兰立法委员会；⑯国防和安全委员会；⑰地方行政委员会；⑱信访投诉委员会；⑲公众自由和人权委员会。

2. 议会选举

统一后也门按期进行了议会选举，选举依据宪法规定，实行多党竞选和全国无记名投票直接选举。1994 年内战并没有影响其正常进行。目前也门全国人民大会基本控制着议会，一直占据议会第一大党地位和政府的主要职位。伊斯兰改革集团是议会第二大党。

第一届议会：1993 年 4 月也门举行了统一后的第一次议会选举，20 多个政党参加了竞选，选举后成立了新一届议会。1993 年议会共 301 名议员，其中女议员 2 名。全国人民大会获 123 个席位，伊斯兰改革集团获 62 个席位，也门社会党获 56 个席位，阿拉伯社会复兴党获 7 个席位，真理党获 2 个席位，纳赛尔主义统一组织、纳赛尔主义纠正组织、纳赛尔主义民主组织各获 1 个席位，其余席位由独立人士获得。最大反对党伊斯兰改革集团主席阿卜杜拉·本·侯赛因·艾哈迈尔被选为议长。

第二届议会：1997 年 4 月举行统一后第二次议会选举，国际社会协助和监督了选举过程。12 个政党参加了竞选，选举后成立了新一届议会。1997 年议会共 299 名议员，其中女议员 2 名，45% 的议员是中青年。全国人民大会占 187 个席位，伊斯兰改革集团占 53 个席位，阿拉伯社会复兴党占 2 个席位，纳赛尔主义党占 3 个席位，独立人士占 54 个席位。南方的也门社会党抵制选举。阿卜杜拉·本·侯赛因·艾哈迈尔再次被选为议长。

第三届议会：2003 年 4 月议会进行了统一后第三次选举，22 个政党参加了竞选，选举后成立了新一届议会。2003 年议会共 301 名议员，其中女议员 1 名。执政党全国人民大会仍是议会第一大党，占 238 个席位，其次是伊斯兰改革集团占 46 个席位，也门社会党占 8 个席位，阿拉伯社会复兴党占 2 个席位，纳赛尔主义党占 3 个席位，独立人士占 4 个席位。阿卜杜拉·本·侯赛因·艾哈迈尔第三次当选议长。2007 年 12 月 29 日艾哈迈尔议长去世，叶海亚·阿里·艾哈迈德·阿伊德·拉伊 2008 年 2 月当选为议长。

3. 协商会议

（1）协商会议组成和职责：协商会议是在北也门 1979 年成立的协商会议的基础上建立的。依照宪法规定，萨利赫总统于 1997 年 5 月 19 日颁布总统令，宣布成立也门协商会议。并任命了 59 名协商会议委员，前总理阿卜杜勒·阿齐兹·阿卜杜勒·加尼被推选为主席并连任至今。2001 年根据宪法修正案，协商会议扩大为 111 人，全部由各地方推荐和总统任命，任期 5 年。协商会议是国家最高咨询机构，作为总统智囊团辅助其执政，商讨与国家利益相关的重大事务，对国家大政方针和根据总统提出的问题发表咨询意见和建议。

（2）会议：根据宪法规定，协商会议每月召集 1 次会议，应总统和协商会议主席要求或 1/3 委员书面要求可召集紧急会议。

（3）协商会议常设机构：协商会议由主席、副主席和秘书长组成领导机构，秘书处负责处理日常事务，下设 8 个常务委员会负责专项事务，包括：①宪法、法律和司法委员会；②政治、外事和侨民事务委员会；③经济、财政、石油矿产资源委员会；④服务、地方政权和人力发展委员会；⑤国防和安全委员会；⑥教育、文化、宣传和旅游委员会；⑦农业、渔业、水产资源委员会；⑧环境委员会。

4. 国民大会

根据 2001 年宪法修正案的规定，国民大会简称"国会"，即议会和协商会议的联席会议，由议长主持召开。其职权是审议、通过修宪草案和与外国签订的条约、推荐国家领导人候选人、提出议会与政府之间重大分歧的解决办法等。

5. 议长、协商会议主席简介

叶海亚·阿里·艾哈迈德·阿伊德·拉伊（Yahia Ali Ahmed Aid Ray, 1953 ~ ）：1953 年出生在扎马尔省，1972 年苏联军事学院指挥系毕业，历任中队长、旅长、区长等职，1990 年任伊卜省省长，1993 年开始当选历届议员，2003 年当选为副议长，因原议长艾哈迈尔去世，2008 年 2 月当选为议长。

阿卜杜勒·阿齐兹·阿卜杜勒·加尼（Abdul Aziz Abdul Ghani, 1934 ~ ）：协商会议主席。1934 年生于塔伊兹省，曾在开罗大学学习政治经济专业，后赴美留学，获经济学硕士学位和荣誉博士学位。自 1967 年起历任北也门卫生部长、建设和发展银行副董事长、经济部长兼最高计划委员会技术办公室主任和燃料公司董事长、中央银行总裁、总理、副总统等职。1990 年 5 月也门统一后任总统委员会委员、协商会议委员，并担任全国人民大会副总书记。1994 年 10 月任总理。1997 年 5 月任协商会议主席。曾于 1972 年、1994 年、1998 年 3 次访华。

三 总统

1. 总统权限和任期

门实行总统制。根据宪法，总统是国家最高首脑，武装部队最高统帅，拥有部分立法权，掌管行政权。负责制定国家总政策，监管政府执行政策；有宪法和法律提议及颁布法令权，有权解散议会，有权任命政府成员和授予总理组阁权。总统任期为7年，通过竞选和公民无记名直接投票产生。

2. 各届总统选举

根据宪法规定，1991年5月开始国家统一后的政治过渡期，组成5人总统委员会领导国家。原北也门总统阿里·阿卜杜拉·萨利赫出任总统委员会主席。1994年9月过渡期结束，根据宪法修正案，取消总统委员会，实行总统制。同年10月进行第一次总统选举，萨利赫当选总统；1999年进行第二次总统选举，也是也门有史以来首次以竞选方式选举总统，有2名总统候选人参选，萨利赫以绝对多数票获胜连任总统；2006年进行了第三次总统选举，有5名候选人参选，萨利赫以77.17%多数票获胜，第二次连任总统。

3. 副总统权限和任职情况

副总统由总统任命，职责是辅助总统行使职权。也门统一后，按照南北也门统一时的政治协定，由南方的也门社会党主席阿里·萨利姆·比德出任总统委员会副主席。1994年5月也门内战爆发，总统萨利赫宣布紧急状态，解除了比德副主席的职务。

1994年10月萨利赫当选总统后，任命阿卜杜·拉布·曼苏尔·哈迪（Abdu Rabbih Mansour Hady）为副总统并连任至今。

4. 总统、副总统简介

阿里·阿卜杜拉·萨利赫（Ali Abdullah Saleh，1942~）：

总统、执政党全国人民大会主席。1942 年 3 月 21 日生于萨那省萨哈尼区拜特·艾哈迈尔村，家族属于也门最大的部落——哈希德部落。1958 年加入武装部队，1960 年进入武装部队士官学校学习，1962 年 9 月参与推翻王室政权的"9·26 革命"。阿拉伯也门共和国（北也门）成立后，萨利赫参加了共和派抵抗王室派武装进攻的战斗，其间于 1964 年进入装甲兵学校学习。萨利赫在 1967 年 11 月开始的保卫萨那的"70 天战斗"中崭露头角，战功卓著，因此平步青云，历任装甲兵部队排、连、营、团、旅长等职，直至升任曼德海峡军区司令、塔伊兹军区司令。1978年 6 月被任命为临时总统委员会成员、武装部队副总司令，同年 7 月当选为阿拉伯也门共和国总统，兼任武装部队总司令。1982 年 8 月当选为执政党全国人民大会主席，1983 年 5 月和 1988 年 7 月两次蝉联阿拉伯也门共和国总统。

1990 年 5 月南、北也门统一后，萨利赫当选为总统委员会主席，1993 年 10 月再次当选。1994 年 9 月，也门取消总统委员会，改为总统制。同年 10 月，萨利赫当选为总统，1995 年 6 月任全国人民大会主席，1997 年 12 月被授予元帅军衔，1999 年 9 月在也门统一后的首次总统直选中再次当选总统，2006 年 9 月连选连任，于 9 月 27 日宣誓就职，任期 7 年。萨利赫任总统期间，曾于 1987 年 12 月、1998 年 2 月、2006 年 4 月对中国进行国事访问。

萨利赫出任阿拉伯也门共和国总统近 12 年，统一后又出任也门共和国总统委员会主席 4 年，而后连任总统至今 14 年，成为也门总统任期最长、政绩最为显赫的领导人。萨利赫在执政期间，始终以安邦治国和谋求发展为执政宗旨。在阿拉伯也门共和国时期，面对政治势力和部落势力激烈争斗、经济萧条、民不聊生的混乱局面，萨利赫采取了综合治理的政策，控制军权，严厉镇压谋权政变，安抚国内各方面的政治势力，通过民族和解稳定局势，积极团结各党派和部落酋长的政治支持和合作；其后创建和领导全民政治组织全国人民大会作为执政党，并颁布了《民族宪章》作为党的指导方针，将国家引向依法治国的方向。《民族宪章》规定了国家政治纲领，即伊斯兰教是也门人民的思想和精神支柱，加强民族团结，实现南北也门的统一，实现政治民主和经济民主，实现社会公正。同时制定了发展经济的政府总政策，在国内基本实现和平稳定的基础上，将重心转向发展经济和促进社会进步，支持和扶持国内民间合作机构发展民族经济和提高人民生活水平，鼓励民族资本，大力发展农业，全力开发石油资源；采取中立和不结盟的外交政策，对外开放和引进外资；加强教育、卫生和社会服务的投入，使得国家经济和社会发展进步都取得一定成效。萨利赫在这一时期的最大政绩是努力推进南北也门统一进程，最终实现了国家统一大业。

也门共和国时期，萨利赫继续以国家安定和发展为执政宗旨，维护统一局面，争取国家稳定和安定，进行政治和经济及社会的全面改革。在 1994 年南北内战中，萨利赫领导北方军队彻底战胜了以比德为首的南方军队，维护了国家的统一局面。在稳定局势的同时，萨利赫开始实施政治和经济全面改革的发展战略。在政治方面，推进宪政民主改革进程，在遵守宪法的基础上，成功地进行了多党制和宪政选举的实践，将国家逐步引向政治民主化的发展轨道。在经济方面，在国际经济组织的帮助下，进行经济、财政和行政管理改革，采取对外开放引进外资的措施，开辟经济多样化发展途径，取得了经济持续发展积极成果；在消除社会贫困化方面也有一定起色。在外交上，自海湾危机和伊拉克战争以后，全面发展对外关系，为国家发展创造良好环境，特别是改善了因海湾危机而与部分阿拉伯国家的紧张关系，实现了与海湾国家关系的正常化，增进了与地区各国政治和经济的交往；为中东和平进程和红海地区的安全稳定作出努力；同时通过积极参加国际反恐行动，获得了美国和西方国家更多的经济援助；与中国友好关系进一步增强，经济合作领域不断扩大。

阿卜杜·拉布·曼苏尔·哈迪（Abdu Rabbih Mansour Hady，1944～）：副总统、执政党全国人民大会副主席。1944 年出生于阿比扬省瓦道阿地区，先后在埃及、英国、前苏联学习军事，获得埃及纳赛尔高等军事学院硕士学位、前苏联伏龙芝军事学院硕士学位，曾在也门民主共和国军队内任装甲部队参谋、作战学院参谋、作战训练局局长、供应局局长、后勤事务副总参谋长等职。

也门统一后哈迪任总统委员会顾问，1994 年 5 月任国防部长，9 月晋升少将军衔，同年 10 月 2 日任副总统并连任至今，1995 年 6 月任全国人民大会副主席，1997 年 12 月晋升为中将。哈迪曾于 1999 年 4 月访华。

四　政府（部长会议）

1. 政府组成

也门政府（部长会议）是国家最高行政机构，国家的所有行政机构必须服从政府的领导。总统任命政府总理，任命由总理推荐的副总理和各部部长。政府由总理、副总理和政府各位部长组成，政府各位部长受总理直接领导。总理负责政府事务，副总理辅助总理工作，负责专项事务。部长和副部长负责政府各部事务。根据宪法规定，总理、副总理、各位部长集体和个人向总统和议会负责。

2. 政府部门

政府各部包括：公共工程和城市发展部、宗教基金和指导部、地方事务部、内政部、新闻部、计划和国际合作部、教育部、高等教育和科研部、技术教育和职业培训部、渔业资源部、文化和旅游部、外交部、社会服务和保险部、国防部、农业和水利部、供水和环境部、青年和体育部、社会事务和劳工部、法律事务部、公共卫生和人口部、工业和商业部、司法部、电力部、财政部、侨务部、通信和信息技术部、石油矿产部、交通和海洋部、人权部、也门中央银行。

3. 历任总理

统一后也门共和国政府各届总理（1990 年起）包括：

海德尔·阿布·巴克尔·阿塔斯（Haidar Abu Bakr Al-Attas），1990 ~ 1994 年（也门社会党）

穆罕默德·塞义德·阿塔尔（Muhammad Said Al-Attar），1994 年。

阿卜杜勒·阿齐兹·阿卜杜勒·加尼（Abdul Aziz Abdul Ghani），1994 ~ 1997 年（全国人民大会）。

法拉吉·赛义德·本·加尼姆（Faraj Said Bin Ghanem），1997 ~ 1998 年（独立人士）。

阿卜杜勒·卡里姆·埃里亚尼（Abdul Karim Al-Iryani），1998 ~ 2001 年（全国人民大会）。

阿卜杜勒·卡迪尔·巴贾迈勒（Abdul Qadir Bajamal），2001 ~ 2007 年（全国人民大会）。

阿里·穆罕默德·穆贾瓦尔（Ali Mohammed Al-Mujawar），2007 年。

4. 各届政府

第一届政府：1993 年 4 月统一后首届议会成立，原南也门总理海德尔·阿布·贝克尔·阿塔斯任总理，组成 3 个议会主要政党（全国人民大会、社会党和伊斯兰改革集团）的联合政府。

第二届政府：1994 年 5 月也门南北内战开始，萨利赫总统宣布紧急状态，解除海德尔·阿布·贝克尔·阿塔斯总理职务，7 月内战结束，萨利赫责成穆罕默德·阿塔尔组成了全国人民大会和伊斯兰改革集团的联合政府。

第三届政府：1994 年 10 月萨利赫当选总统，任命阿卜杜勒·阿齐兹·阿卜杜勒·加尼为总理，组成全国人民大会和伊斯兰改革集团的联合政府。

第四届政府：1997 年 4 月统一后第二届议会成立，5 月 17 日萨利赫总统任命独立人士法拉吉·赛义德·本·加尼姆组成以全国人民大会为主的政府。前任总理阿卜杜勒·阿齐兹·阿卜杜勒·加尼改任协商会议主席。新政府致力于稳定政局，加强经济和行政改革，调整经济结构，吸引外资，提高人民生活水平，维护社会安定。

第五届政府：1998 年 5 月加尼姆因政见不同，以身体不适为由提出辞呈。萨利赫总统责成副总理阿卜杜勒·卡里姆·埃里亚尼组阁，继续执行上届政府的执政目标和政策。

第六届政府：2001 年 4 月，政府进行改组，主要目的是清除政府中的贪污腐败分子。阿卜杜勒·卡迪尔·巴贾迈勒出任总理，新政府的成员普遍学历较高，多为各部门的专家。原总理埃里亚尼被任命为总统顾问。新政府宣布以清廉高效的作风继续推进经济结构调整，提高综合国力，改善人民生活水平。

第七届政府：2003 年 5 月组成统一后的第七届政府，阿卜杜勒·卡迪尔·巴贾迈勒继续出任总理。政府由总理、2 名副总理和 32 名部长组成，以受过高等教育和有才能的人士为主。政府执政的首要任务是战胜贫困，改革教育和继续打击恐怖分子，还将降低失业率、打击违法分子、惩治腐败、确保安全及强化执法等作为执政目标。2006 年 2 月政府进行了部分改组，改组的目的是为了平息国民对原政府一些高官腐败成性的不满情绪。改组后的政府强调民主、务实、开放和尊重妇女，具有温和的政治特色。

第八届政府：2007 年 3 月 31 日总统萨利赫任命阿里·穆罕默德·穆贾瓦尔为政府新总理。4 月 5 日组成统一后的第八届政府，由总理、2 名副总理和 30 名部长组成。总统萨利赫对新政府提出要求，他说也门在国家全面发展的道路上仍面临许多困难，为了更好地应付未来的挑战，希望在前政府所取得成果基础上争取更大的成绩。新政府的工作重点是继续推进经济、行政改革，打击腐败和恐怖活动，大力吸引投资，在国家统一行政管理基础上加强地方行政和财政建设，增强立法、司法、经济、财政和管理方面的透明度，提高人民生活水平。

5. 现任总理简介

阿里·穆罕默德·穆贾瓦尔（Ali Mohammed Al-Mujawar，1953～）：1953 年出生于夏卜瓦省，1981 年，获阿尔及利亚大学经济管理学学士学位。1987 年获法国格勒诺布尔大学经济管理学硕士学位，继而于 1991 年获生产管理学博士学位。1994 年任亚丁大学经济学院教工行政部部长和最高学术委员会委员，1996 年任亚丁大学石油矿产学院院长，1999 年任亚丁大学管理学院院长，2001 年任民事服务和保险部副部长、巴尔吉水泥厂总经理。2003 年 5 月任渔业资源部长，2006 年 2 月任电力部长，2007 年 4 月接替巴贾迈勒任总理，组建新内阁。2006 年曾随萨利赫总统访华。

五　地方政府

依照宪法、地方法和其他有效法律，地方政府由各地方行政区域的首脑、地方会议及在本行政区域的行政机构组成。

1. 地方会议（省议会和区议会）

（1）地方会议权限：根据宪法和地方法，地方会议是地方行政区域省和区的议会。地方会议负责审查综合计划草案，并监督其实施；省级地方会议承担指导、监督区级地方会议的工作和省级行政机构的工作。宪法和地方法等相关法律对地方会议的组成和职权作出相关规定。

（2）地方会议组成：根据宪法及地方法，每个行政省和区自由、直接、平等地选举一个地方会议。各行政区域的所有公民按相关法律规定，享有选举和被选举权。地方行政机构负责人是地方会议成员。

省和区的地方会议同时进行选举。省级地方会议由本省选出的地方会议议员组成，人数不得少于 15 人。

①省级会议产生：根据相关法律规定，确定省级地方会议议员产生的途径。省级地方会议议员从各省的所辖区中选举产生，每个区选出一位代表。如省的所辖区数量少于组成省级地方会议议员的法定人数，区的代表人数可以增加，以达到组成省级地方会议议员的法定人数。根据法律规定，各区都是独立选区。各区选出的代表不仅代表该选区公民，也代表全省公民。

②区级会议产生：根据相关法律规定，确定区级地方会议议员产生的途径。人口少于 3.5 万的区，地方会议由 18 名议员组成；人口在 3.5 万~7.5 万的区，地方会议由 20 名议员组成；人口在 7.5 万以上、15 万以下的区，地方会议由 26 名议员组成；人口超过 15 万的区，地方会议由 30 名议员组成。最高选举委员会将每个区划分为数个选区，每个选区选举一名代表，使区级地方会议的每个议员代表一个选区。

（3）地方会议任期和会期：地方会议任期自第一次召集会议起为 4 年。距任期届满前 60 天，由共和国总统动员选民选举新的地方会议。地方会议的选举与全国议会选举同时进行。国家议会议员不得兼任省级地方会议议员；省级地方会议议员不得兼任区级地方会议议员。

地方会议将于选举结果公布后的两周内，由共和国总统召开第一次会议，政府地方管理部部长出席会议；在地方会议的议员中选出 1 位秘书长和各专门委员会主席。共和国总统令和政府有关决议对各级地方会议都有约束力；省级地方会议有权废除或修改区级地方会议不符合法律的决议。

（4）各届地方会议选举情况：2001年2月进行了统一后第一次地方会议选举。投票结果显示，全国人民大会占62%的席位，伊斯兰改革集团占22%的席位，其余席位为也门社会党和独立人士所有。第一届地方会议的任期应从第一次会议起，到本届全国议会任期届满、开始新议会选举时为止。

2006年9月20日又进行了地方会议选举。投票结果显示，全国人民大会在省级和区级分别占74.15%和73.74%的席位，伊斯兰改革集团分别占6.59%和11.5%的席位，社会党占2.35%和2.84%的席位，独立人士占4.71%和8.21%的席位。

2. 地方行政

（1）宪法对地方行政的相关规定：根据宪法规定，地方行政区域分首都、省、区（省会可以在其所辖的一个区内），地方行政区域的长官是首都的市长、各省的省长、各区的区长。地方行政长官对总统和政府负责，由中央政府的地方管理部直接管理。地方行政长官执行中央政府的所有政策，负责管理所辖地区的行政事务。根据宪法规定的行政和财政分权原则，地方行政和财政具有相对的独立性。

中央政府和中央各部对各行政区域行政机构的工作进行监督，各行政区域的行政机构在履行职责时受中央各部的监控。各行政区域行政长官对本地区履行职责，并向本地区的地方会议负责。如行政长官渎职，地方会议有权对其追究责任并作出对其不信任的决议。地方行政长官经政府提名并由总统任命。

（2）地方行政法对地方行政的相关规定：也门统一后，1991年共和国颁布了地方行政法。地方行政法包括以下章节：确定中央集权性计划和地方非集权性行政的原则；地方行政管理部和行政委员会；地方区域选举产生的地方委员会和地方委员会管理局；省和区行政机构；首都行政区；地方行政长官。

　　根据地方行政法规定，政府负责管理、监督和指导地方行政机构事务。地方管理部和各地方行政机构负责实施政府政策、遵守中央集权性计划和地方非集权性行政的原则。政府的地方管理部主持管理、监督和指导地方行政机构及地方委员会事务，具体职责是：①对地方行政制度提出研究草案；②定期对地方行政事务进行检查；③负责选拔和任免地方官员的事务和检查地方官员工作，负责其他相关事务。

　　2000 年共和国颁布了第二部地方行政法，其中规定地方行政机构在中央的统一管理下行使地方行政权力，立法机构、武装力量、中央监督和指导地方管理事务的分机构、常驻地方的国家机构除外；依据宪法确定地方的行政体制；地方行政机构遵守中央集权性计划和地方非集权性行政的原则；在扩大人民参与的基础上，通过选举产生地方会议；地方会议负责提出本地区的行政计划、规划和发展投资预算、并对地方行政机构制定和实施的地方政策予以监督、质询和检查。

　　地方行政法还对地方行政事务做了明确规定。

　　（3）地方行政区和地方行政长官：根据宪法和地方行政法，地方省级和区级的行政机构为地方机构。

　　地方省的省长相当于中央各部的部长级别，经政府的地方行政部推荐和政府同意后，由共和国总统任命，对总统和政府负责，同时对政府地方管理部和地方会议负责。省长掌管本省全面的行政事务，负责保证执行宪法和法律法规有关地方的各种权利和义务。各省设 1 名或多名副省长，由政府的地方管理部推荐，经政府同意后，由共和国总统任命。副省长协助省长掌管本省行政事务。各省设立常设的行政委员会，由省长、省地方会议秘书长、副省长和各行政机构负责人组成。

　　各区的区长经政府的地方管理部推荐，由政府任命。区长负责本区的行政事务，负责管理本区所有行政公职人员。各区设立区行政委员会，由区长、区地方会议秘书长、各行政机构负责人组成。

六　司法

根据宪法规定，司法权独立，司法权由法院掌管，不受任何外来因素的干扰。最高法院是国家最高司法机关。

1991 年 7 月，总统委员会宣布成立最高司法委员会，由 1 名主席和 9 名委员组成，主席由总统委员会主席担任。总统委员会根据南北方统一、成立也门共和国的协议和宪法的规定，宣布成立最高法院；任命最高法院院长 1 名、第一副院长和副院长各 1 名，委员 45 名；最高法院院长由穆罕默德·伊斯梅尔·哈吉（Mohammed Ismail Haji）担任，总检察长由穆罕默德·巴德里（Mohammed Badri）担任，第一法律顾问由塔哈·阿里·萨利赫（Tahe Ali Saleh）担任。2006 年 2 月总统任命阿萨姆·阿卜杜瓦·哈比·穆罕默德·萨马维为最高法院院长。

1. 司法法律系统

也门实行现代法律之前，法律来源于沙里亚（伊斯兰法）、习惯法和英国法律体系。统一前南北也门的法律有所不同。北也门以罗马法律为基础，后逐渐吸收了西方现代国家的法律原则，即经济活动自由化和行为自由化，两个自由化都是禁止国家干扰个人经济生活，只要这种生活不损害国家政治和管理制度，不是社会犯罪。这种带有私有化性质的自由化原则涉及民法和商法等司法法律。宪法明确表明以沙里亚为法律的唯一源泉，但实际上习惯法也是一个来源。南也门法律的主要依据是世俗法律，沙里亚是法律的来源之一，但不以习惯法作为法律来源。由于独立后实行"社会主义"公有制，所以法律拒绝私有化和自由化原则。

到 70 年代后期，政府开始允许发展公营和私营之间的经济关系，法律也逐渐吸收了自由化原则。

统一后的司法法律以国家根本大法——宪法为基础，包括刑法和民法，还包括有关行使司法权的司法权法，有关执法机构和其职责的相关法律。

（1）刑法：也门刑法主要是遵循沙里亚的原则，并以其法律为依据。有关法律规定，实行刑法的目的是维护社会正义、清除社会混乱和邪恶，营造在正义和平的基础上实现社会发展的环境。刑法包括 1993 年颁布的第 3 号法——刑法及一些补充修订法；1994 年颁布的第 12 号法——犯罪和惩处法，第 13 号法——刑事程序法；1996 年颁布的第 7 号法——军事刑法和 1998 年颁布的第 21 号法——军事惩处法等。

（2）民法：民法建立在沙里亚的基础上，依据沙里亚制定。有关法律规定，实行民法的目的是最大限度地维护社会秩序，巩固公民生活所依赖的社会公正制度，保证国家稳定局面。民法包括 1992 年第 19 号法——民法，2002 年第 14 号法——民法修正案。

（3）司法权法：1991 年政府颁布了第 1 号法——司法权法。司法权法形式上和内容上均以世俗的西方法律为基本模式，对司法权、司法机构和执法者做了规定。

根据宪法规定的政治制度分权原则，司法权法确定了司法权独立的总原则，并规定法官独立行使司法权，任何方面在任何情况下都不得干扰法官执法判案，干扰司法被视为犯罪，要受法律制裁，而且没有法律时限。

司法权法规定司法人员必须是 30 岁以上的也门籍人，必须受过高等教育和专业教育，取得教育证书和具有专业资格，从事司法工作 6 年以上，行为端正、名誉良好，没有损害司法的行为和犯罪记录。司法权法还规定了司法人员的职权和特权。

司法权法规定了司法机构的组成和职能。

2. 司法机构

根据宪法和司法权法的规定，也门司法机构包括最高司法委员会和各级法院；法院包括：最高法院、上诉法院和初级法院。

（1）最高司法委员会：最高司法委员会主席由总统担任，委员会成员有司法部长、最高法院院长、总检察长、2名最高法院副院长、司法部副部长、监察院院长和由总统任命的3名最高法官。

委员会职责是：制定司法事务的总政策；根据司法权法审查提交给委员会的法官任免、升迁调动、退休、辞职等事宜；惩戒法官；研究司法的法律草案；定期审查各法院职责和审议对法院的指控，依据法律研究有关司法审查的条款和解决所提出的问题；对司法预算提出意见，向政府索取必要的报告和文件并询问有关情况。

委员会有司法惩戒权，即对法官有关问题进行审查、调查和作出惩处决定。司法权法规定了此项事务的程序和其责任。

（2）各级法院：也门法院由最高法院、上诉法院和初级法院组成。法院负责判定涉嫌犯罪和犯罪等有关事务，相关法律规定了各级法院的职责和权限。

①最高法院：全国设立一个最高法院，由司法部长同总统协商，并提交最高司法委员会批准成立，院址在萨那。最高法院有院长和副院长各一名及法官数名。根据最高司法委员会推选，总统任命法院院长、副院长和法官。

最高法院的机构包括宪法庭、民事庭、商业庭、刑事庭、民权庭、行政庭、军事庭和资格审查庭等8个法庭。最高司法委员会经与司法部长和最高法院院长协商，发布成立最高法院各法庭的决定。各法庭的审判庭由5名法官组成，宪法法庭由7名法官组成，经本庭多数法官同意对案件作出判决。

司法权法规定了最高法院和各法庭的职责和权限。最高法院的职责是监督法律法规、条例和报告的宪政合法性；判定涉及司法方面的职责；判定选举资格；对有关人文、商业、刑事、民事、行政纠纷所做的惩处的诉讼案件的终审资格和最终判决进行判定；对各级法院实行司法监督；法律规定的其他事务。最高法院财政独立，在最高法院院长主持下，由本院财政机构依照财政法和预算执行规定管理财政。

宪法庭的职责是监督法律法规、条例和决定的宪政合法性；对于涉及这方面诉讼和对诉讼的反诉进行判断；判定选举资格；审判涉嫌践踏最高权力的罪行。

②上诉法院：司法部长经与总统商量、最高司法委员会同意，决定成立上诉法院和所属法庭。每个行省设立 1 个上诉法院，每个上诉法院设立 4 个法庭，包括民事庭、刑事庭、婚姻庭和商业庭。相关法律规定了上诉法院的执法范围和职责。

③初级法院：经司法部长和最高法院院长提议，由最高司法委员会决定成立各初级法院和所属的办事处，全国每个行省的下属行政区建立 1 个初级法院。相关法律对初级法院的职责和权限做了规定。

④检察院：检察院是司法机构，司法权法规定检察院的职责为：根据有关惩戒的法律章程规定的程序进行调查和移交罪犯。总统颁布决定任命总检察长和首席法官。

总检察长负责诉讼案件的审理事务，由其本人或由其助手审理案件。如没有特殊情况，检察院的检察官参与案件的审理。相关法律对检察官的条件和职责做了规定。

⑤司法审查委员会：根据司法权法规定，司法审查委员会由司法部长负责组建，经由最高司法委员会同意，任命委员会的主席、副主席。委员会主席由最高司法委员会成员担任，委员会成员由各法院推荐的法官担任。委员会任期 6 年。

司法权法规定委员会的职责是：审查法官的工作，并向最高司法委员会提交报告；负责对法官提出指控；监督法院工作；向司法部长提出建议。委员会必须向法官公开通报对法官的审查意见；委员会在未审阅法官的档案材料并通报审查意见前，有责任对有关材料保密，法官可以对审查结果保留意见或不做答复。经司法部长和最高司法委员会同意，委员会可以审阅与某些问题有关联的法官的档案卷宗。

1997 年政府开始实施司法改革计划，几次改组了司法机构。2005 年初上诉法院的 160 名法官和 120 名检察官调换了职位，70 名法官和 180 名检察官重新分配了职位。

七　政党、团体

20 世纪 30 年代以后，也门出现了多个政党和政治组织。各个时期的政党组织具有不同的性质、政治目的和主张，起到了不同的历史作用。

1. 历史上的政党组织

（1）北也门独立后的政治组织：北也门独立后，实行伊玛目的封建专制统治。20 世纪 30 年代出现了反对伊玛目专制统治的政治运动。1934 年也门现代改革的先行者艾哈迈德·本·木塔阿在北也门创建了秘密的改革组织"斗争协会"，1936 年协会被政府取缔。1942 年现代改革派祖贝里和努曼创建了秘密组织"自由人运动"。在王室的迫害下，其主要领导人被迫转移至南也门亚丁，留在当地的成员在艾克瓦和埃里亚尼的领导下建立了"改革协会"，后也被政府取缔。1946 年北方和南方"自由人运动"迅速复苏和发展，成员包括商人、开明地主、知识分子和爱国军人等城市中产阶级，一些王室成员和军队首领也加入其中。他们与城市的小资产阶级人士联合起来开展各种活动，并受到埃及穆斯林兄弟会等国外组织的支持。"自由人运动"提出了反对伊玛目王权专制、反对英国占领南方和建立统一的新也门的目标。他们策划并发动了"1948 年革命",成功地刺杀了伊玛目叶海亚,并建立了君主立宪政权,组成了联合政府,但随即被王储穆哈默德领导的王室军队镇压。穆哈默德继承伊玛目职位执掌政权后,对"自由人运动"进行了清算。虽然"1948 年革命"失败,但是对也门民主运动产生了重大影响。在埃及 1952 年"7·23"革命的鼓舞下,祖贝里和努曼在埃及和亚丁联络也门自由派人士,建立了也门联盟,随后又恢复了也门"自由人运动"的活动。但是运动的领导者们对专制政权采取软弱的政治立场,造成了内部分裂,极大地削弱了该组织的力量和作用。

(2) 英国占领时期的南也门政治组织:第二次世界大战后,在世界和阿拉伯国家民族解放运动的影响下,英国人占领的南也门相继出现了一些民族民主主义的小型组织,主要有人民民主联盟、阿拉伯复兴社会党、阿拉伯民主主义者运动等,各组织均在北也门建立了支部。它们提出反帝反殖和反封建专制统治的民族民主主义的口号和目标,在也门中下层社会具有一定的政治影响。

(3) 北也门共和国时期的政治组织状况:进入 60 年代,也门民族民主主义势力迅速发展,北方和南方都掀起了反对北方伊玛目封建专制统治和反对英国当局殖民统治的大规模政治运动。在广大人民群众的支持下,北也门的中下层军官组成的"自由军官组织"发动 1962 年"9·26"革命,推翻了伊玛目政权,建立了阿拉伯也门共和国。此后,各民族民主主义政党组织联合起来组成了共和派,承担起了捍卫"9·26"革命成果和共和国新生政权的重任,领导共和派军队和广大民众反对王室派的武装反攻,直至 1970 年两派民族和解。内战期间,在同王室派战与和的问题上,共和派内部分为左右两个阵营,左派阵营包括复兴党、阿拉伯民族主义者运动、人民民主联盟、进步军官和知识分子;右派包括原"自由人运动"成员、大酋长和一些高级军官。1982 年,在广泛联合各政治党派和社会组织的基础上,萨利赫总统创建了全国人民大会，并成为北也门的执政党。

（4）南也门共和国时期的政治组织状况：在反对英国殖民主义占领的民族解放运动中，1963 年 8 月南也门成立了"被占领的南也门民族解放阵线"（简称"民阵"）。民阵致力于国家的民族解放事业，领导南也门人民进行了大规模的反英武装斗争。1967 年南也门独立建立共和国后，民阵成为执政党，实行一党制。1978 年 6 月民阵改建为也门社会党，继续执政直至也门统一。民阵在执政期间，确定了南也门走非资本主义道路和向"科学社会主义"社会过渡的发展战略。但是在 20 多年的执政当中，民阵因内部激烈的权力斗争导致了多次政变，使南也门政局始终动荡不定。

（5）统一后的政治组织状况：两个也门在共和国建立后，都是一党执政。在 80～90 年代，两党又都开始实施开放和改革的发展战略，并积极促进也门的统一进程。

也门统一后，为了建立广泛的政治同盟，取得政治权力平衡和国家稳定，新政权宣布开放党禁，实行多党制。1990 年全国出现了 40 多个政党组织，1993 年约 20 个政党组织参与了议会选举。1994 年也门内战后，政府对政党组织进行整顿，合法政党数量骤减。到 1997 年，15 个合法政党中 12 个政党参加了议会选举。目前也门有 46 个政党，22 个政党组织参加了 2003 年的议会选举。经过 1994 年也门内战，南方的也门社会党的力量严重削弱，全国人民大会为也门第一大党，伊斯兰改革集团上升为第二大党。

2. 政党法

宪法规定：也门共和国政治制度建立在多党政治基础上。1991 年和 1995 年国家分别颁布了《政党法》（第 66 号法令）和《政党和政治组织执行条例》（第 109 号法令）。

（1）政党法：《政党法》明确规定了政党组建的原则，即军人和警察、司法和外交人员不得从事政党组织活动和加入政党组织；所有政党不得进行任何形式的暴力或煽动使用暴力；禁止以地域、部落、教派为基础建立政党；党纲不得违背伊斯兰教义教规；任何政党不得危害国家独立主权、政治制度和民族统一；不得诋毁其他政党；严禁接受国外提供的政治性援助资金；禁止建立军事或准军事组织；所有政党党部必须建立在首都萨那；成立国家政党事务委员会，职责是监督政党组织的活动，向合法政党提供预算资金。

（2）政党和政治组织执行条例：《政党和政治组织执行条例》对政党组建条件和活动的范围作出规定，主要是：政党组织的各级机构应设在国内；在全国多数省份的党员不得少于2500人；要求所有政党组织均应向政党事务委员会递交登记和申请材料，经审核批准成为合法政党，以便于从事相关的政治活动；各政党组织应坚持国家统一、宪法原则和南北也门革命目标，尊重也门人民的信仰和民族传统。

1992年3月，根据有关政党法，建立了政党组织事务委员会，职责是依法审查和批准政党组织建立的申请和有关条件的合法性。

3. 主要政党

（1）全国人民大会（General People's Congress GPC）：也门议会第一大党和执政党。1982年8月成立，由总统萨利赫创建。萨利赫任党的主席，副总统哈迪任副主席，艾里亚尼任总书记。该党拥有100多万党员，是具有全民性质的政党，实际上是一个广泛的政治联盟。党员主要由军人、部落人和从事各种职业的市民组成。第一届全国人民大会会议通过了"民族宪章"，其中规定全国人民大会是北也门的执政党，以"民族宪章"指导全国政治行动。

全国人民大会的最高领导机构是书记处，由31名成员组成。党的常务委员会由1000名委员组成，其中300名由任命产生，700名经选举产生。常务委员会下设10个专门委员会，分别为：

政治与对外关系委员会，组织委员会，财务与行政委员会，群众组织委员会，思想文化和新闻委员会，经济委员会，管理与服务委员会，指导宣传委员会，妇女委员会和青年与学生委员会。全国人民大会在地方设立了分支机构。

全国人民大会的基本纲领是：努力实现"9·26"革命目标，维护也门统一，建设强大的军队，捍卫国家主权和领土完整；遵循民主原则，支持多党制，主张通过民主方式实现政权的和平交替；致力于发展经济，提高人民生活水平，实现社会公正，发展教育文化事业；努力将也门建设成为一个发达、民主和法制的国家。2005年12月，党的七大政治决议强调，今后一个阶段的工作重点是，努力改善人权状况，提高人民生活水平，反对腐败，进行财政、金融和司法改革，动员党员积极参加总统、议会和地方选举。萨利赫总统在七大上连任党的主席。

全国人民大会在统一后的历次议会选举中均获胜，稳居议会第一大党的地位。也门统一后，与南方的也门社会党联合执政。1993年议会选举后，全国人民大会在议会席位不过半数，因此与也门社会党和伊斯兰改革集团联合组阁。1994年也门内战中与伊斯兰改革集团结盟反对南方分裂势力。内战平息后，与伊斯兰改革集团联合执政。1997年大选后，单独执政至今。

（2）伊斯兰改革集团（Islamic Gathering for Reform，Islah）（简称改革集团）：成立于1990年9月，是也门统一后的最大反对党，1994年5月内战后成为也门第二大党。改革集团是北方政党，主张坚持伊斯兰传统，在学校、宗教机构和一些部落有很大影响，成员主要来自部落、商界和宗教界。

党的下属机构包括：咨询委员会、最高权力部、法律事务部、秘书处等。1994年9月改革集团召开第一届全国代表大会，1998年10月，召开第二次全国代表大会。两次代表大会，也门最大的部落哈希德部落酋长阿卜杜拉·本·侯赛因·艾哈迈尔

（连任 3 届议会议长）都当选为党的主席，亚辛·巴特为副主席，阿卜杜拉·马吉德·赞达尼为咨询委员会主席，亚杜米为秘书长，阿西尼为现任副秘书长，法德尔为议会党团主席。

改革集团的基本纲领是：以伊斯兰法为基础，在法制、多党民主原则的框架内，以现代精神建设国家。主张伊斯兰法为一切法律之本，通过协商方式决定一切事务。在法制、多党、民主框架内建设新也门。在对外事务方面，重视国家的伊斯兰特性，将发展与沙特阿拉伯等海湾国家关系作为重点，支持巴勒斯坦人民反对以色列占领的斗争；在和平共处原则的基础上发展与世界各国的友好关系，反对以武力解决国内和国际争端。

改革集团与全国人民大会关系密切，支持其政治主张和施政纲领。1993 年议会选举后成为议会党团，同也门另两个主要政党——全国人民大会和也门社会党联合执政。1994 年也门内战中与全国人民大会结盟反对南方势力。内战后南方的也门社会党力量被削弱，改革集团成为也门第二大党，与全国人民大会联合执政。1997 年 4 月大选后退出政府，成为在野党。2007 年 2 月改革集团召开第四次全国代表大会，艾哈迈德再次当选党的主席。艾哈迈德 2007 年 12 月 29 日去世后，2008 年 1 月 6 日改革集团最高领导机构会议决定由党的副主席穆罕默德·阿卜杜拉·亚杜米接任党的主席，直到下届党的代表大会选举新主席。

（3）也门社会党（the Yemeni Socialist Party YSP）：主要反对党之一。其前身是 1963 年 8 月 9 日成立的"被占领的南也门民族解放阵线"，简称"民阵"，南也门独立并成立也门人民民主共和国后，成为执政党。1978 年 10 月 11 日"民阵"召开党的代表大会，宣布成立也门社会党。也门社会党以"民阵"为主体，接纳了南也门的所有进步组织。1990 年 5 月，也门社会党同全国人民大会合作实现了也门统一。统一后两党联合执政，党的总书记阿里·萨利姆·比德出任副总统，最高人民委员会主席（议会）阿斯塔出任总理，两人均为国家最高领导机构共和国总统委员会成员。1993 年议会选举后，成为议会第二大党，与全国人民大会和改革集团联合执政。1994 年 5 月，因权力斗争与全国代表大会政治矛盾激化，比德率领南方军队同北方军队开战，结果南方军队失利，比德等党的主要领导人逃亡国外，党的力量被严重削弱，内战后成为在野党。

也门社会党领导机构有政治局、中央委员会和中央监检委员会。政治局是党的核心机构，由 26 人组成，通过中央委员会的无记名投票选举产生。内战结束后，1994 年 9 月 5 日，也门社会党选出新的领导成员，阿里·萨利赫·奥贝德当选为总书记。1998 年 11 月，也门社会党召开了第四届全国代表大会，奥贝德再次当选，副总书记是萨义夫·萨伊勒·哈立德。2005 年 7 月召开第五届党的代表大会，亚辛·赛义德·努曼当选为总书记。

也门社会党在政治上主张实现民主、人权和社会公正，保证权力的和平交替；完善选举制度和法制体系，建立民主化的现代化国家。在经济上主张各种经济所有制共存，鼓励外国投资，引进先进的管理，加强人力资源的教育和培训，保证各部门、各地区经济的平衡和可持续发展。在外交上主张阿拉伯国家团结一致，共同面对新挑战；重视发展同海湾国家的关系，坚持实现中东地区的公平、公正和全面的和平，支持巴勒斯坦人民为建立以耶路撒冷为首都的独立国家而进行的正义斗争；主张建立国际新秩序，在和平共处原则基础上发展国与国之间的关系，积极加强与其他国家政党的往来。

（4）其他反对党：其他反对党主要有：阿拉伯民族主义政党、纳赛尔主义统一组织、阿拉伯社会复兴党，宗教性质的真理党，以部落为基础的也门人联盟、宪政民主性质的自由人宪政党、也门统一集团和人民力量联盟等。

（5）反对党联盟：1995 年 8 月在野党成立反对党最高协调

委员会，后改名为反对党联盟。联盟由 6 个反对党组成，它们
是：改革集团、社会党、纳赛尔统一组织、阿拉伯社会复兴党、
真理党、人民力量联盟。联盟成立的主要目的是协调各党之间的
关系和在重大事件上的立场。联盟对各党并没有约束力，政治作
用十分有限。

反对党联盟主张立法权约束行政权，司法权独立，国家收入
多样化和限制政府支出。2005 年改革集团与也门社会党联合公
开向政府提出进行政治和经济改革的要求，2006 年联盟提出 1
名总统候选人与其他 4 名候选人竞选总统，这次行动增加了反对
党联盟的政治影响（各政党在议会的席位见表 3－1）。

表 3－1 也门议会选举结果

政 党	1993 年	1997 年	2003 年
全国人民大会	123	187	238
伊斯兰改革集团	62	53	46
社会党	56	0[a]	8
独立人士	47	54[b]	4
阿拉伯社会复兴党	7	2	2
真理党	2	0	0
纳赛尔主义统一组织	3	3	3
总数（包括其他党）	301	301	301

a. 也门社会党抵制选举。b. 在 1997 年选举后，多数独立人士归于全国人民大
会。如此，2003 年选举后，全国人民大会实际占有 226 席，改革集团估计为 64 席。

注：其他资料显示 1993 年议会独立人士占 48 席，1997 年议会 299 名议员，改革
集团占 54 个席位。

资料来源："Economist Intelligence Unit Country Profile 2006", The Economist
Intelligence Unit Limited 2006。

4. 主要社会团体

也门主要的社会团体有工人联合会、妇女联合会、学生联合
会；还有一些行业工会，如企业家联合会、律师联合会、医生联

合会等；另有一些社会福利性组织。

（1）也门工人联合会：2003 年经社会事务和劳工部依据 2002 年工会法批准建立，为非政府组织，下属 14 个行业工会，是也门最大的工会群众组织。总部设在萨那，所有工人可以自由加入组织。工会领导机构是总委员会，核心领导机构是中央委员会，行政事务领导机构是执行局，监督机构是监察委员会，还设有各专门机构。工会在各地建有各级基层工会组织。工会的全国大会包括所有工会会员。工会的目标是保护所有工人的权益和活动，关心他们的利益，避免其受到侵害，努力提高他们的社会和经济地位，保持工会的独立性，维护工会合法权利和活动。

（2）妇女联合会：也门最早建立的妇女群众组织。20 世纪 50~60 年代南、北也门的地方省、市建立了一些妇女组织，它们参加了当地的反对英国殖民主义和封建专制统治的活动。1965 年北也门在扫盲、妇女手工艺和卫生技能教育培训中心的基础上，成立了也门妇女协会。1967 年南也门成立了妇女联合会。1990 年 3 月，伴随着也门统一进程，南北也门妇女联合会合并为也门妇女联合会。2002 年妇女联合会进行组织整顿，2003 年获得合法地位，成为也门最大的全国妇女组织。妇联的领导机构是总委员会，领导核心是中央委员会，监督机构是监察委员会，执行机构是执行局，总委员会下属代表委员会和地方基层组织。妇联的目标是：维护也门革命和国家统一成果；坚持伊斯兰原则，遵循社会合作和团结精神；提高妇女社会经济、政治、文化地位，提倡在国家发展和建设现代化社会过程中发挥妇女作用；降低也门妇女的文盲率，提高文化教育程度；对家庭提供援助，对妇女和儿童给予关心；维护妇女社会权益，促进制定和完善有关妇女社会权利的法律法规；同阿拉伯和国际妇女组织发展关系，参与国际妇女活动，争取得到国际社会的支持。妇联每年都开展一系列的活动，包括扫盲和扩大教育、通过培训和训练提高妇女生存的技能和水平、帮助妇女就业和消除贫困、依法争取妇女社会权益、建立广泛的对外关系等。

（3）也门学生联合会：2003 年经社会事务和劳工部批准建立，是非政府的青年组织。

（4）也门企业家联合会：1997 年经社会事务和劳工部批准建立，是也门工业经济领域的非政府组织。总部设在萨那。该会设领导委员会、常设委员会、监察委员会、执行局、国民伊斯兰团结银行，地方设基层组织。委员会目标是增进企业家的联系和加强合作，动员社会人才和资源振兴也门工业，维护地方工业权益。该会的会员有也门工商业公司、国民日用化工厂、工业联合有限公司（烟草）、也门苏福特组织和咨询有限公司、也门包装材料公司等。

（5）妇女、儿童发展组织：1997 年 2 月经社会事务部批准建立的非政府组织，并得到了联合国发展计划署的帮助。该组织目的是对也门妇女和儿童提供文化、医疗卫生和社会其他方面的援助，与其他社会组织和公私机构联合，落实有关的社会发展项目。

（6）也门女记者协会：2004 年 2 月 14 日经也门文化部批准建立，总部设在萨那。协会是非官方的女新闻记者组织，有 200 多名也门各新闻媒体和各地方记者会员。该组织目标是：提倡新闻的公正有效性，支持也门妇女权利和新闻事业发展；提高新闻在也门全面发展中作用的社会认知程度；与世界媒体发展关系，促进也门新闻事业的发展；主张对也门新闻的平等和参与权利，要求新闻的透明性；扩大妇女在社会发展和革新中的参与作用。协会领导由主席、副主席、财务负责人、执行主任、项目负责人、注册负责人和 16 名秘书组成。协会与互联网、联合国开发计划署，英国、美国、法国和加拿大使馆、BBC、国际自由行动中心等有联系。协会在也门新闻和社会发展方面开展活动。

第四章

经　　济

第一节　经济概述

一　经济发展水平

1. 经济总况

也门经济和社会发展水平较低，长期以来是世界最贫穷的国家之一，2006 年联合国仍将也门列入世界最不发达国家名单。[①] 1991 年海湾战争和 1994 年也门内战，严重破坏了统一后的经济发展，国民经济濒于崩溃。1994 年内战结束

[①]　目前有 50 个国家被联合国确定为"最不达国家"。2003 年联合国经济及社会理事会发展政策委员会（CDP）提出以下三项最不发达国家评定标准：（1）低收入标准，以人均国内生产总值 3 年平均估计数为依据（低于 750 美元的列入名单，高于 900 美元的脱离名单）；（2）人力资源薄弱程度标准，其中涉及一项物质生活质量强化综合指数（APQLI），包括营养、医疗保健、教育以及成人识字率；（3）经济脆弱程度标准，其中涉及一项经济脆弱程度综合指数（EVI）。一个国家必须符合所有这三项标准，才能列入名单。若要脱离名单，则必须在发展政策委员会的连续两次三年期审查中达到这三项标准中两项的最低值。另外，鉴于最不发达国家类型的基本含义（即确认其结构性的障碍），大型经济体不予考虑，因此人口不超过 7500 万的国家，才符合条件。

后，政府制定了稳定社会和发展经济的政策措施。在国际社会的帮助下，也门政府于 1995 年开始实行经济、财政和行政改革，以使经济自由化和市场化。国际社会支持也门经济改革，大量减少了其债务，并提供经济和社会发展资助。1996 年开始，政府先后实施了三个五年发展计划，并取得了一定成效。

90 年代也门石油业迅速兴起，成为国民经济的支柱产业。国际石油价格上涨使石油收入激增，带动了也门其他经济领域的发展。石油收入还使外贸顺差，外债大幅度降低，国家财政预算出现盈余，国民收入明显增长。

目前也门继续进行经济改革，同时将社会改革作为发展目标，重点是反对腐败和加强行政管理、减少失业、降低贫困率和提高人民生活水平。

2. 经济指标

1991～1994 年经济增长大幅度下滑，1991 年 GDP（国内生产总值）增长 2.68%，1994 年为 -0.52%，国民收入年均增长 -10%。1994 年 7 月内战结束后，经过国际社会的帮助和政府的努力，经济形势出现转机，1995～1999 年 GDP 年均增长 5%，国民收入年均增长 5.5%。2000 年以后经济发展形势基本稳定，2000～2005 年 GDP 年均增长 4.7%，国民收入年均增长 10.2%。上述三个时期人均 GDP 分别为 437 美元、353 美元、596 美元。

2006～2010 年第三个五年发展计划期间，政府制定了 GDP 年均增长 7% 的目标。但是 2006 和 2007 年 GDP 增长率仅为 3.3% 和 3.6%，2006 年人均 GDP 为 869 美元，人均收入为 760 美元。经济增长放缓的原因是，多年来也门没有发现有开采价值的大油田，政府采取了限制石油生产和出口量的措施，石油收入减少对国民经济增长造成了不利影响。政府采取经济多样化的措施，发挥非石油领域在国民经济中的作用，减少对石油的依赖。

根据美国瑞太兹基金（Heritage Foundation）关于 2008 年经

济自由度指数的调查报告，也门经济自由度为 52.8%，低于世界和中东地区的平均指标①，在世界排名第 125 位，在中东北非的 17 个国家中排在第 14 位。

3. 产业结构指标

也门从 80 年代中期起开发石油，进入 90 年代，石油已经成为国民经济的主要产业，2000 年以后石油出口额占总出口额的 90% 以上；在国民经济中的比重也不断增加，1991～1994 年石油产值年均占 GDP 的 6.94%，1995～1999 年增长到 22.34%，2000～2004 年增长到 31.36%。非石油产业也有所变化，农副业产值的比例下降，上述三个时期分别占 GDP 的 23.36%、21.96% 和 20.6%；非石油工业产值比例稍有增加，三个时期分别占 GDP 的 0.52%、0.58% 和 0.74%；制造业也呈增加趋势，分别占 GDP 的 7.34%、7.23% 和 9.12%；服务业约占 GDP 的 53%～59%。2005～2007 年由于石油资源减少，石油产值开始下降，石油产值占 GDP 的比例分别为 35.6%、35.1% 和 28.3%；同期政府实行的多元化经济政策生效，非石油领域产值相应增加，分别占 GDP 的 64.4%、64.9% 和 71.7%，其中批发和零售业 2005 和 2006 年占 7% 和 7.3%，交通运输和通信占 13% 和 13.8%，制造业占 14.5% 和 14.8%，农副业（农、畜、林）占 10.6% 和 10.9%（见表 4-1）。

4. 财政指标

也门在经济困难时期财政状况恶劣。财政支出扩大，财政赤字增加，通货膨胀严重，债务负担非常沉重，国外基本停止了对也门的借贷。到 1994 年底财政赤字占 GDP 的 14.3%，通货膨胀率为 49.4%；1995 年通货膨胀率增长到 54.5%，外债占 GDP 的比例的 164%。1996 年政府采取的各项措施取得成效，财政逐

---

① 世界平均指数为 60.3%，中东和北非地区为 58.7%。

表 4 - 1 2005 ~ 2007 年 GDP 分类指数

单位：百万里亚尔

内 容 \ 年 代	2005	2006	2007
GDP(当前价格)	3208501	3760038	4100219
非石油领域 GDP(当前价格)	2065920	2441366	2938651
石油和天然气 GDP(当前价格)	1142581	1318672	1161567
实际 GDP	315466	325469	337234
非石油领域实际 GDP	277708	290829	306824
石油和天然气实际 GDP	37758	34640	37758
GDP 实际增长(%)			
GDP 实际增长	5.6	3.2	3.6
非石油领域 GDP 实际增长	6.5	4.7	5.5
石油和天然气 GDP 实际增长	- 0.79	- 0.26	- 12.21
GDP 构成(当前价格)(%)			
GDP 构成(当前价格)	100	100	100
非石油领域实际 GDP	64.4	64.9	71.7
石油和天然气实际 GDP	35.6	35.1	28.3

资料来源：也门政府经济发展报告，2008/2/18。

渐摆脱了危机，在石油收入的支持下，1999 ~ 2001 年财政连续 3 年出现顺差，顺差分别占 GDP 的 1.5%、6.2% 和 2.3%，通货膨胀率下降到了 10% 以下。

2001 ~ 2007 年期间，石油生产和出口量增加，财政收入状况良好，各项财政指标也趋于正常。在财政预算方面，2004 和 2005 年财政赤字占 GDP 的 2.2% 和 1.8%，2006 年财政顺差占 GDP 的 1.5%；2007 年由于石油生产和出口量下降，石油收入减少，同时工资补贴和资本投资增加，财政赤字增加，占 GDP 的比例增长到 5.8%。在通货膨胀方面，政府逐渐减少各项补贴使物价上涨，通货膨胀率由 2003 年的 10.8% 增长到 2004 和 2005 年的 12.5% 和 11.4%。2006 年食品和基本生活用品价格大幅度上涨，通货膨胀率增长到 18.4%。2007 年政府采取措施控制物价上涨，通货膨胀率下降到 12.6%。在外贸方面，石油收入保证了 1995 年以后外贸进出口一直为顺差，只有 1998 年世界石油价格骤降，外贸进出口出现逆差。在债务方面，各债权国减免债务使也门外债从 1995 年的 105.3 亿美元减少到 2004 年的 53.35 亿美元，减少了 49%，从占 GDP 的 164% 下降到 39%，债务率从 42% 下降到了 6.7%；2007 年外债 57.7 亿美元，占 GDP 的 28.35%。

二　经济发展史

也门奴隶制国家的出现和行政管理的加强，促进了也门地区经济的发展，尤其是修建水利灌溉发展农业和利用商道发展商贸业。尽管也门各古代王国在法律和宗教生活的某些方面各有差异，国家经济依赖于农业和商业的程度也有所不同，但是这些王国统治者都尽可能地修建水利设施，利用雨水灌溉农田，最著名的也门古代灌溉设施，是约公元前 7 世纪萨巴人在东部高原边缘建造的马里卜水坝。①另外统治者们还利用地理位置优势开辟了陆路和海上商贸通道，繁荣了南阿拉伯半岛和红海沿岸的商业和贸易。特别是在罗马人未开辟地中海通往外界的海上通道以前，从印度洋经也门南部和西部沿海到北部地中海，是一条非常重要的国际贸易通道，也门人在这条通道上建立了贸易中转站，对古代也门的经济繁荣、政治稳定和国家强盛起到了重要作用。

也门古代奴隶制经济同其他东方古代奴隶制国家相似，在奴隶主君主专制的统治下，部落土地所有制被所谓的国家公有制取

---

①　马里卜水坝在希木叶尔王国时期由于年久失修，在洪水中坍塌。该水坝是古代也门文明的一个典范。

代，国王代表国家，是最大的土地所有者。在神权政治时代，国王以神的土地代理人身份，拥有所有国家土地。僧侣阶层享有国王赐予的大量土地，成为寺庙土地的所有者。社会生产主要采用奴隶集体农业劳作和强制集体徭役的形式，由战争和土地兼并产生的大量奴隶为奴隶主们所使用，部落和个人也成为国王和僧侣土地上的劳作者。统治者通过中央集权和官僚机构管理国家事务，负责修筑、维护水利灌溉工程和保护商道的畅通。国家通过税务官、部落首领完成对集体和个人的税收事务。国王所属的大部落（或称领袖部落）始终是国家的社会基石，大部落的兴衰决定着国家的命运。部落首领是部落集体和城市个人（从社会结构来说，个人基本属于某个领袖部落）与国家之间的联系人，他们多半是政府官员，归顺和服从国王，同时是谋取暴利的既得利益者和部落利益的保护者。部落的集体生产形式和传统的部落观念、国家在战争中对部落力量的需求等因素，从某种程度上有利于部落在新的生产关系中继续生存。在这种情况下，部落首领的作用不断扩大，而其所具有的两面性，让他们在奴隶制生产关系向封建生产关系过渡中扮演了变革者的角色。

也门古代王国在王族腐败没落和外族连续入侵中衰败，水利灌溉系统因年久失修弃置不用，大片农田荒废变成不毛之地，往日繁忙的陆路商道被阻断，罗马人开辟了地中海通向外界的海上通道，红海的海上通道商贸活动日渐萧条。地方部落分裂活动使中央政权削弱，国王以赏赐、分封土地来收买人心，以便征集部落力量抵御外族占领及游牧部落的侵扰，遂使封建势力逐渐壮大。阿拉伯人进入也门后，伊斯兰制度反对奴隶制和承认封建私有制，对也门大部分地区土地私有制和封建生产关系的确立非常有利，促进了生产力的发展，经济呈现了繁荣景象。

也门在中世纪阿拉伯哈里发时期，经济上实行什一税的赋税制度。中央政权将也门作为经济收入的重要来源，征收重税、聚敛财富，由阿拉伯贵族、地方贵族和寺庙僧侣贵族等组成的封建地主阶级也层层盘剥农民，极大地抑制了生产力的发展，经济繁荣景象逐渐消失殆尽，结果造成各地民众奋起反抗哈里发统治，部落酋长纷纷建立独立王朝。

奥斯曼帝国时期，封建土地所有制得到巩固和发展，主要表现在统治者和大小官吏利用权势霸占土地，成为大小土地所有者；地方封建势力强占和扩大土地，成为新土地所有者；部落酋长、僧侣阶层等贵族将统治者赐予和分封的土地变为私有土地，并受伊斯兰法律和国家的保护；伊斯兰的遗产制有利于封建土地所有制的发展；除了土地税和伊斯兰赋税（什一税）外，还推行封建土地包税制。

20 世纪北也门独立后，统治者伊玛目继续维持封建土地所有制。而在英国占领的南也门，殖民主义的掠夺性经济阻碍了经济的发展，保护了封建土地所有制继续存在下去。但是，为了满足日益膨胀的社会消费需求，两个地区的农业生产还是吸收了一些资本主义的生产方式，引进了现代农业技术，由此刺激了大封建主和大地主兼并土地和土地投机活动，使大部分土地集中在他们手中。这个时期也门的封建生产方式主要有几种形式。在一些大封建主和大地主的庄园，保留了奴隶制的生产形式；在生产力发达的平原和高原中部地区，大封建主和大地主们使用大量雇农和贫农耕种土地，在肥沃土地的农业发达地区，普遍采用与农民合伙分成（实物分成）的形式；靠沿海和城镇边缘的一些大庄园，吸收了资本主义农场的经营方式，生产工具和生产技术相对先进，雇佣农工和技术工人种植经济作物和发展饲养业，采用工资制。

由于北也门的伊玛目政权实行全封闭政策，不进行任何改革措施，维持封建生产关系，使全国绝大部分地区仍处于自给自足的经济状态，城市化水平极低，社会贫困化非常严重。国内唯一的对外通道南方的亚丁港口，还是在英国当局的控制下。南也门长期被英国占领，殖民政策阻碍了民族经济发展，农村处于封闭落后状态，城市的发展完全为殖民者服务，工矿业由外国资本控制，没有民族工业，殖民经济成分占 GDP 的 80% 以上。

北也门建立共和国后，政府掌管了国民经济大权，实行国营、公私合营和私营多种所有制形式，努力建立国民经济体系，促进国民经济发展。在政府的扶植下，农村普遍建立了合作社，扩大耕地并引进灌溉设备和农业工具；经济作物种植采用农业和商业资本主义经营方式；政府还负责开垦荒地建立了一些示范农场，以扩大农业生产规模。为了振兴工业，政府通过外援恢复了纺织和毛毯等民族工业，新建了纺织厂和印染厂；重点发展轻工业，建立了食品厂、卷烟厂、渔业加工厂、水泥厂和家用铝制品厂；加强基础建设和基础工业，投资建设发电厂，同国外资本合作开采矿业和石油资源。在商贸方面，政府鼓励发展批发和零售商业，在农村增加了农贸集市和商业网点；成立了国营外贸公司，开辟对外经贸通道，并鼓励也门商人投资外贸。政府还大力发展服务业，鼓励私人投资饭店等服务设施，建立服务性企业；开辟金融市场，建立银行和货币体系。20 世纪 70 年代内战结束后，政府实行对外开放和自由化政策，80 年代后经济向市场化方向发展，经济形势开始好转。

南也门在共和国建立初期，英国人大量撤资，国家财政陷入困境，财政赤字占财政收入的 85%，政府靠减少开支和增加税收弥补亏空，但是无济于事，经济形势极其恶劣。在苏联、东欧和中国等社会主义国家的援助下，政府兴办工业、开发石油，改善了交通通信和电力等基础设施，提高了农业机械化水平。为了实现建立国民经济体系和振兴民族经济的目标，政府制定了"社会主义"国有化经济政策，实行计划经济，大张旗鼓地进行农村合作化和城市工业化运动。80 年代经济环境逐渐放宽，引入了市场经济因素。

三 统一后的经济状况

门统一之初，由于建设投资增加和内战消耗，政府财政支出扩大，造成了巨额的财政赤字、严重的通货膨胀、货币大幅贬值和外债沉重。受海湾战争影响，作为国民收入来源之一的侨汇收入骤减，除石油外的其他经济领域都是负增长，国家陷入极度的经济困境。

1994 年内战结束后，政府制定了经济发展计划，并实行一系列改革措施用以全面整顿经济。1996 年实施第一个五年计划，在国际货币基金组织和世界银行的帮助下，政府实施了经济、金融和行政体制改革，主要措施是紧缩财政开支、扶植主要生产领域的发展，降低财政赤字、抑制通货膨胀，减少外债负担，改善投资环境，外贸、金融和投资领域对外开放，减少国家干预和加速经济自由化和市场化进程。到第一个五年计划结束时，经济状况明显好转，财政赤字和通货膨胀减少，外汇储备增加，GDP指标增长。2000 年开始实施的第二个五年计划，继续改善生产结构和投资环境，提高生产率，增加紧缺商品的生产，争取保持经济的增长；在经济发展的同时，政府强调社会的发展和稳定，将减少失业和贫困、增加国民收入作为主要发展目标。到2005 年计划结束时，经济实现了持续增长。在经济增长的基础上，政府在第三个五年计划中制定了新的发展目标，即继续实施改革政策，通过新的金融货币政策和吸引投资政策进一步促进生产发展；同时进行社会改革，提高人民生活水平。为了实现经济和社会发展各项目标，政府加强了经济和社会法制建设，规范经济秩序，维持各方面平衡发展，治理社会治安和保证社会稳定。

从也门目前的发展状况看，统一至今已执行的三个社会和经济发展的五年计划效果比较显著，不仅为振兴也门经济创造了条件，而且在社会发展方面发挥了重要作用。

1. 1996～2000 年社会和经济发展计划

政府从全面调整和发展经济的战略角度考虑，制定了第一个五年计划。计划以引进市场机制和活跃私营经济为前提，将经济结构改革与满足基本生产需求和提供社会服务相结合，将中长期规划与影响经济发展的主要问题相结合。计划确定了各种发展目标。

（1）战略发展目标：计划提出了以下经济发展的战略目标：开发人力资源（培养社会、教育、卫生、文化、经济和职业等方面的人士），使其更具重要的战略价值。

将原油、天然气开发和输出收益作为政府财政支出和投资的主要来源，通过对新石油资源的开发，提高原油和天然气产量、增加出口和收入。

将制造业作为主要的工业部门，发展工业生产、吸收先进技术、增加产品出口、创造就业机会。

特别注重农业和渔业生产的发展，使其成为大多数人收入的来源，更多地满足国内的粮食消费。

重视旅游产业发展。也门的旅游资源丰富，除了历史悠久的古代文明，还有独具特色的传统风俗和适宜的气候环境，适合常年旅游。国家将利用这些资源吸引投资开发旅游业，增加就业机会。

（2）具体发展目标：计划确定了 12 个具体发展目标，包括最大限度地实现经济增长，尽快地实现真正的社会进步；创造新的工作机会，减少对外国工人的依赖；增加商品出口，除了石油和天然气出口收入接受贷款和援助外，尽力开发其他外汇收入来源；扩大国民收入，使其来源多元化；发展地方储蓄，用于参与政府投资项目；调整经济结构，改变不平衡的 GDP 比例结构；减少政府财政支出对石油收入的依赖；发展和改善教育、公共卫生服务，使其适应国家发展需要；建设新的基本设施（水、电、道路、港口和机场）系统，继续完成已建项目；统筹管理经济和社会发展收入的分配，减少普遍存在的社会阶层之间和区域之间收入不平衡现象，向所有国民提供均等机会；改善环境和避免环境恶化；保护水资源，改进对水资源的管理，发展有利于环境保护的产业；对劳动生产力进行定期教育培训，在也门人中提倡企业家精神和美德。

（3）优先发展目标：计划确定了三个优先发展目标，即：改变经济发展不平衡现象，抑制通货膨胀和社会失业，消除其产生的不良影响；合理利用政府现有资金，扩大内资和外资，加强对发展项目的投入，实现经济增长，增加国民收入，改善教育、公共卫生环境，抑制收入下降，缩小贫富差距；保护环境和水资源不受污染；充分利用国家的经济和人力资源，保证其结构合理化。

（4）计划执行效果：实施第一个五年计划取得了明显成果，各项经济指标都不同程度增长，国民经济逐渐摆脱困境，开始转入正常发展。通过经济自由化和私有化改革措施，私营和合营企业已经在经济中起了重要作用。但是在人均收入、人口增长、社会贫困化、教育和公共卫生等社会发展方面，没有太大变化。

从发展项目投资情况看，政府投资是计划项目投资的主要来源，占计划总投资的 47.5%，其余是外资和自筹资金，分别占投资的 37% 和 15.2%。虽然实际的投资额年均增长了 18.1%，但是实际的总投资额削减了 32.5%，总投资额占 GDP 的份额从 1995 年的 22% 下降到 2000 年的 19.2%。总投资额削减的主要原因是投资的资金不到位，政府投资和外资额仅占原计划的 60%，私人投资额更少，仅占原计划的 49.7%。资金不到位导致了财政计划内的项目完成情况不理想，完成项目仅占 41.2%，包括基础服务设施和扩大生产项目，其中政府筹资项目完成了 90%，自我筹资项目完成了 74%。

国际社会对也门执行第一个五年计划给予了支持，世界银行和联合国粮农组织等组织于 1995 年制定了一项也门经济改革的计划，对第一个五年计划起到了指导和促进作用。

2. 2001～2005 年社会和经济发展计划

在第一个五年计划成果的基础上，政府将第二个五年计划作为实现社会和经济发展战略的重要步骤，进一步制定了经济和社会战略目标，即继续开发人才资源，进行经济结构多元化的调整，发挥合营和私营部门在经济发展中的作用，改善环境吸引投资，提高生产率，鼓励出口商品的生产，支持有效的计划管理和地方分权，提升国家科学技术水平，保持国民经济持续增长，增加人均收入、减少贫困、稳定社会，保护自然环境。

（1）预期增长指标和长期发展规划：计划制定的经济增长预期指标是：GDP 年均增加 5.6%，人口增长 3% 以下，提供 89.6 万个就业机会，外资增加 28.6%，非石油经济在国民经济中比例从 66.3% 增长到 74.3%。

计划还制定了长期发展规划及 2025 年展望，主要内容是：在经济多样化和社会发展的前提下，将国民的低收入水平提高到中收入水平；经济年平均增长 6.5%～7.5%，各经济领域增长 8%～10%；人均国民收入每 5 年增长一倍，从 1999 年的 349 美元增加到 2005 年的 700 美元，到 2010 年增加到 1015 美元；贫困率从 33% 下降到 15%，失业率从 35% 下降到 10%；加快经济结构改革，通过落实各经济部门的发展政策和措施，增强经济在国内、地区和国际的竞争能力；继续实施改革政策，执行新的税收和财政支出政策，加强财政收入管理，规范城市服务和养老基金制度，取消补贴，加强关税管理和预算管理，间接控制货币和货币经营，改革银行系统，改革贸易和税收政策，加速国营企业私有化，改善经济发展环境，充分利用私人投资、外资和国际援助。

（2）计划投资：第二个五年计划期间，预计总资本支出年均增加 10.8%，占 GDP 的比例从 2000 年的 71.8% 增长到 2005 年的 72.4%。政府投资年均增加 12%，私人投资年均增加 10.5%；计划投资占 GDP 的比例从 2000 年的 19.2% 增长到 2005 年的 28.6%，投资增加主要是政府对石油业的投资和私人对非石油业的投资；重点鼓励私人投资，扩大私人投资范围，到 2005 年政府投资占总投资的比例从 46.8% 减少到 38.2%，私人投资的比例相应增加到 61.8%。

（3）计划执行结果：第二个五年计划结束时，经济发展比较正常平稳。计划执行总的情况良好，实现了经济持续发展，GDP 年均增长 4.7%，扣除各种因素，实际增长 4.1%，虽然没有达到预期指标，但是保持了较好的增长态势；人口增长率由年均 3.5% 下降到 3%。经济结构有所调整，非石油经济和制造业比例增加；石油业比例减少，但是由于石油价格上涨使石油出口收入增加，商业和服务业比例有所增长；财政虽然由盈余变为赤字，但是仍控制在安全范围之内；通货膨胀率保持在 12% 左右；银行储蓄和回收贷款能力提高。石油收入保证了外贸一直为顺差；外资有所增加，外债大幅减少，外汇储备增多。人均国民收入提高，贫困率从 39% 下降到 36%。

但是一些经济指标未达到预期目标，这主要是与国际安全形势有关，如国际恐怖主义破坏了投资环境，投资额比预期减少，因此计划中的一些改革项目没有完成。农、林、牧和渔业、制造业、贷款、国内储蓄等都没有达到目标。农、林、牧、渔业年均增长 3.6%，而计划指标为 4.1%，其中只有渔业发展较快，增长 22%；作为经济发展领头产业的制造业，增长不足计划指标的一半。虽然政府增加了对社会发展方面的投入，但是各项发展目标均未完成,如失业率约为 16% ~ 17%,而计划目标为 12% ~10%。

3. 2006~2010 年社会和经济发展计划

尽管也门经济发展成效显著,但经济改革的任务还远没有完成,社会发展任务非常艰巨。联合国 2006 年对也门的评估报告指出也门经济面临四大挑战:①经济多元化,发展非石油产业。②以改变管理作风和反对腐败为前提,提高公共服务费用以利于发展私营部门。③水环境恶化危机,过去的 30 年农业发展依靠地下水灌溉,现在已经不可能了。④人口过剩危机,目前人口仍以 3% 速度增长,高人口增长率使政府财政负担加重,人均国民收入减少。

(1)长期发展规划:针对也门全面发展的迫切形势,政府在 2006 年制定了到 2025 年的长期发展的未来战略规划,主要有 6 个发展方向:①实现经济的持续增长,包括减少失业,消除贫困。②利用地理位置优势,振兴旅游事业,吸引投资;加强自由区在经济发展中的作用。③加快制造业的发展,鼓励战略性工业发展,加大出口力度。④发展农业生产,充分利用渔业资源。⑤加大对环境保护的投资。⑥加强政府与私营企业的合作。

(2)五年发展计划目标和指标:在长期发展战略规划基础上,政府制定了 2006 ~2010 年社会和经济发展计划。主要发展目标是:实现经济稳步增长;在社会方面,减少贫困和提高生活质量,改善管理水平,缩小区域和性别方面的差距,增加地方分权,放宽市民的社会参与;在经济方面,继续调整经济结构,改善投资环境,推进私有化进程,通过加入海湾合作委员会和世界贸易组织尽快融入全球市场。计划还在行政管理、反腐败、社会安全、司法等方面制定了改革措施,提出了相关的具体目标。

　　计划制定的预期经济和社会指标是：GDP 年均增长 7%，非石油产业年均增长 7.1% ~ 10%，贫困率下降到 20% 以下。计划预期发展最快的产业是服务业，增长率为 12%，其次是工业和农业，分别增长 8%；政府预算和债务增长 5%，非石油收入增长 45%，财政赤字控制在 GDP 的 3% 以下，外债控制在 GDP 的 60% 以下，通货膨胀限制在 14% 以下。但是实现上述指标需要具备的条件是石油部门延续性的发展，执行扩大财政和货币政策，各部门增加投资使固定资产年均增长 29%，人口增长率下降，外资和外援增至 100 亿美元，加入海湾合作委员会，国内外私人投资占 GDP 的 62%，国民储蓄占 GDP 的 21%。

第二节　农副业

　门是农业国，农副业人口约占全国人口的 75%，劳动力约 200 万，占全国劳动力的 53%，农副业是国民经济的重要产业，是除石油外的政府财政收入和外贸出口的主要来源之一，农副业产值约占 GDP 的 20%，农副业出口占非石油出口商品的 57%。1991 ~ 1995 年农副业产值年均增长 4.47%，1996 ~ 2000 年增长 6.2%，2001 ~ 2005 年增长 3%，农副产品也是加工工业的主要原材料。第三个五年计划规定农副业产值增长 4.5%。

　　也门农副业生产水平低下，生产工具比较落后，农副业收成基本依赖自然环境和气候条件而定。粮食和畜产品不能满足国内需求，渔业产品基本满足供应并出口。农业发展存在诸多问题，水源紧张、人工灌溉面积少，农业科研、引进先进技术和销售等方面都非常薄弱，农业投资不足，多种因素导致粮食种植面积缩小，产量不断减少，生产前景不容乐观。政府在农业管理和投资方面制定了发展计划，以求解决农业生产问题。

一 农业区域

门分为 4 个农业区域。

1. 沿海平原农作物区

包括荷台达、塔伊兹和哈杰等省的沿海地区。区域内地下水比较丰富，在有灌溉条件的地区，农作物一年可两至三熟，是棉花集中种植区；粮食作物以谷物和高粱为主；水果有木瓜、无花果和香蕉等；蔬菜有番茄、秋葵和辣椒等；经济作物有向日葵和烟草等。

2. 丘陵亚热带作物区

包括南部塔伊兹、伊卜的丘陵地带、中北部山地中的河谷盆地及东西两侧的山坡地区。区域内雨水和地下水较丰富，全年无霜，适合农业耕作，可常年种植，是也门的主要农业区之一。生产粮食和咖啡，一年两至三熟，粮食作物有谷子、高粱、玉米、豆类、小麦、大麦等；水果有香蕉、柑橘、柠檬、芒果和椰枣等；经济作物有咖啡、甘蔗、橡胶、苜蓿和烟草。这些区域也是卡特①的主要产区。

3. 中部山地温带作物区

中部山地占大部分国土面积，长约 450 公里，宽 100～500 公里，主要包括萨那、迈赫维特、哈杰、萨达省以及伊卜省北部的高山平原地区。这一区域是也门土壤最肥沃、农业最发达、人口最集中的地区，历史上称之为"也门的乐园"，并被冠以"大地之母"和"也门的王冠"之美誉。这一地区的山坡和河谷是农作物生长区，适合种植粮食，海拔 1000～1900 米的山坡梯田种植果树和经济作物。主要粮食作物是谷子、高粱、大麦、小

---

① 卡特是一种植物，咀嚼其叶可以提神，很多也门人咀嚼卡特叶子成瘾。

麦、豆类、玉米等，主要经济作物是咖啡、苜蓿等，主要水果是香蕉、葡萄和落霜红（阿拉伯茶叶树，居民常用叶子做饮料），还有椰枣、安石榴、桃、杏等。

这一地区雨量充沛，植被密集，生长着大片热带森林。在海拔 800～1700 米的地区各种植物繁茂；河谷一带生长高大的火枫和罗望子树林，还有数量很多的藤本植物；坡地一带生长着浓密的灌木林；南部山地有类似仙人掌的大戟属植物；高海拔地带气候温和，有无花果和桧树。另外，中部山地还经常有野兽出没。

4. 东部半沙漠高原区

这个地区是高原和半沙漠区，位于中部山地东侧，大约包括萨那、萨达两省的东部地区和马里卜、焦夫两省。

这一地区大部分土地贫瘠，是也门人口最少的地方，没有大城市，乡村也不多见，主要是游牧区，盆地和绿洲适合农作物种植。区域内有焦夫盆地，那里水源丰富，是也门重要的农业区之一。历史上著名的马里卜水坝坐落在该区域内，新水坝已于1987 年竣工。农作物以种植高粱、谷子为主。高原接近中部的地方有大片植被，树种有埃塞俄比亚合欢树、柽树和柳树等。

二　土地所有制

1. 北也门独立后土地所有制情况

北也门独立以后，土地所有制分为以下几种形式：一是国家所有制，国王是国家土地的所有人，王室占有国家所有公共土地；二是封建所有制，包括地方封建势力占有王室分封的土地和部分自己霸占的土地，宗教寺院占有寺院所属的土地，农民所有的私人土地。

2. 共和国时期的土地所有制情况

北也门在共和国建立后，土地所有制分为以下几种形式：一是国家所有制。北也门在"9·26"革命后，所有国王及王室家族的土地归国家所有，约占耕地面积的 2%～3%，用于兴办农场；二是宗教基金所有制。宗教寺院占有的土地划归在宗教基金名下，约占耕地面积 10%～15%。三是私人所有制。地主和农民的土地归私人所有，约占耕地面积的 80%以上。

南也门在共和国建立后，土地所有制情况与北也门大致相同。

也门统一后，土地所有制基本维持了统一前南北也门共和国时期的状况。

三 农 业

全国可耕地面积约 167 万公顷，约占国土面积的 3%，已耕地占可耕地面积的 72%～80%，2005 年约 120 万公顷，其中水浇地 5500 公顷。也门是世界最干旱的国家之一，约 90% 的耕地靠不规则的水源浇灌。灌溉水源来自雨水、地下水（井水）、河流和泉水等，其中 35% 靠雨水，30% 引自地下水，17% 源于河流。近年来水利设施建设取得成效，1990～2004 年水坝和水堤从 16 个增加到 264 个，水库、蓄水池及配套引水设备从 13 个增加到 335 个，灌溉渠从零增加到 76 个。也门的粮食和畜产品不能自给，小麦、面粉、大米等粮食和肉类是主要进口商品，2008 年粮食 90% 靠进口。农副产品出口占商品出口额的 3%～5%，进口占 15%～20%。经过农业改革、私有化改革和引进市场机制，除粮食以外，其他农副产品发展很快，水果和蔬菜、咖啡等经济作物不但满足国内需求，而且可以出口，咖啡是除原油以外的主要出口商品之一。

1. 农作物种类

也门的粮食作物有小麦、大麦、高粱、谷类、玉米和豆类等；蔬菜有番茄、洋葱、白薯和土豆等；水果有椰枣、香蕉、葡萄、柑橘、柠檬、木瓜、芒果、西瓜和甜瓜等；经济作物有咖啡、棉花、芝麻、烟草和卡特等；饲料作物有苜蓿。

2. 农作物耕种面积

农作物耕种面积根据气候、雨量、灌溉条件和需求等具体情况而每年不同。一般年景的农作物种植面积，粮食约占61%，蔬菜和水果占13%，饲料占10%，卡特占10%，其他经济作物占6%。2000年和2005年，粮食种植从670000公顷（包括豆类）增加到725615公顷（包括豆类），蔬菜从65000公顷增加到73599公顷，经济作物（包括卡特）从20300公顷减至19727公顷，水果从91000公顷减至82796公顷，饲料122803公顷。

3. 农作物产量

农作物产量视种植面积、年景和收成情况而定。近20年，除粮食外，其他农作物发展较快，产量大幅度增加。而粮食种植面积虽然有所扩大，产量却大幅度下降，主要原因是种植成本高、产品价格低廉和使用传统耕作方式。2000年和2005年，粮食产量从735317吨降至555422吨（其中豆类59831吨），下降24.5%；蔬菜从774908吨增至882053吨，增长13.8%；水果从590796吨增至882053吨，增长49.3%；经济作物从68963吨到190360吨，增长了200%多。

也门种植卡特已经有很长的历史，世界上少数几个种植卡特的国家中，也门的种植面积和产量最多，消费量也最多。由于卡特树生长期短，抗旱抗害虫，管理简便，产量多且价格高，投入少回报丰厚，所以，也门约1/4的农业劳动力从事卡特种植，它是农民收入的主要来源。卡特的种植面积约占农作物种植面积的10%，产值约占农业产值的30%，在农业和国民经济中占有重要地位。卡特产量2000年和2004年分别为10.8万吨和11.8万吨，增长了9.3%，同期产值为1390亿里亚尔（约合7.5亿美元）和1690亿里亚尔（约合9.1亿美元），增长了21.6%，年均占GDP的3.7%。

卡特的种植冲击了粮食和咖啡等其他农作物种植，抢占耕地并耗费稀缺的水资源。根据政府发布的材料，卡特种植用水占也门农业用水量的1/3。而且卡特不是创汇商品，咀嚼卡特对人的身体健康产生消极影响，因此政府不鼓励种植卡特，并采取一些措施，阻止也门人咀嚼卡特的势头继续发展下去（参见第一章第四节民间习俗）。

4. 农业问题及发展农业措施

也门的农业资源比较丰富，但是农业发展现状落后。阻碍农业发展的原因有多种。首先是干旱缺水，农作物种植基本上靠天吃饭，而且仍然使用传统落后的灌溉和耕作方式，耕种面积和产量完全依据气候和自然灌溉情况而定。其次是农业发展条件差，投入少、成本高、价格低廉和收益微薄，此外城市生活和其他经济领域如石油业和服务业的发展吸引了大量农业劳动力。另外农业的资金不足，农业发展计划没有落实，促进发展的优惠政策实施不力，缺乏现代农业管理人才、管理方式和农业科技，销售渠道不通畅。这些因素都是影响农业发展的重要因素。

近年来，政府开始关注越来越严重的农业问题，特别是粮食问题，采取了发展农业的政策措施。在粮食方面，2007年10月政府批准了一揽子行政措施鼓励种植小麦。由农业与灌溉部直接向农民提供总额为10亿里亚尔的优惠贷款，还向国营农业服务公司提供总额为1亿里亚尔的贷款，以资助在2007～2008年的收获季节向农民提供农业机械的单位。政府还要求加强农业科学研究和对农民进行农田技术指导；同时，要求农业与灌溉部、财政部、工业与贸易部、地方政府和也门供销公司以鼓励价从农民手中收购小麦等农产品，从而保证粮食种植面积的增加。

在经济作物方面，政府限制卡特的种植，同时大力鼓励咖啡种植，希望传承也门咖啡种植的传统，再现昔日咖啡大国的辉煌，更重要的是将咖啡作为增加外汇收入的重要出口产品，产生更多的经济效益。2001 年由政府出面在哈杰、焦夫、萨那和扎马尔等地区建立了咖啡种植基地。另外农业部靠法国资助建成 18 个咖啡种植培育点，种植咖啡树面积约达 2230 公顷。第二个五年计划期间，也门大力鼓励农民种植咖啡树，采取了建设水坝、利用现代灌溉技术、对树种更新以及派专家进行技术指导等措施，以确保最好质量的咖啡生产，并通过地方集资和鼓励私人投资方法解决资金问题。目前，也门的农业专家正在努力改良咖啡树的品种，推广先进的种植技术（参见第一章第四节民间习俗）。

四 畜牧业

门畜牧业在农业中占有重要地位，畜牧业占农副业产值的 20%。畜牧区域主要分布在红海沿岸低地、东部和中部平原和中部高原等地区，覆盖面积 22.6 万平方公里，占国土面积的 40.7%，其中自然牧场约 1600 万公顷（16 万平方公里）。

畜产品有绵羊、山羊、牛、骆驼等畜种和鸡、鸭、鹅等的家禽。东、中部平原地区主要饲养绵羊和山羊，高原和红海地区多饲养牛和羊，沙漠地区还饲养骆驼，常年牲畜存栏量约 1700 多万头。

畜产品产量根据自然条件和需求而定，不能满足国内供应。政府鼓励发展畜牧业，以减少对进口的依赖。近年来，畜产品产量有了较大幅度的增长，2000 年和 2005 年，绵羊分别为 480.4 万只和 801.2 万只，增长 66.8%；山羊 445.3 万只和 783.5 万只，增长 75%；牛 140.1 万头和 144.2 万头，增长 2.9%；骆驼 19.8 万峰和 36.5 万峰，增长 84.8%。其中羊和骆驼增长幅度较大。肉、蛋、奶类的产量也有明显的增长，2001 年和 2004 年，肉类产量分别是 16.8 万吨和 20.2 万吨，增长 20%；禽蛋 6.11

亿枚和 9.08 亿枚，增长 48.6%；鲜奶 19 万吨和 26.3 万吨，增长 38.4%。

也门自然条件适于发展畜牧业，但是目前产品不能满足国内供应，每年活牲畜、各种肉类和奶制品均需进口。其原因是长期以来畜牧业发展没有得到足够重视，畜牧业生产水平低下，至今仍沿用自然放养的传统饲养方式；投资少，畜牧资源不能充分发挥作用；肉、奶、蛋类生产和加工业没有得到重视。畜牧业发展有待于充足的资金、长期规划和发展计划的制定、有力的科研和技术支持，建立专门农场发展饲养业和畜产品加工业。

五 渔业

也门有长达 2000 多公里的海岸线，从也门与阿曼边界的阿拉伯海延伸到也门与沙特阿拉伯边界的红海，其中亚丁湾沿线占海岸线的 20%，所属岛屿 120 多个，其经济价值是显而易见的。也门的沿海省份有 9 个（沿红海岸有 3 个，沿亚丁湾和阿拉伯海岸有 6 个），近海水产资源丰富，蕴藏量达 160 万吨，鱼类和其他水产品达 350 多种。也门现有 90 多个渔场，在红海海域有 40 个，亚丁湾和阿拉伯海有 50 个。也门是海湾地区的主要渔业生产国家，渔业是农副业的重要部分，国民收入的重要来源，渔业产值约占 GDP 的 2%，靠渔业收入生活的也门人达到 35 万～40 万。各种渔业产品和水产品是也门人主要食物之一，也用于出口，出口占非石油出口商品的 13%。2000 年也门出口鱼类 2.2 万吨，收入 4000 万美元，2004 年已增至 7.5 万吨，收入达 1.15 亿美元。

在渔业生产中，个体和合作生产方式占 79.2%，其余是团体作业，其中私营占 13.8%，合营占 3.3%，国营占 1%，外国捕捞占 2.7%。沿海一般用传统的人工捕捞方法，包括合作社作业、捕捞团体作业和渔民个人作业。到 2004 年渔业合作社和渔业团体有 113 个，拥有木船、机帆船和其他船只 168903 艘。深海和远海捕捞是工业和商业性的，由外国公司和私营企业完成。

渔产品种类主要有墨鱼、带鱼、石斑鱼、沙丁鱼、金枪鱼、鲷类鱼、龙虾等。产品可以满足国内需求，并出口国外，主要出口产品是墨鱼和龙虾，沙丁鱼和金枪鱼的罐头产品也是出口商品。由于捕捞手段、储备、运输加工条件的限制，渔业生产发展受到很大限制，90 年代常年捕捞量不过 15 万吨，而也门资源的年最大捕捞量可达 35 万~40 万吨。近年来，国内需求增长和出口量扩大及市场价格上涨，吸引了越来越多的渔业投资，各种渔业合作项目建立起来。2000 年以后也门渔业产品产量逐年增加。2000 年和 2005 年，渔业产品产量分别为 12 万吨和 23.9 万吨，增长了 99%，产值分别为 165.62 亿里亚尔和 509.51 亿里亚尔，增长了 207%。另外，具有工业生产性质的深海渔业发展迅速，产量从 2005 年的 1547 吨提高到 2006 年的 26382 吨，增加了 24835 吨。

也门现有两个渔产品加工厂，生产鱼罐头和鱼粉，2004 年生产鱼罐头 3700 万听。也门鱼罐头产品闻名于世，是国家重要的出口商品。

渔业是也门的重点发展产业，渔业生产、加工和出口投资前景广阔。2005 年 7 月政府制定了未来 5 年渔业发展规划，目标是致力于实现渔业生产 10% 的年增长率，渔业产量在 2010 年末达到 46.5 万吨，实现将渔业在 GDP 中所占比重提高到 4% 的目标；同时大力拓展渔业出口市场，力争达到出口量年增 13%，在 2010 年末实现各种渔业产品出口 15 万吨，出口额达到 5 亿美元。政府计划在第三个五年计划期间，按计划对渔业投资 1.2 亿美元，渔业产品生产年均增长 7%，占出口商品的 9%，渔业产值占 GDP 的 2.2%。

为了实现这些目标，政府将整顿渔业管理结构、加强管理水平，争取更多地吸引外资和引进先进技术，建设新的渔港和产品加工厂，提供便利的渔港服务，建立渔港与市场的连接机制，改进港口道路和其他运输条件，为形成出口运输网络创造良好环境。

国际社会向也门渔业提供的资助对渔业发展起到了重要作用。2005 年 11 月世界银行与也门签署了支持也门发展渔业生产的相关协定，向也门贷款 2100 万美元。2008 年 5 月世界银行为迈赫拉省内的三个渔业项目提供资金援助，项目包括建设一座冷库、一个制冰厂和一个海产品交易市场，总援助金额为 1000 万美元。2005 年欧盟决定为也门 2006～2010 年五年计划提供 3500 万美元的渔业发展资助，当年就提供了 700 万美元，2007 年又提供 550 万欧元用于也门渔业发展项目。

第三节 工矿业

也门工矿业基础非常薄弱。北也门在王国时期几乎没有工业，南也门在英国占领下，有少量殖民者在沿海地区开办企业掠夺矿产资源，同时建立了为殖民者服务的加工企业。也门本土仅有一些个体或小作坊经营的小手工业，如手工纺织、编织羊毛地毯、皮革制品、铜器加工、陶土烧制、粗加工农具、打制家具、磨粉和轧花等。共和国建立后，政府大力发展民族工业，兴建纺织、印染业和其他轻工业，尤其是开发石油资源，使石油工业迅速成为国民经济的支柱和国民收入及外贸的主要来源。也门统一后，政府增加了工业投资，并鼓励私人资本和外资对工业投资，在发展石油的同时，也发展非石油的基础工业和制造业，以便减少对石油的依赖。

20 世纪 80 年代石油资源的开发使也门工矿业在国民经济中占据了重要地位，90 年代占 GDP 达到了 30% 以上。但是也门石油资源有限，按照目前储量和开采水平，约至 2030 年左右基本枯竭。也门政府已经意识到国民经济对石油严重依赖带来的不良后果，在所制定的未来 25 年战略发展规划中，明确提出发展多元化经济、逐步减少对石油依赖的目标。近几年政府实施了减少对石油依赖的措施，石油业在经济中的比例有所下降，其他工业比例有所增长。2000 年工矿业占 GDP 的 26.8%，其中矿产占 16.5%（主要是石油），建筑业占 2.2%，水电气占 1.1%，制造业占 7.0%；2005 年工矿业占 GDP 的 26.4%，其中矿产占 13%（主要是石油），建筑业占 2.2%，水电气占 1.4%，制造业占 9.8%。由于石油开采和生产速度放缓，工矿业产值增长下降，90 年代末工矿业产值年增长率达到 4.8%，2000 年为 4.3%，2005 年下降到 1.5%。

工矿业主要是资源性产业，以原材料开发、加工和生产为主。比如原油开发、矿业开采、纺织、食品、饮料、烟草、水泥建材等。

一 工矿业生产

1. 石油工业

门从 1938 年开始石油勘探。1962 年北也门建立共和国后，政府成立了也门燃油公司（THE YEMEN PUELS COMPANY，简称 YFC），负责油品销售兼对石油资源的调查，1973 年更名为也门石油公司（THE YEMEN OIL COMPANY，简称 YOC）。同年成立了也门矿产资源和石油事务局，负责石油调研事务，并参与和监督外国公司在也门的石油业务。1978 年又成立石油和矿产事务总公司（简称 YOMINCO），由也门石油公司（YOC）、地质航空测绘局以及生产销售盐和石膏的赛尔佛公司（AL-SALIF）三个部分组成，负责陆上石油开发。公司成立后，与外国公司签订了几个勘探合作协议。1985

年，也门组建了石油与矿产最高委员会。同年 9 月成立了石油与矿产资源部取代石油和矿产事务总公司。1990 年也门统一后，成立了石油和矿产部，所管辖的单位有地质调查与矿产资源委员会、石油勘探与生产总局、部长理事会、部长指导石油销售委员会和也门石油和天然气总公司等五部分，其中也门石油和天然气总公司下辖亚丁炼油厂、也门炼油公司（马里卜炼油厂）、石油培训中心、石油产品销售公司、也门天然气公司和也门石油与矿产投资公司等。

（1）石油业的政策措施和开发方式：也门政府采取了一系列推动石油工业发展的法律法规和政策措施。

①涉及石油业的法律法规，统一前南北也门政府曾经颁布了投资法（1991 年）、产量分成标准协议（1990 年）、石油法（1976 年）、商业和工业利润税法（1972 年）、南也门人民共和国领海和大陆架法（1970 年）等；统一后至今执行的法律法规有 1991 年《投资法》，其对涉及国内各个经济领域的投资项目制定了一些优惠政策，尤其在税收方面有较明显的减免措施，此法也适用于石油领域的投资。

②对石油领域实行全方位的对外开放政策，石油区块的勘探与开发均采取公开招标的方式进行，任何国家的石油公司都可参加竞标。

③确定了对划定的石油区块采取中标公司投资开发、产油后双方互利的开发模式。

④2006 年 3 月 23 日石油部表示将建立一个信息中心，使用现代化的信息技术吸引石油领域的投资。建立信息中心旨在构建有效的信息网络系统，帮助在石油领域的投资者获得正确的决策信息。

由于国家贫困落后，缺乏资金和技术，石油勘探开发主要依靠同外国公司合作，利用外资和外国技术。也门政府除了在石油领域实施全方位开放，制定优惠的投资政策吸引外国石油公司外，每年还从国家基本建设投资中拿出超过一半的资金（年均约2亿美元）投入石油工业，其中30%用于石油勘探开发，70%用于管道、港口设施以及炼油厂的修建。

至今有包括美国、加拿大、英国、法国、德国、西班牙、奥地利、挪威、俄罗斯、匈牙利、韩国、印度和阿拉伯国家在内的近30家外国公司在也门，采取直接投资、合资、出口设备和技术及提供服务的方式涉足也门石油和天然气勘探、开发和提炼产品、销售和运输等领域。中国石油公司也参与了也门的石油开发。

也门国有赛佛开采和生产组织公司（Safer Exploration and Production Operations Company）2005年11月独立承担了也门最大开采区块马里卜-焦夫地区18号区块的全部上游石油天然气产品经营权。

（2）石油勘探：也门石油资源主要分布在陆上的5个地区，包括：北部的马里卜-焦夫（Marib-Jawf）第18区块，估计石油储量8亿桶；南部的马士拉（Masila）第14区块，估计石油储量8亿多桶；南部的东舍卜沃（East Shabwa）第10A区块，估计石油储量1.8亿桶；中部的赞纳（Jannah）第5区块，估计石油储量3.45亿桶；中部的伊亚德（Iyad）第4区块，估计石油储量1.35亿桶。

1978年，也门与法国公司在马里卜地区联合勘探中，证实了也门拥有大储量的石油资源，随即一些欧美公司投标勘探石油区块，石油勘探开发迅速展开。1984年也门与美国汉特石油公司（HUNT）成立的合资公司，在北部内陆马里卜省和焦夫省之间第18石油区块，发现有商业价值的油田，1986年油田正式开始产油；1987年又在舍卜沃地区勘探和开发了有商业价值的油田。1987年苏联技术出口公司（Techno-Export）在舍卜沃第4

石油区块勘探和开发了3个油田，分别是东伊亚德油田（East Iyad）、西伊亚德油田（West Iyad）和阿麦尔油田（Amel），这些油田都建设了输油管线直通至阿拉伯海沿岸的拜勒哈夫港（Belhaf）。1991年加拿大西方石油公司（Canadian Occidental Petroleum，现更名为加拿大奈克森石油公司 Canadian Nexen Petroleum）在马士拉（Masilah）第14区块发现储量较大的油田，而后又在该区块陆续有新的发现，公司在开发这些油田的同时建设了通往哈德拉毛省靠阿拉伯海沿岸的输油管道；1996年9月在也门中部扎那（Janah）地区的第5区块勘探开发了油田，并修建了石油输送管道与第18区块连通，所产石油可直接到达红海。1998年，法国道达尔公司参与马士拉第14区块的勘探和生产，同时在舍卜沃东部的第10区块发现多处石油蕴藏并进行开发。1999年12月18日，挪威DNO公司宣布在第32区块发现石油，2001年11月修通了与连接马士拉地区的石油管道并正式开始产油。

近年来也门的石油勘探获得了一些新进展。2002年加拿大卡瓦里石油公司（Calvalley）在西尔－萨延（Sir-Sayun）陆上盆地钻探的奥克班（Auqban）1号井日产原油750桶；法国道达尔菲纳埃尔夫（TotalFina Elf）公司在西尔－萨延陆上盆地钻探的艾马尼（Aman）1号井日产原油130桶；2004年挪威国家石油公司（Dno ASA）在西尔－萨延陆上盆地钻探的纳卜拉贾（Nabrajah）1号井日产原油1973桶，公司在该盆地钻探的纳卜拉贾2号井日产原油1427桶。此外加拿大奈克森公司在西尔－萨延陆上盆地钻探的巴士尔·卡海尔（Bashir Al Khair）1号井、贾比尔·艾劳德（Jabal Alaod）1号井和瑞西卜（Ressib）2号井获得重要的油气显示。

也门石油勘探和生产总局2006年1月宣布：在舍卜沃的阿姆兰地区的阿卡拉S2区块发现新的油田，由奥地利石油天然气

公司（OMV）进行勘探开发。初步资料显示，油田储量为 5000
万到 1.74 亿桶，估计还会增加，2006 年下半年有望开始产油，
最初的日产量 5000 桶，2007 年日产量可达到 10000 桶，到 2009
年日产量预计达到 32000 桶。同年 5 月也门石油勘探与生产总局
宣布：在位于南哈瓦瑞姆（Hawareem）－43 区块内的纳卜加拉
（AL-Nabraga）油井又发现了有商业价值的石油资源，估计日产
量可达到 2670 桶。挪威国家石油公司拥有 43 区块 50% 的股权，
澳大利亚石油勘探公司（OIL SEARCH）拥有 25% 的股权，加拿
大卡尔加里第一石油公司（FIRST CALGARY）拥有 10% 的股
权，也门石油公司拥有 15% 的股权。2006 年 8 月也门石油和矿
业部长哈立德·巴哈表示，国家鼓励国际石油公司进行石油勘
探，并希望它们在也门近海的石油勘探中增加投入，以增加石油
储量。

2008 年 3 月也门石油矿产部与一些石油公司签署了第 5 代
合作协议，包括挪威国家石油公司将勘探哈德拉毛省的 84 区块；
印尼梅德科能源公司（MEDCO）将勘探哈德拉毛省的 82 和 83
区块；印度的某州立石油公司将勘探舍卜沃 28 与 57 区块；奥地
利石油天然气公司将开发迈赫拉的 29 区块；英国靶恩能源公司
（BARN）将勘探亚丁的 17 区块。中国石油化工股份有限公司
（SINO-CHEM）在也门舍卜沃省进行了 420 平方公里的地震勘
测，整个勘测工作在 2008 年 1 月中旬结束，从 2 月起在舍卜沃
的第 69 区块开始进行下一步的石油勘探工作。

近两年也门政府已将勘探区域扩大到全国的陆地和海域，并
进一步采取开放政策，吸引私人投资石油勘探和开发领域。为了
便于石油资源的管理与开发，政府将从东部到中部的内陆地区，
以及沿海大陆架，包括亚丁湾、红海近海海域和索科特拉岛附近
海域，划分成若干个石油勘探开发区块，以国际招标的形式发放
油气勘探开发许可证。2008 年也门政府将更多的区块向外国公

司开放。1月也门石油勘探和生产局宣布，对近海大陆架的勘探表明，阿拉伯海、亚丁湾、红海沿岸和索科特拉岛周边海域也蕴藏着石油资源。在东北部沿亚丁湾穆卡拉以南的近海钻探实验已经发现石油。根据也门石油勘探和生产总局 2008 年的报告，也门陆地和海洋的油气总勘探区域已达到约 26.5 万平方公里，地震测试近 6000 平方公里。

2008 年 87 个油气区块约有近一半区块已签署油气勘探开发许可证，其中 13 个正在生产石油，有 26 个区块正在勘探之中，有 28 个外国公司获得生产和勘探许可；另有 28 个区块在招标中，还有 14 个区块未开发。石油探测与生产管理局的报告还指出，得益于目前大规模的石油探测活动，在 2009～2011 年期间也门石油产量将会开始上升。

（3）石油生产和出口：也门未参加任何石油组织，因而不受国际石油组织配额的限制，在生产上较具自主性。由于政府力图通过开发石油和矿产资源克服经济困难，极为重视石油生产，石油产量增长很快，日产量 1987 年 1 万桶，2002 年 47 万桶。近几年，也门的石油日产量下降，2002 年 47 万桶、2004 年 41.5 万桶、2007 年 37 万桶。石油产量下降的主要原因是位于马士拉和马里卜的两个大油田及其他几个老油田储量减少，产量下降，政府对石油产量也采取了限制措施。

石油出口收入是也门最主要的经济来源，石油收入的 70%归政府，30%归石油公司。石油收入占国家财政预算的 70% 左右，占出口总收入的 90% 以上。近年来，石油产量和出口量有一定减少，但是由于国际市场石油价格大幅度上涨，政府提高了石油出口价格，出口收入增加。2002 年出口石油 6400 万桶，出口收入为 16 亿美元；2003 年出口石油 6457 万桶，出口收入为 18 亿美元，出口量增加 0.8%，收入增加 12.5%；2004 年 1～11 月为 5629 万桶，出口收入 20.6 亿美元；2005 年同期出口 5491

万桶，出口收入达到 28.1 亿美元，同比出口量减少 2.5%，出口收入增长了 36%（2005 年全年也门石油出口量 6046 万桶，出口收入 31.148 亿美元）；2006 年石油出口量 6371 万桶，出口收入 40.13 亿美元，同比出口量增加 5.4%，收入增加近 28.8%[①]；2007 年石油出口量减少，出口收入降低至 30.87 亿美元，比上年下降 23%。

（4）主要石油港和输油管道：拉斯伊萨港（Ra'ess Issa），位于荷台达省荷台达港以北，总存储能力为 40.9 万吨，有石油输送管道连接马里卜省各油田，原油主要运往亚丁港或直接出口至国际市场。

谢赫港（Shaher）：1993 年建成，在哈德拉毛省穆卡拉以东，距离亚丁约 425 公里，有输油管道连接马士拉第 14 区块。

拉杜姆港（Radhoum）：1990 年建成，位于舍卜沃省阿拉伯海沿岸，亚丁港与穆卡拉港之间，主要运送和出口伊亚德第 4 区块出产的原油。

也门输油管道 2004 年达到 1262 公里，包括 1174 公里输油管道和 88 公里的天然气管道。

（5）炼油厂：也门政府为大力提高石油精炼能力，加强石油产品的生产和开发，制定了对目前炼油厂的投资改造和建设新炼油厂计划。也门现有的 2 个炼油厂状况是：

亚丁炼油厂：由英国石油公司于 1952 年兴建，1954 年完工投产，1977 年 5 月 1 日由南也门政府收归国有。原设计日产能力 17 万桶，产品包括汽油、柴油、煤油等，还生产醚类和沥青等其他石油产品。但是由于炼油设备老化，又在 1994 年内战中遭到严重破坏，目前生产能力很低，实际日产量仅约 8 万桶。原

---

① 2006 年政府将石油出口价格从以前平均每桶 51.14 美元提高到 62.99 美元，2007 年为每桶 71.6 美元。

油主要来自马里卜和马士拉区块。也门政府计划投资 5 亿～10 亿美元对其进行改造和扩建，以提高生产能力，增加产品种类，包括投资 2 亿美元增加生产无铅汽油的基础设施。改扩建后，工厂生产能力将提高至日产 15 万桶，在满足国内市场的同时积极开发国际市场。

马里卜炼油厂：建于 1986 年，由美国汉特石油公司经营，1998 年后收归国有，炼油能力为日产 1 万桶，主要生产汽油和柴油，供国内使用。也门政府准备投资 7000 万美元对其进行扩建，使石油精炼生产能力达到日产 2.5 万桶，同时扩大产品范围，增加石油产品的生产，包括新建煤油和液化石油气生产线等。原油主要来自马里卜－焦夫区块，产品也提供国内市场，主要是马里卜、焦夫和萨那等地区。

也门在建和计划建设的炼油厂主要有：

拉斯伊萨（Ra'ess Issa）炼油厂：为了扩大炼油能力，也门政府与国家石油公司合作，计划在荷台达省的拉斯伊萨港附近建设一家新的炼油厂，生产汽油、煤油、航空汽油、液化石油气和沥青等，设计生产能力为日产 4.5 万桶。2006 年 3 月，也门与沙特阿拉伯签署了投资建设拉斯伊萨（Ra'ess Issa）炼油厂的合同，第一阶段 2007 年 6 月完工，耗资 2 亿美元，第二阶段 2007 年底完工，耗资 5 亿美元。

政府还计划在拉斯伊萨建设第二个新炼油厂，日炼油能力 6 万桶；计划在哈德拉毛建设第三个新炼油厂。计划于 2007 年实施，3 个炼油厂完工后，也门的炼油产量有望提高一倍多，日炼油能力从 12 万桶增加到 15 万桶以上。

2. 天然气工业

也门的天然气勘探开发潜力很大，到 2006 年 6 月，可开发的天然气储量达到 17.03 万亿立方英尺（约 4800 亿立方米），可开采的天然气约为 12 万亿立方英尺，集中分布在马里卜－焦夫

18 区块、赞纳、东舍卜沃和伊亚德。

（1）天然气开发：目前，主要有也门汉特（HUNT）石油公司在马里卜 18 区块从事天然气开发，日产天然气 269.8465 万立方英尺；加拿大奈克森（NEXON）石油公司在马士拉（MASILA）14 区块从事天然气开发，日产天然气 10048 立方英尺。天然气产量逐年增加，2000 年 46.3 万吨，2004 年 65.8 万吨，年均增长 9.3%。2008 年 2 月美国西方石油公司（OCCIDENTAL）宣布在也门拉马拉特·萨伯提（Ramlat al-Sab'teen）地区发现较大规模储量的天然气田，储量可达 1 万亿立方米。

（2）天然气开发方式：为开发天然气资源，1995 年 9 月，也门政府与法国道达尔石油公司签署了合作开发天然气的意向；1997 年 2 月 19 日，也门政府正式与几家外国公司签订了开发天然气的协议，成立液化天然气项目公司。2006 年 8 月公司所持有股权比例为：也门天然气公司代表也门政府拥有 23.1%，法国道达尔 42.9%，汉特石油公司 18%，韩国 SK 公司 10%，韩国现代公司 6%。

2006 年 9 月也门内阁批准了一项天然气工程合作协议，工程投资达 40 亿美元，由也门天然气液化和出口工程公司、也门天然气公司、法国法道尔能源公司、美国汉特石油公司、韩国 SK 石油公司、韩国现代集团等几家公司共同投资，工程包括马里卜至拜勒哈夫直径为 38 英寸、长度为 320 公里的天然气管道、天然气出口终端、天然气液化工厂、机场以及员工办公和住宿楼房的建设等。贝尔哈弗位于阿拉伯海岸，可停靠大型的天然气运输船舶。位于拜勒哈夫（Belhaf）的天然气液化厂将是也门最大的天然气液化工厂，年产能力约为 670 万吨，其产品用于出口和满足国内市场的需求。整个项目于 2008 年完工，也门天然气公司代表也门政府负责项目的管理和技术工作。

近年来全球能源供应紧张，国际市场油价一路攀升，也门天然气出口项目找到了发展契机。2006年2月中旬，韩国天然气公司（Kogas）决定自2008年开始，每年进口130万吨液化天然气。2006年8月30日，双方在也门首都萨那正式签署了天然气购销合同。法国道达尔公司与也门也签订了采购协议，协议规定自2009年起每年采购200万吨液化天然气。比利时动力集团公司（Tractebel）决定自2009年开始每年采购也门250万吨液化天然气。2008年5月土耳其石油公司也表达了购买也门天然气的意向。

（3）天然气开发前景：也门每年原油的5%用于生产液化石油气，供国内消费。近年来，石油资源紧缺，政府开始将液化天然气开发列入能源发展的重点。也门政府将投资天然气利用领域，用天然气替代石油作为燃料。主要是利用天然气作为工业和交通能源，开发以天然气为燃料的电厂和水处理厂；在城市地区以天然气代替液化石油气作为生活燃料，在农村地区以天然气替代木柴和煤油用来取暖、加热和照明；开发以天然气为原料的化工产品，发展化肥制造业；建设天然气站，扩大天然气管道网络的覆盖范围。另外政府计划天然气出口常年维持在630万吨，2009年前年出口天然气达到650万吨。预计未来20年，也门政府来自天然气出口的收入将达到170亿美元。

3. 矿产生产（非石油矿产）

（1）矿产生产现状：也门的矿产资源勘探开发程度与其丰富的矿藏资源很不相称，目前已开发利用的仅有盐岩、砂、石膏、石材等几个有限的产品，主要用于国内的建筑材料和装饰。非石油的矿业产值仅占国内产值的0.1%～0.6%。2000～2004年矿石开采产量年均增长2.1%，石材2.4%，岩盐1.1%，石膏2.6%；2004年上述各项产量分别为226.9万吨，66.8万吨，8.8万吨，3.7万吨。

近几年来，也门地质和矿物勘探局一直致力于各种矿产资源的勘探，希望发现具有商业开采价值的矿床。初期的勘探结果令人振奋，已有一些外国公司表示愿意在矿业领域与也门合作。也门地质和矿物勘探局正着力实施1∶10万地质矿藏勘探图项目，以便全面反映也门地质矿产分布详细情况。

（2）矿产开发方式：也门在非石油矿产开发方面，同样依靠国外公司。80年代苏联勘探出曼丹地区存在金矿，90年代英国、荷兰等欧洲公司也参与了金矿勘探。1998年5个外国公司在这一地区从事金、锌、铅等矿产的勘探，其中加拿大和美国公司从事金矿勘探。2000年加拿大公司在汉贾地区对镍、铜、钴等矿产资源进行勘探，2003年11月政府同南非就三个地区勘探锌、铜、金和其他矿产资源签署了谅解备忘录。2004年3月比利时公司就对萨那西北110公里地区开发金矿进行可行性研究签署合同。2006年10月也门石油和矿产资源部通过其下属的地质研究管理局与贾比尔·赛尔卜公司（Jabal Salb）、英国的氧化锌公司（ZincOx）、英美公司（Anglo-American）和也门恩散公司（Ensan）签订了一份在萨那省那哈穆（Neham）地区开发铅和银矿的协议。这是也门签署的第一份联合开发矿产资源的协议。政府从世界银行和国际开发协会（IDA）得到了矿产开发的资金援助。

（3）矿产开发政策措施：也门矿产开发程度有限，制约矿业发展的因素主要是土地所有权归属的争执，矿区公路交通不发达，运输成本和勘探、开采成本较高等。开发矿产，需要解决矿业基础设施薄弱的现状，首先解决交通运输、国内市场狭小和销售渠道不畅、缺乏可行性研究等突出问题。政府在第二个五年计划中制定了矿业发展的目标，即增加矿产在GDP中的比重，加快有矿地区的经济发展；通过矿产品加工，实现矿业和其他经济领域的协调发展，提高矿产原料的附加值，矿业产值年增长率达到 6% 。第三个五年计划又制定矿产发展目标，即通过全面改革和发展生产，重点开发矿产资源和发展矿产加工业，加强矿业生产的质量和机械管理，同时注意环保问题。矿业产值年均增长率将达到 8% 。

为推动非油气矿产资源开发，也门政府制定了一些具体措施，包括发展信息基地，完成地质考察和矿藏分布图编制，对各种矿产储量和商业利用价值进行初步研究；完成开发矿产业相关的法律和机构建设，创造优惠条件吸引投资，增强竞争力；完善必要的基础设施建设，特别是发展有矿地区的交通网络；鼓励对矿藏的勘探、开采和利用的投资，建立资源型工业；鼓励建立矿藏化验室。

4. 制造业

也门的制造业比较落后，主要是轻工业和建筑材料的生产，具体行业有纺织、轧花、农具、化工、制铝、制革、建材（包括水泥、瓷砖、砖瓦）、卷烟、食品、饮料加工和饲料加工等，没有重工业和现代科技工业。石油业发展后，炼油业有所发展，并在制造业占有重要位置。

（1）制造业发展状况：从 20 世纪 70 年代开始政府实施扶植和保护本国工业的措施，制造业有了一定发展，工业基础扩大，工业企业和企业劳动力增多，生产和加工能力加强，产值增加。但是到了 90 年代，也门实行开放政策和推行市场经济模式，使本来弱小的制造业面临着国际市场竞争的严峻形势，一些小型企业相继倒闭。

从 90 年代至今制造业在国内产值中占 8% ~ 10% 。第一个五年计划期间制造业年均产值增长 2.6% ，与计划增长 8% 的目标相去甚远。政府采取鼓励政策和措施发展制造业，主要是发展食品加工、石油精炼和建材工业，以减少国民经济对石油工业的依赖，第二个五年计划期间制造业产值年均增长约 5% （计

划目标是年均增长 10%）。2004 年制造业占国内总产值的
9.1%，2005 年占 9.8%，主要是食品加工业产值增长较快。在
一般情况下，制造业出口额占总出口额的 2%～4%。第三个五
年计划目标是制造业年均增长 8%，占 GDP 的 7%，占出口商品
的 10%。

（2）制造业企业状况：2003 年制造业有 34000 多企业，工
人约 11.9 万多人，大多数是食品加工企业。小企业占制造业企
业的 91%，一般每个企业约 5 名职工；中型企业约占 4%，一般
每个企业有 10 名以下职工；大企业约占 1.1%，一般每个企业
有 10 名以上职工。国有企业占大型企业的 30%，其他大型企业
基本是家族型私营企业。小企业用工约占职工总数的 53%，大
企业用工约占 40%。小企业产值仅约占 13%，而大企业约占
85%。中小型企业基本上为私营企业，小企业资产多为家庭所
有，而不是企业固定资产公司。国营公司主营石化、水泥、纺
织、烟草、印刷和食品加工等行业，私营企业一般经营建材、制
革、食品加工和饮料业。

制造业企业中食品加工和饮料企业占 49%，其次是水泥、
烟草和五金企业，约占 10%，纺织企业约占 8%。

（3）制造业生产：在制造业中，石化业（炼油业）占首位，
生产各种汽油、柴油和沥青等产品及各种石油加工产品，1999
年产值占制造业的 33.6%，2000 年产值提高到约占 50%，近几
年炼油产量下降，产值相应减少，2003 年产值约占 40%，此后
的几年继续下降。其次是食品加工和饮料企业，主要产品是面
粉、食用油和各种饮料，1999 年产值占 26.2%，近年来因产品
产量增加，产值增长到约占 31%。近几年水泥等建筑材料和烟
草的产量增加，产值也有所增加，分别占 17.6% 和 13.9%，排
在食品加工之后，列第三位。五金业和纺织业也是制造业的重要
产业，主要生产液体容器和门窗之类的产品。纺织业生产布匹和

加工成衣，90 年代产值排在食品和饮料业之后，分别占第 3 和第 4 位，但是由于近年来产量下降，产值排在了水泥建材和烟草之后。

（4）主要产品：①炼油：也门现有的亚丁和马里卜两个炼油厂，主要生产汽油、柴油、煤油和沥青等产品，还生产醚类和沥青等其他石油产品。两个工厂日产量分别为 8 万桶和 1 万桶。亚丁炼油厂改扩建计划完成后，可生产无铅汽油的基础设施。计划兴建两个拉斯伊萨新炼油厂和哈德拉毛新炼油厂，生产汽油、煤油、航空汽油、液化石油气和沥青等产品，几个炼油厂建成后，也门的炼油产量将提高一倍多，日产能力从 12 万吨增加到 15 万吨以上（参见本章第一小节工矿业有关的"炼油厂"内容）。

②面粉：传统的面粉加工业以小型加工厂和加工作坊为主。也门统一后到 1997 年，每年加工面粉 21 万吨。由于小麦种植不能满足国内供应，所以大部分面粉依靠进口，每年进口面粉约 80 万吨。在增加粮食作物种植的基础上，为了满足不断增长的消费需求和提高粮食加工能力，1999 年和 2000 年政府在亚丁和红海港口城市塞利夫投资建立了两个机械化面粉加工厂，日加工能力分别为 1500 吨和 600 吨。

③水泥：也门各地拥有大量的石灰岩和有机矿物，水泥原材料非常充足。也门负责水泥工业的是国营的也门水泥生产及销售公司，管理三家主要水泥厂：巴吉尔水泥厂，1974 年建立，年产水泥 25 万吨；阿穆兰水泥厂，1982 年建立，年产水泥 50 万吨；白尔哈水泥厂，1993 年建立，年产水泥 50 万吨。由于国内基础建设不断发展，对水泥需求量迅速增加，水泥生产远不能满足国内需求，50% 以上的水泥靠从邻近国家进口。1995 年水泥产量 109 万吨，同期水泥消耗量约为 143 万吨；2005 年水泥产量增加到 160 万吨，但同期水泥消耗量却高达约 364 万吨，国产

水泥仅能满足约44%的需求。

由于市场需求大量增加，进口水泥价格高且供应源不稳定，近年来，也门政府增加了水泥厂基础设施的投入，除对原有三家水泥厂进行改扩建外，正在南部拉赫季兴建新水泥厂，年生产能力为150万吨，并将配套建设一个4万千瓦的发电站，两个容积为3.5万吨的原料仓库和粉尘过滤装置。另外将在阿比扬和哈德拉毛等省建造新水泥厂，以满足东部和南部地区的水泥需求。阿比扬的巴提斯水泥厂建设项目是国家实施的重点项目之一，年产水泥50万吨，供应南部4省（亚丁、拉赫季、阿比扬、舍卜沃）的水泥市场。哈德拉毛的穆卡拉水泥厂建设项目初步设计能力年产100万吨水泥，供应东部两省（哈德拉毛和迈赫拉）的水泥市场。

2007年阿穆兰水泥厂新生产线投产，也门水泥生产能力达到了207万吨。2008年巴吉尔水泥厂第三条生产线以及穆卡拉、拉赫季水泥厂相继投产后，水泥生产能力将达到530万吨，可以满足国内473万吨水泥的需求。2009年白尔哈水泥厂改造结束和巴提斯水泥厂投产后，生产能力将达到630万吨，估计当年国内需求约为511万吨，水泥产量完全可能满足国内市场需求，并对邻国出口。2010～2016年，水泥生产能力将保持在630万吨的水平，而国内需求预计将从567万吨增加到2016年的964万吨，水泥供应形势仍然不乐观。

中国公司参与了也门水泥工业的建设。2006年中国建材国际工程有限公司总承包了也门穆卡拉水泥厂项目。项目由沙特财团投资1.6亿美元，由印度和英国顾问公司负责监理，工期为一年半。2007年4月21日，也门与沙特财团在萨那签订投资建设水泥厂的协议。另外巴吉尔水泥厂的扩建工程由中国机械设备进出口公司承建，计划在原有生产线的基础上，再新建一条年产75万吨水泥的新型干法生产线。2006年3月6日，中国机械设备进出口总公司与也方签订了合同，项目总额为 1.16 亿美元，由我国有关部门通过部分优惠贷款或卖方信贷等形式提供融资支持。

（5）发展问题和措施：也门制造业发展存在很多问题，主要有：小企业没有所需的企业资金来源，没有必要的技术和劳动力资格培训，缺乏企业管理、组织机构和销售系统，缺少投资、系统技术和服务信息，没有企业建设所依据的法律法规，国内产品受到进口商品的竞争，企业倒闭现象频发；尚未制定行业发展的明确战略；工业基础薄弱；对工业发展的基本结构和工业研发不重视等等。

为了摆脱对石油业的依赖，政府已经制定了发展制造业的措施，主要是改组政府的工业和贸易部门，完善相关法律法规，鼓励竞争和防止行业垄断；促进市场机制完善，加强合理注册和许可审批等服务程序；与私营企业建立有效的合伙经营；使国家计量标准和质量体系与国际规范标准相匹配。

5. 工矿业改革

为了使工矿业在国民经济中更好地发挥作用，政府从 1995 年开始实施行业改革措施，主要包括：颁布工业立法和条例；鼓励私营企业投资办企业；鼓励外资和合资企业；整顿企业状况，清算不良资产，减少国家负担；建立工业区。另外政府制定政策扶植企业发展，主要包括：建立本地拥有的原材料工业；发展小型工业和合作工业；吸收适合于经济开发的先进技术；保护环境；定向发展重点行业。2008 年也门中央银行成立专门部门，负责中小企业贷款的发放与管理，依法保证贷款程序的透明度。政府还准备颁布一项法令，使中小企业贷款业务有法可依，同时建立小企业融资基金。

6. 工业区

（1）工业区计划：政府决定利用地理位置的优势条件，集中建设工业区，包括以亚丁港自由区为中心的亚丁－拉赫季－阿比扬三角工业区、哈德拉毛工业区、荷台达工业区和穆卡拉工业区、舍卜沃工业区，这样可以吸引更多的投资者到当地投资并带动当地的经济发展。另外除现有的亚丁港自由区外，还要在索科特拉岛、荷台达和穆卡拉等港口建立自由区。

以亚丁港为中心的工业区正在建设之中，其他工业区建设也已启动。政府希望工业区建设对工业全面发展、创造就业机会、提高劳动者的素质、吸收国外和地区投资起到直接和有效的促进作用。

（2）亚丁港自由区和工业区：亚丁港工业区计划已经付诸实施。亚丁港凭借战略地理位置和天然良港的优势条件，在历史上就是亚、非、欧重要的海上交通枢纽。英国占领期间，于1850年成为自由港，20世纪50年代发展成为世界第二大船舶加油、加水和中转港，每年有7000多艘船进港，当时可与香港媲美。1967年独立后亚丁港被收归国有，1991年政府宣布亚丁港为自由区。

亚丁港工业区主要以亚丁港自由区为依托，建立工业和贸易综合区域，占地3.1万公顷，划为15个区域，分为4个阶段建设，计划总投资60亿美元，资金来源是以优惠的投资政策吸引外资和外援。工业区的重要项目包括港口扩建和集装箱新港建设、机场改建、基本建设更新、亚丁炼油厂改造、建立仓储和商品物流中心等。

第一个五年计划期间，亚丁港自由区投资项目455个，总资本35.41亿美元，提供1.1万个本国人就业机会，并有973个外籍雇员参与项目。第一期建设已结束，主要建成项目有集装箱新港和国际机场改建。集装箱新港由新加坡港务集团承建，总造价1.876亿美元。1997年8月开工，1999年3月竣工。建成新码头的2个长350米、水深16米的泊位、4个巨型天车和8

台 40 吨的龙门吊车，生产能力为年处理 20 英尺长集装箱 50 万个，可停靠世界最大的集装箱货轮。国际机场改建 1999 年 8 月开工，2001 年 3 月完工，本国资金占 20%，外资占 80%。改建项目有维修机场大楼、指挥塔、扩宽飞机跑道、建设备用发电站和更新机场设备等，改建后的机场可起降波音 747 等大型客机。

第二个五年计划期间，进行了亚丁港自由区的第二期建设，重点加强自由区的基础建设，改善吸引外资和竞争环境，扩大集装箱货场，建设工业区域和港口、机场的仓储区域。主要项目是继续扩建亚丁港新港，包括长 1650 米的 6 个泊位的码头、可存放 150 个标准集装箱的货场，年处理能力为 150 万个集装箱。

第三个五年计划期间，将实现新港年处理能力 150 万个集装箱的目标，建成船运和空运货物必需的基础设施，并开始建设规模的工业和石化区。2006 年亚丁地方政府制定了 12 项自由区基础建设发展计划，耗资 3000 万美元。

自 2000 年 1 月至 2008 年 4 月，亚丁港自由区引资项目为 115 个，总投资额 8.36 亿美元。其中工业项目 43 个，仓储项目 12 个，贸易项目 20 个，旅游项目 2 个，服务项目 29 个，居住项目 9 个。上述项目投资者中 25% 是外资企业，其他为当地企业，为亚丁自由贸易区提供了 6220 个就业机会。

（3）其他工业区：2005 年政府经对各工业区进行经济、环境及基础设计的分析研究后，决定在年内同时开始建设荷台达、亚丁和哈德拉毛工业区。政府组成了工业区指导监督委员会，以保证建设项目实施的质量和效果，委员会成员由各省省长、政府相关部门负责人和专家组成。2006 年，政府开始考虑在舍卜沃省建立新的工业区，目的是吸引更多的投资者到当地投资并带动当地的经济发展。工业区大致在贝阿里（Bir Ali）、白哈夫（Belhaf）、阿恩马巴得（Ayn Maabad）和也门液化天然气工厂附近的港口一带，由土地和城市规划方面的技术专家和土木工程师组成的小组制订有关开发计划。

（4）工业区问题：到目前为止，工业区开发计划的一些项目被拖延，主要原因是基础设施条件差，缺乏建设资金，工业区法律法规不健全不规范，管理机构重叠和行政手续烦琐不规范等。政府从第二个五年计划开始增加了立法改革和管理机构改制，加强基础设施建设，加快工业区建设步伐。

7. 企业私有化进程

（1）法律和措施：也门实现经济自由化和市场化战略的重要步骤，是发展私营经济和落实私有化进程。政府于 1999 年 10 月颁布了《私有化法》，其中明确规定该法旨在实现下列目的：①根据市场经济规律确定国家对经济的管理。②政府将减轻对国有经济实体投入的负担。③提高各经济实体的竞争能力。④通过竞争方式鼓励产权私有化和私人投资，为避免垄断，通过公开认购股份的方式实现产权多元化。⑤在避免破坏环境的情况下，保障新投资和现代化先进技术优先运作。⑥鼓励建立金融市场。

2001 年颁布的第二个五年计划将发展私营经济作为重要目标，提出鼓励私人企业发挥重要的经济作用，创造适宜的环境，拓宽私营与政府合作发展经济的空间。为鼓励私人投资，根据 2003 年第 28 号法令，也门成立了工商业联合会，以发挥私人在经济中的作用。此后，也门商人和投资者委员会成立，塔伊兹省和亚丁省还相继成立了一些小企业的行业委员会。

（2）私人投资：也门的私人最初主要投资于制造业（包括炼油）、农业、渔业、建筑业，后来逐渐扩大到外贸、财政金融、交通和通信信息服务等行业。近年来，私人投资的增加和私有企业的发展对引进技术、增加竞争和促进经济发展都起到了重要作用。国外私人投资集中于石油天然气、资源工业和基础设施建设。外资是也门经济发展的主要投资来源，是实现发展计划的一个决定性因素。

第一个五年计划期间，私人投资占非石油领域总投资的78.2%。但是这个比例在逐年减少，主要原因是投资环境和基础设施阻碍了投资效果，而且私人投资受到了市场化和全球化的严重挑战。2000年私人投资占非石油领域总投资的比例下降到62.7%。第二个五年计划期间，投资环境有所改善，有关的政策措施逐渐落实，私人在非石油领域投资有所增加，2001年占非石油领域总投资的68.4%，2003年增加到74.6%。但是在社会总投资中的比例下降，计划预期的私人投资占总投资的58%，实际上2000年占42%，2001～2004年实际上仅占39.7%。

2003年和2004年，也门新批私人投资项目分别为338个和362个，投资金额分别为1060亿里亚尔（约合5.89亿美元）和1140亿里亚尔（约合6.16亿美元）。投资项目主要为哈德拉毛炼油厂、拉赫季和哈德拉毛的两座水泥厂、萨那的沙特德国医院和其他一些工厂。

（3）企业私有化进程：1995年也门在国际货币基金组织帮助下，制定了调整经济结构计划，拟对国有企业进行私有化改革，1999年议会批准《私有化法》后，私有化改革纳入了法制化轨道。从第一个五年计划开始，政府制定了私有化改革目标，计划到2000年对212个国营企业中的70%进行私有化改革。为了实现这个目标，政府从各职能部门进行制度改革入手，同时加速了航空公司、机场、电信、港口和船厂等大型国营企业的私有化进程，并创造条件和改善环境，吸引国外投资者参与私有化进程。

1998～2003年底，已有37家国企完成了私有化进程，其中60%成为私营企业，40%以股份划拨方法给了也门经济公司和国防部门。2004年私有化进程放缓，5家企业列入名单，亚丁曼苏尔区的奥桑饼干厂和自动化面包店被当地私人收购，赛利弗盐业公司和亚丁油漆公司成为股份公司。此后马里卜禽肉公司和扎马尔省的马铃薯种子总公司也列入私有化名单。2005年又有61家国有企业被列入私有化名单。

从实际情况看，企业私有化进展比较缓慢，主要是国营企业私有化的遗留问题难以解决，企业所有权纠纷也很棘手，另外政府对私有化进程的执法和管理存在很多问题，如企业清算委员会通常需要4到6个月甚至一年多才能作出决定。再有就是缺乏有实力的买主。这些问题都阻碍了私有化进程。

政府采取了相应措施解决问题，主要措施是：对没有合适的收购投标人的企业，在清算资产的同时，采取促进自身改革的措施，监督其引进市场机制，并给予一定补贴；允许私有化企业的职员提前退休、主动离职或参与股份；建立社会服务基金，用于对这些企业的职工进行培训和企业职工再就业。在石油资源减少和产量下降的情况下，非石油行业的发展有助于加快私有化进程。国际货币基金组织监督消除贫困计划的实施情况，对加速私有化进程形成了一定压力。消除贫困计划的目标是最大限度地利用现有资源发展经济，包括发展天然气、农业、渔业、运输和旅游业等，解决就业问题，而私人投资和私营企业必将在这些行业的发展中发挥重要作用。

8. 工业法律

为吸引投资和发展工业经济，政府加强了立法和法制管理，制定了一系列适应工业发展的法律法规。重要的法律包括投资法、自由区法和私有化法。

（1）投资法：也门统一后共颁布了4个投资法，2002年7月20日又颁布了新的投资法。该法共10章76个条款，适用于本国和外国投资者，其中规定了投资范围，包括项目的保障和优惠条件、关税和税收豁免，鼓励国内生产和发展出口，投资机构设置等。

（2）自由区法：政府于 1990 年颁布了（第 11 号）自由区法，1993 年 4 月 1 日又颁布了新的自由区法，该法共 9 章 39 个条款，包括自由区建立、自由区管理、申请进入自由区手续、区域内保障和优惠条件、规章制度和纠纷调解及违法惩处、法律效益等。

（3）私有化法：政府 1999 年 10 月 26 日颁布了私有化法，该法共 4 章 36 个条款，包括所有制范围规定和私有化含义的确定、实施私有化的目的、私有化的步骤和手续、私有化的审查管理机构和审批手续、组织保障条款和组织原则、财务事务管理和违法惩处等。

二 建筑业

也门建筑业具有悠久历史，石材、石灰和石膏等建筑原材料比较充足。传统的建筑具有阿拉伯风格，采用大量石材，以华丽的装饰和精美的图案做点缀，展示了伊斯兰艺术的魅力。也门古代灿烂的建筑文明至今还在很多的古迹上依稀可见。

1. 建筑业状况

由于经济实力不足，也门建筑业水平也很落后，20 世纪 90 年代建筑业仅占 GDP 的 2.7%～3.7%。统一后石油收入增加和战后重建需求的增长，促使建筑业有了较大的发展，建筑业产值占 GDP 的比例从 1990 年的 2.7% 增长到 1995 年的 3.5%，2000 年又增长到 4.2%（加上住房占 4.9%），建筑业劳动力占总劳动力的比例从 6.8% 增长到 9.3%。2000 年以后，建筑业发展较快，2004 年建筑业产值占 GDP 的 5.4%，2005 年占 5.5%。第二个五年计划期间建筑业产值预计年增长 12.1%，实际增长了 12.7%，超过了预计目标。

2. 计划发展项目

第一个五年计划建筑、住房和城市化投资占公共投资的18.2%。第二个五年计划增加了对建筑业的投资，资金用于建房、筑路和机场码头等基础建设。2002 年建筑业投资 2930 万里亚尔，2003 年 4004 万里亚尔，增长了 36.7%；2005 年 6510 万里亚尔，增长了 62.6%。基础建设的投资首先是道路建设，2004 年柏油路投资增加 7.2%，非柏油路增加 11.9%。机场和港口建设的投资主要用于萨那、亚丁和索科特拉岛机场的扩建，还有亚丁自由区港口、荷台达港口、萨里夫港口和穆卡拉港口的改扩建。

另外城市建设也被列为基本建设发展的重点，包括一些大型建筑项目和几个重点城市的基础建设，还包括 329 个大中型城市建设项目。城市建设方面强调地区性的整体规划，将城市建设与国家和地区的经济和社会发展水平、自然特征和当地环境相结合。计划修筑 340 万平方米的沥青路，安装 22.2 万米街道的照明设施，建设 8 个中央市场和 13 个街心花园和公园，还有环境绿化、公共卫生、维护修理公共设施和公共场所。根据萨利赫总统的指示，2008 年政府设立了廉价住宅建设项目，总投资为 250亿里亚尔（约合 1.27 亿美元），目的是改善 8 个省农业地区的低收入群体的住宅状况。第一期工程于 2008 年 1 月开始动工，首先在亚丁、拉赫季、阿比扬和达利等 4 省展开。亚丁省建设 1500 套住宅，投资 60 亿里亚尔；拉赫季省建设 500 套住宅，投资 20 亿里亚尔；阿比扬省和达利省建设 500 套住宅，投资 20 亿里亚尔。

建筑业是经济开放后私人投资和引进外资的重点领域，外国公司在也门承建了从总统府和政府大楼到体育场馆和宾馆的很多重要建筑，为也门城市增加了现代化气息。投资也门建筑业的有英国、韩国、澳大利亚等外国公司，中国公司在也门建筑业的投资承包项目也取得了显著的成果。

三 电力和水供应

1. 电力

(1) 电力状况：电力建设被列为也门基础设施建设的重点。但是由于缺乏投资，电力发展缓慢，1995年和2000年水供应和电业在 GDP 中分别占 0.6% 和 0.7%，2005 年占 0.8%。

1978 年，也门全国电力供应 7.6 万千瓦，用电覆盖率仅6%。1984 年后，政府重视电力发展，在全国各地建立了发电站、变电站和配电站，供电量有了一定增加。统一后政府重视电力建设，电力业发展较快。到 1997 年，用电覆盖率提高到31%。1990~2004 年总装机容量增长了约 50.28%，用电人数从433 万人增加到 1058 万人，增加了 144%。

1997 年也门实施连接也门南北的电网工程，完成了 1370 公里的架空线路和总容量达 72.5 千伏安的电网变电设备。电网输送电压为 123 千伏，配电电压分别为 33 千伏、11 千伏和 400 千伏。联网工程耗资 6400 万美元，由阿拉伯经济社会发展基金资助。

也门基本是火力发电，电力供应依靠国家，国营电力公司负责管理也门国家电网，2005 年发电能力 81 万~90 万千瓦，主要供应萨那、亚丁和北部城市，供电量约占总供电量的 80%~90%。国家电网覆盖城市人口的 40%~42%，覆盖农村人口约15%。在国家电网没有覆盖的一些地区，是地方独立发电站供电，如穆卡拉、哈德拉毛等地区。很多边远地区和多山地区远离国家电网，靠独立的柴油机发电的小电站供电。独立发电站供电量占总供电量的 10%~20%。近年也门政府开始利用天然气资源，陆续建立天然气发电站，在边远地区开始利用太阳能、风能和沼气发电。

（2）电力供应问题：也门电力需求每年约增长 7%~10%，

电力生产不能满足用电需求，估计到 2010 年电力缺口达到约 7
万千瓦，电力供不应求的矛盾越来越突出。国家电力公司存在着
过度生产和输出、电力设备陈旧失修、因设备简陋造成电力生产
耗能高等各种严重问题（2000 年耗能 35%，2004 年达到 38%）。
电力产业发展和电力设备改造遇到了缺少资金、缺乏技术及专业
技术人才、制度不健全和管理混乱等方面问题。私人在电力领域
的投资非常有限。

（3）发展目标和计划项目：第一个五年计划期间，电力行
业得到了全面发展，包括发电设备装机、发电、输电和销售，电
业的产值年增长了 5.1% ~ 6.4%，用电人数 530 万人，覆盖率
为 30%；农村用电人数从 1995 年的 170 万人增加到 2000 年的
210 万人，覆盖率为 16%。国家电力公司的国家电网装机容量达
到 59.7 万千瓦，独立电站装机容量 9.2 万千瓦。国家电网电量
缺口为 4.9 万千瓦，但独立电站剩余电量 3.6 万千瓦，由于二者
不能连接，因而独立电网无法补充国家电网的电量短缺。

第二个五年计划制定了电业发展计划，预计年均发电量增长
7.4%，到 2005 年总装机容量达到 126.6 万千瓦，计划改柴油燃
料发电为天然气燃料发电，耗能减少到 33%。用电覆盖率达到
40%，农村达到 22.2%。第二个五年计划期间电力得到了一定
发展，总发电能力 2003 年为 85.6 万千瓦，2004 年为 92.2 万千
瓦，增长 7.7%，2005 年为 104 万千瓦，增长约 12.8%，没有实
现预期的目标。

第三个五年计划同样制定了电力发展目标，预计到 2010 年
总装机容量达到 140 万千瓦，电网覆盖率增加到 53%，将耗能
降低到 20%。政府采取措施进行电力结构和现代化改造，引进
市场化机制，在电力逐渐商品化的基础上，扩大电业的财政管理
权限；进一步鼓励私人投资电力，在发展国家电网的同时，执行
小型电站计划和紧急输电站计划，用以补充电力不足的矛盾；开

辟新的电力能源途径，发展替代发电燃料，天然气发电将成为也门电力业的一个发展方向，太阳能和风能以及沼气发电是解决农村、边远地区和山区电力供应的重要途径。

但是，政府制定的一些计划项目因材料价格上涨、基础设施不配套和缺乏资金等问题而拖延，有的已经搁浅。

为缓解电力紧缺的压力，也门政府开始实施天然气发电新战略。2005 年 3 月德国西门子公司和沙特阿拉伯柏姆克公司与也门政府签订了一项合同，在马里卜建设天然气燃料发电站，设计总装机容量 34 万千兆瓦，耗资 1.53 亿美元，阿拉伯经济与社会发展基金将为该项目提供资金 8400 万美元，沙特基金提供 5000 万美元，也门政府需投资约 1900 万美元，2007 年建成投产。马里卜项目二期总装机容量 40 万千瓦，预计耗资 1.83 亿美元，目前正在筹集项目资金。马里卜天然气电站项目最终目标是在这一地区的总发电能力达到 100 万千瓦。此外，也门政府计划在亚丁和荷台达分别建设一座 40 万千瓦燃气发电站。政府还考虑在电厂至大城市间建设 400 千伏和 230 千伏输电线路，以充分利用上述电站满足城市供电的需求。马里卜至萨那 400 千伏输电线路已经开始建设。另外亚丁 6 万千瓦汽轮机项目、哈德拉毛地区的瑞烟 1 万千瓦发电项目、塞永 6000 千瓦发电项目、提哈玛 2.5 万千瓦发电项目和一些小型发电站项目已纷纷付诸实施。政府将充分利用阿拉伯和伊斯兰基金进一步提高其电力服务水平。所有电站项目建成投入使用后，总装机能量将达到 190 万千瓦，用电家庭达到 60%。也门电力部从 2006 年开始研究农村电力需求情况，并着手制定一项总体战略规划，主要是对也门农村的用电情况和用电分布进行调研。根据当地条件，采取多元化方法解决电力供应问题，包括通过公共电网供电，建立小型电站供电，利用太阳能或风能和沼气发电等，成立专门的项目管理部门负责工程管理和人员支援，目的是在未来 10 年内将电力覆盖到也门的所有农村地区。项目资金来自政府财政支持和援助，第一期工程预计需要 20 亿美元资金。世界银行也将在也门推进小型发电站计划，让那些大量散布在山区的村庄，选用低廉的柴油机发电，然后再并入国家电网。

2008 年 4 月也门首家电缆厂开始建设，厂址位于南部的拉赫季省，由埃及专门从事电缆生产的苏威迪电缆公司与也门哈桑·杰德集团共同出资建设。工程总投资 8500 万美元，埃及公司持有全部股份的 70%，也门公司持有其余 30% 的股份。政府希望电缆厂开工后减少也门电缆等电力基础设备的进口，并增加就业机会。

2. 水资源和供水

（1）概况：也门是极其缺水的国家，全国 90% 的地区干旱缺水，而且地表水干枯面积不断扩大，多数水塘水位每年约下降 1～8 米，估计蓄水在 15～50 年之内干枯。也门可补充的水资源约 200 亿立方米，其中近 130 亿立方米是地下水资源，占水资源总量的 60% 多。也门人均水拥有量 138 立方米，仅占中东和北非地区人均水拥有量（1250 立方米）的约 12%，占世界人均水拥有量（7500 立方米）的 2%。

水电业产值 1995 年和 2000 年分别占 GDP 的 0.6% 和 0.7%，2005 年占 0.8%。90% 的水用于农田灌溉，但是很多地区灌溉率也只有 40%。也门的年缺水量从 1995 年的 7 亿立方米增加到 2000 年的 9 亿立方米。到 2010 年水供应需求量将增加到 35.21 亿立方米，缺水量扩大到 9.21 亿立方米。2004 年全国水供应量为 12.11 亿立方米，水网覆盖人口 334.64 万。城市供水覆盖率为 60%，农村仅为 7%，卫生用水设施状况比较差，城市覆盖率为 37%，农村仅为 0.7%。

（2）水资源和供水设施问题：也门经济社会发展和人口的快速增长使用水需求量增加。为了增加供水量，政府引进了抽水技术和水处理技术，水供应量迅速增加。对水资源的大量开采，导致地表水抽取已经超过水位补给警戒线。地下水资源也面临同样的危机。农业靠天吃饭，但是年降水量稀少，只有更多地依赖地下水。政府鼓励农业采用抽水灌溉，对柴油机燃料给予补贴，并且不限制农业区域面积和耕种面积的扩大，造成严重的对地下水的过量开采。90 年代世界银行国际发展联合会报告提出，如果不采取必要的措施限制过分开采，萨那的地下水资源将在2008 年接近枯竭。第二个五年计划中指出萨那、塔伊兹、荷台达、萨达和利达等一些城市都面临地下水枯竭的危机。

城市供水系统也存在很多问题，主要问题是缺乏安全供水设施，在水资源和水环境保护方面，缺少立法和系统管理、开发和保护措施；管理部门重叠和权限不清，影响管理效果，有碍于政策措施的落实；水资源环境差和基础设施落后，造成水资源的大量损耗，损耗率高达 30%。

（3）计划目标和实施项目：第二个五年计划制定了水资源利用和供水发展目标，将水资源利用和保护作为重点，提出合理化用水的措施，降低损耗和浪费，引进科技，改造基础设施，改进农业灌溉方法，一些城市增加废水处理设施；制订环境和地下水资源保护措施，加强对水源的管理，最大限度地收集和利用雨水，增加水源地的蓄水量。同时发展城市供水系统，城市供水覆盖率达到 69%，农村达到 65%，卫生用水设施覆盖率为 65%。

第三个五年计划也制定了明确目标，计划水供应量年均增加5%；通过改良灌溉技术，灌溉用水 28.69 亿立方米，占总供水量比例限制在 75%；提高家庭用水和工业等其他用水量，分别达到 5.63 亿立方米和 8900 万立方米，占总供水量的 16% 和4%；用水损耗降低到 25% 以下；城市安全用水覆盖率将达到71%，农村将达到 47%；城市卫生用水设施达到 52%，农村达到 37%；输水系统损耗降低到 15% 以下，加强废水处理。政府根据计划制定了发展水供应措施，包括改革水利和环境部结构，通过立法促进水资源管理和供水系统管理的合理化，建立现代化水资源和供水管理体系。

第四节　交通运输和通信

政府将交通运输和通信作为改变落后状况的优先发展领域。1995～2000 年交通和通信产值年均增长 2.2%，2000～2005 年有了较大发展，年均增长了 9.1%。2001～2004 年分别占 GDP 的 12.6%、10.8%、10.3% 和 12.2%；同期交通和通信产业劳动力分别占总劳动力的 4.4%、3.3%、3.3%、3.5%。

一　交通运输

1. 公路交通

也门公路交通的基础设施比较落后，是经济发展的薄弱环节，不能适应国家发展的需要。由于疏于维护和无力及时修复，现有的公路网情况很差，不少路段因各种原因时常阻断，影响交通运输的畅通。特别是丘陵和山地的复杂地形和人口居住分散等实际情况，增加了道路建设的难度。

（1）公路交通状况：2005 年也门道路总长 86300 多公里，其中柏油路 11394 多公里，砂石路 14967 公里，乡村土路 6 万多公里。公路网基本覆盖也门全境，但远不能满足也门经济全面发展的要求，与中东地区和国际水平都相差很远。北方公路只连接萨那、塔伊兹和荷台达等大城市，主要干线有萨那—荷台达、萨那—塔伊兹、萨那—亚丁、阿姆兰—哈杰等，城市间有公共交通服务。南方道路质量低劣，需要彻底修复。

（2）存在问题和计划目标：公路交通运输存在的主要问题

是管理和代理机构重叠，缺少城市间公共交通，已有的公共交通线路混乱，国营运营公司对货运实行垄断，缺乏运输安全条件和规则，事故发生率高，运输工具缺乏保养维护，运输服务水平很低。2002～2005 年政府制定了脱贫减困计划，兴建公路是计划的重要内容，主要是建设连接内地与外界的道路，包括建设与阿曼公路网连接的萨胡特－纳西通公路（172 公里）和塔里姆—萨恩（400 公里）公路，建设与沿海城市连接的亚丁—曼德海峡—莫查（Mocha）公路（255 公里），建设与沙特阿拉伯公路连接的阿尔哈布—焦夫—波克阿公路（283 公里）。

为了补充交通运力的不足，政府 2003 年颁布的交通法，规定打破运输垄断，准许私人投资经营运输公司。私人公司一般从事国内和国际客运和货运服务业务，多数是经营一些城市和旅游地区的交通运输服务。私人运输突破原有的垄断价格，降低出货和运输成本，促进了公路交通的发展。

第二个五年计划期间公路建设取得了很好的成果，柏油路增长了 69.3%，砂石路增长了 185%。两种道路建设都大大超过了计划预期目标。第三个五年计划又制定了新的发展目标，建立陆路与航空和海路相接的立体交通网络，提供方便的客运和货运交通运输，产生综合经济效益；加快公路建设，扩大公路网，使其连接经济区、商业区和人口集中区，以及连接周边国家；到2010 年柏油路将达到 19107 公里，新建砂石路 13412 公里，维护公路近 1 万公里，修复公路 1500 公里，建设和修复省会城市和二级城市公路 2 万公里，安装城市公路照明电线杆 52651 个，铺设线路 11.6 万米；在各省重点建设 38 个优先公路项目，长度达 3819 公里；对国营路桥公司进行现代化管理改革，改善公路安全体系；客货运输年均增加旅客 8%，增加公共交通 5%，加强公路交通安全措施，减少交通运输税收。公路建设资金来自政府财政支出，其中 5% 来自燃油销售税和养路税，很大部分来自外资和援助。计划完成后，也门公路交通状况将会有很大改观。

2. 航空

（1）航空港概况：也门全国共有机场 49 个，其中 14 个机场拥有柏油跑道。国际机场有 5 个，它们是亚丁（Aden）、萨那（Sanaa）、塔伊兹（Taizz）、里延（Rayyan）（穆卡拉附近）、荷台达（Hudaydah）。国际机场规模较小，即便是亚丁和萨那的国际机场规模也有限。国际机场经营国际和国内航线的客货运输业务。国内机场主要有阿特戈、盖达、马里卜、布卡、贝达、萨达、索科特拉等。2000 年航空客运 110 万人次，货运 1.28 万吨，同年恢复了旅游客运。2007 年客运量超过 130 万人次，比2006 年增长了 8%，比 2000 年增长了 18%。

1949 年也门开始航运业务，政府购买了两架飞机用于政府官员出行、邮件运送和商务活动。1961 年 8 月也门航空公司成立，也门政府占 51% 股份，沙特阿拉伯占 49% 股份。1996 年也门航空公司与原南也门航空公司合并，成立国营也门航空公司（IY-Yemenia）。也门航空公司与 38 个国外航空公司签订了双边协议。开辟了国际航线 25 条，国内航线 8 条，在国外设有 59 个办事处和代理处。公司拥有 20 架飞机，其中 8 架飞机已经超期服役。2002 年租用了 3 架波音 737 型飞机，租期 8 年。2006 年初公司宣布将购置 6 架 A350 空中客机，并正在选择另外 4 架，2012 年第一批新购买的飞机交付使用。

（2）计划目标：也门机场设施和服务滞后，进出港航班拖延时间和在港滞留时间过长，严重影响货物空运的进出口业务和旅游业发展，进而影响经济发展和国民收入，也不利于航空业的国际竞争。第二个五年计划制定的航空业发展的目标是：将也门航空港建设成国际空运港口和国际空运中转站，年均客运量增加4%，货运量增加 10%；将亚丁机场建设成现代国际水平的航空港，在阿塔克（Ataq）机场建立客运站，扩建里延和盖萨机场的客运站，加固塔伊兹机场跑道，开始建设索科特拉（Socatra）客运站；建设现代化的国际航运港，建造空中客车维修的新设施。1999 年政府同沙特阿拉伯的本·拉丹集团（Sudi Bin Laden）签订合同，修复 1994 年内战中受损害的亚丁机场设施并扩建更新。扩建计划包括扩建机场跑道，建设航空货场，将机场建成地区的航空物流中心。亚丁机场的扩建始于 2001 年，但是 2004 年仓储项目被搁置。从 2003 年 1 月开始的亚丁港自由区二期建设，将亚丁机场仓储区建设纳入其中。

第三个五年计划目标是：扩大航运业务量，国际航班年均增加 5%，国内旅客年均增加 5%，国际国内货运量也同样增加 5%，增加 9 个航空气象测量站。计划还包括改组航空结构，扩建航空运输规模，增加现代化航运设备，国营也门航空公司将向私人资本开放。新建的萨那国际机场将于 2009 年完工。

（3）主要航线：也门主要国际航线有：萨那—巴林、萨那—利雅得（沙特阿拉伯）、萨那—亚的斯亚贝巴（埃塞俄比亚）、萨那—莫罗尼（科摩罗）、萨那—巴黎、萨那—法兰克福、萨那—罗马—米兰、萨那—伦敦、萨那—孟买、萨那—卡拉奇、萨那—吉隆坡—雅加达等。主要国内线路有：萨那—亚丁、萨那—荷台达、萨那—塔伊兹、萨那—塞永。

（4）主要外国航空公司：在也门的外国航空公司主要有：埃及航空公司、约旦航空公司、叙利亚航空公司、阿拉伯联合酋长国航空公司、沙特阿拉伯航空公司、海湾航空公司、卡塔尔航空公司、汉莎航空公司和埃塞俄比亚航空公司等。

3. 海运

（1）概况：也门海岸线长 2000 多公里，拥有 6 个城市港口，包括亚丁港（Aden）、荷台达港（Al Hudaydah）、穆卡拉港（Al Mukalla）、穆哈（摩卡）港（Mocha）、萨里夫港（Al-Salif）和纳西图港（Nashtoon）等。这些港口都是商贸港，有的同时是油港和渔港。所有港口都具有战略和经济价值，发展潜力很大。近些年也门的经济发展促进了海港和海上运输业发展，6 个港口的船锚从 1995 年的 2407 个增加到 2000 年的 3409 个，货物装卸量从 420 万吨增加到 640 万吨。2002 年法国"林堡号"爆炸事件后，也门港口业务量骤减，直到 2006 年上半年才开始好转，装卸集装箱达到 183395 个，年均装卸集装箱达到 31 万个，但仍未恢复到 2000 年和 2001 年的水平。

经营也门海运业务的主要有三家国营公司是：也门海上运输公司、国家海上运输公司和国家船厂。政府鼓励私人投资港口和海运业务。近年，港口运输的各个方面都有私营企业参与经营，特别是私营企业进入了亚丁的集装箱新港。到 2003 年已经有 40 家私营企业经营海运业务。

（2）主要港口：**亚丁港**　位于也门西南沿海亚丁湾的西北岸，扼红海与印度洋的出入口，是欧洲、红海至亚洲、太平洋之间的交通要冲，地理位置非常重要，是也门的最大海港，主要从事转口贸易，也是一个油港，有世界第二大加油港之称。港口由 2 个长 680 多米和深 16 米的深水码头及亚丁集装箱港码头组成，1999 年集装箱码头一期工程完工已正式启用。整个港口分内港和油港。内港在亚丁半岛的西北部，主要码头泊位 27 个，水深 12.5 米，可同时停靠 30 多艘万吨级船舶，其中包括 2 个长 900 米、水深 11 米的集装箱泊位；港口自由贸易区始建于 1970 年，面积 5.5 万平方米，货物吞吐能力约 1500 万吨，集装箱吞吐能力约 5 万个 20 英尺标箱（TEU）；油港在小亚丁半岛的东北部，有 4 个泊位，可停靠 6.5 万吨的油船，大船锚地水深达 16.5 米；装卸设备有各种岸吊、门吊、浮吊、集装箱吊及滚装设施等，其中门吊最大起重能力为 40 吨；拖船的功率为 1471 千瓦。另有海底管道供装卸原油使用。亚丁港是一个重要的加油港，有水下油管直通岸上，能同时为 15 艘海船加油上水。目前亚丁炼油厂每年炼油 800 万吨左右，能为 500 艘巨轮提供燃料，所以亚丁成为供应国际远洋船舶燃料的重要基地之一。

2002 年 3 月在也门沿岸发生法国"林堡号"巨型油轮爆炸事件后，亚丁港口业务量大幅下降。2004 年亚丁港开始从萧条中复苏，进港 2000 艘船只，装卸 318901 只 20 英尺集装箱，2005 年装卸 317897 只集装箱，是 2003 年的一倍多，2006 年前 10 个月装卸集装箱比 2005 年全年增长 4%。2007 年底，也门与阿联酋迪拜港务公司成立合资公司，共同开发和管理亚丁集装箱码头，双方各占 50% 的股份。公司成立后即进行第一期码头扩建工程，扩建后集装箱的年吞吐量可达 150 万只标箱。

由于也门恐怖事件频发，2006 年 3 月，英国伦敦保险销售战争评估委员会将也门列入高危风险地区，对在也门进入水域沿岸的船只提高了战争风险保险费用，这可能导致一些国家选择邻近国家较安全的港口停泊，使亚丁和其他港口业务量削减。

荷台达港 位于也门西海岸中部凯瑟布（Kathib）湾内，濒临红海的东南侧红海出口处，有重要的战略地位，也是也门主要港口之一。港口 1960 年代由苏联援建，主要为北部高地居民提供进口商品，年吞吐量 150 万吨。港口装卸设备有各种岸吊、可移式吊、浮吊、集装箱吊、叉车、牵引车、拖船及滚装设施等，其中集装箱吊最大起重能力为 30 吨，浮吊最大起重能力为 75 吨，拖船功率最大 1323 千瓦。集装箱码头可泊 2.2 万吨的船舶，港区可泊 1.5 万吨的油船。堆场面积达 8 万平方米，谷仓容量 2 万吨，油库容量达 1.6 万立方米。2005 年吞吐能力为 30 万只 20 英尺标箱（TEU）。为了扩大集装箱吞吐能力，2007 年港口进行了更新工程，其中包括港口泊位航道疏浚、码头装卸工具更新。

穆卡拉港 处于也门东部哈德拉毛地区的首府穆卡拉，也是东部的最大港口，为哈德拉毛高地提供进口商品和出口石油，又兼作渔港。港区主要有 2 个码头泊位，长达 361 米，最大水深

9.1 米。装卸设备有各种可移式吊、驳船及拖船等，其中拖船最大功率为 1471 千瓦。码头可靠 1 万吨的船舶，大船锚地水深达 36 米。2008 年 3 月穆卡拉港口扩建工程开工，计划投资 400 万美元，新修建 3 个新的码头。

穆哈（又译"摩卡"）港 在也门西南红海沿岸，1997 年建成，是货物进出口的港口，从这里向埃塞俄比亚出口活牲畜，年吞吐量 35 万吨。穆哈历史上是也门优质咖啡的主要出口港（国际上把优质阿拉伯种咖啡称为"穆哈"咖啡），19 世纪以后由于亚丁与荷台达港的发展而衰落。现在也门政府正在重新振兴穆哈港，以适应南部进出口的需要。①

（3）存在问题和计划目标：港口发展存在诸多问题，从也门到邻国的集装箱运输航线有限且成本高昂，港口设备陈旧，管理机构不健全，缺乏政策措施。第一个五年计划期间港口建设初见成效，港口运转的容量和能量扩大，商业经济作用增加，并能够提供码头、库房、拖车和引导船等必要的器材和机械设备。第二个五年计划的发展重点是改进港口设施和性能，降低船舶停靠和穿行的成本；为增强经济综合效益和发展贸易及出口，在也门港口与商贸地区及国际港口之间建立规范的海运线；保护海域和经济区域避免环境污染问题。第三个五年计划目标是将商贸港口增加到 9 个，港口货运量达到 850 万吨，石油输出 1600 万吨，集装箱运输 170 万吨；将实施整体海运战略，根据国际标准改革海运结构，实行代理机构的现代化系统管理，实行国际海运统一标准，实施安全措施；海运体制将进行私有化改革。

4. 铁路

也门没有铁路网，2007 年政府与联合国西亚经济和社会委员会协商，调查研究在也门修筑铁路网的可能性，包括修筑

---

① 资料来源：http://www.wiki.cn/wiki/% E7% A9% 86% E5% 93% 88

2000 公里的沿海线路、1000 公里的内地中心铁路、600 公里的
与贯通南北的公路平行的铁路。

二 通信

也门通信行业发展滞后，影响也门经济的整体发展，被
政府列为国民经济的优先发展领域。国营的也门电信
公司（Teleyemen）是主要经营通信和信息业务的公司，业务范
围包括固定电话、电报、电传和移动电话和互联网，2004 年也
门电讯公司与法国电讯公司签订了经营合同（此前政府曾经与英
国有线和无线公司签订了经营合同，2003 年合同到期）。私人也参
与了这个领域的投资，他们一般在小城市和乡村提供从电讯网络
到电话亭服务的业务。也门所有省份都有电话、电传、传真、邮
递等业务；主要城市和地区陆续发展了移动通信和互联网业务；
国内通信线路运用技术包括微波通信转播、电报、全球移动通信。

2007 年 12 月也门通信和信息技术部表示，在电信与邮政领
域，也门已经开始履行为加入 WTO 而作出的承诺，正在修订国
内有关电信服务的法律法规，目的是与 WTO 的要求和《基础电
信协议》等国际协议的要求相符合。政府将继续大力发展通信
和信息技术产业，提高服务质量。

1. 电信

（1）概况：也门电信的固定网络和移动网络，无论是在数
量上还是技术上都不能满足社会需求。据国际电信协会统计数
字，也门在 2005 年平均每百人有 3.9 部固定电话，在中东北非
地区是除苏丹外的最低水平；每百人有 9.5 部移动电话，是除利
比亚和苏丹外的最低水平，与国际标准极不相符。

近年，也门电信业有较大发展，电信网络已覆盖了主要城
市，一些中等城市、乡镇和农村也逐渐普及了电信服务。电信用
户 2004 年 160 万，2005 年超过 310 万，全国有 11000 多人从事

相关工作。2000 年政府批准 2 家私人企业（SpaceTel 和 Sabafon）
投资电信行业，参与农村地区电信建设，推动了乡村电话的迅速
普及。到 2005 年第 3 家私人企业参与电信投资。私营的进入打
破了电信业的垄断局面，增加了行业竞争。

也门的移动通信发展迅速，2000 年移动电话服务主要集中
在萨那、亚丁、伊卜、塔伊兹、荷台达、穆卡拉和扎马尔等主要
城市和附近区域。2001 年 2 家私营公司取得了 15 年移动通信服
务经营许可，到 2005 年每家公司资产约 1000 万美元。2008 年
经营移动通信业务的公司有 3 家，国营也门电讯公司经营模拟移
动通信、两家私营公司经营数字移动通信。2004～2005 年增加 2
倍，达到 200 万户，有 79.81 万次国内线路输入（2004 年）。到
2006 年移动网络增加到 4 个，提供全球通服务。2006 年 8 月也
门政府批准了中国移动在也门投资移动通信的许可证，投资额达
1.49 亿美元，这是在也门通信领域最大的投资额。

也门国际电信业务由也门国际电讯公司经营，包括所有国际
电话、电报和电传业务，同时经营地方电话服务。公司还经营移
动电话国际漫游和互联网业务。

（2）计划目标：第一个五年计划期间电信业有很大发展，
通过转让技术方式引进了数字系统、城市间光纤网、无限通信网
和互联网等现代电信和信息技术及设备；国家中心电信业务厅实
现了数字化管理，电话线路容量从 1995 年的 242499 门增加到
2000 年的 460736 门，年均增长了 18%；电话安装从 188348 门
增加到 346709 门，年均增长 17%。政府与私人签订合同经营公
共电话业务，促进了公共电话业务的发展。第二个五年计划期间
电信业又有较大发展，基本实现了计划预期的主要目标。到
2005 年电话超过 100 万部，年均增加 16.7%；通过引进数字化
综合管理系统等新技术提高了电信服务水平，增加了贸易、金融
和银行等系统的互联网服务；发展城市的移动通信；农村电话普

及率增加 2 倍。第三个五年计划制定了新的发展目标，即增加 150 万条固定电话线路，电话普及率达每百人 5.4 部，话机数量增加一倍。在更多地区和农村地区安装定向的无线通信和数字传播系统，通过调整电信的税收等措施提高电信服务水平。

2. 邮政

（1）概况：也门邮政发展缓慢，目前平均每个邮电局和邮亭服务人数达到 10.4 万，覆盖区域大小不一、街区地址和门牌号码不明确和不统一，影响了邮递服务水平的提高。也门的邮政业务由也门邮政总局统一管理，业务范围包括邮政的全部业务。邮政机构由中央和地方邮政局、邮政所和代理点以及单位、家庭邮箱组成。特快专递业务 1990 年开通，由也门国内快递公司和国际联邦快递公司（FEDEX）联合经营，联邦快递、敦豪速递（DHL）、天地快运（TNT）、UPS 等国际知名速递商都在萨那和亚丁有办事处，国际快递已通达 80 多个国家。邮政储蓄业务 1992 年开通，主要面向公司和团体。

（2）计划目标：第一个五年计划期间，邮政服务全面发展，2000 年邮政局新增邮箱 8120 个，总数达到 42229 个；建成或改建了 59 个邮政局，所配备的现代化服务设施可以提供便捷和高效的邮政服务；增加了 40 辆中小邮政交通工具，扩大了邮政服务网；特快专递业务增加了 17%，地方邮政汇款增加了 26%，国际邮政汇款增加了 44%，养老金服务增加了 62%，农村邮政代理点增加了 86 处。第二个五年计划期间继续发展邮政业务，提高服务水平，在城市和农村扩大邮政服务范围，新建了 186 个邮政局和邮政代理亭，年均邮政服务增长 10%，特快专递服务增长 20%，邮政汇款服务增长 30%。第三个五年计划目标是，平均每个邮电局和邮亭服务人数 3.1 万人，国际和国内邮政服务业务分别增加 1% 和 47%，提高执行国际标准的水平，加强分发、销售和价格的保障系统。

3. 互联网和信息行业

（1）概况：也门 1996 年开始发展互联网业务，也门电信公司是主要的互联网服务提供商（ISP），互联网用户由 1997 年的 869 户增加到 2000 年的 6090 户，但由于线路及设备等问题，互联网入户主要采用电话拨号方式，还没有普及速度在 40kbs 和 64kbs 的一线通（ISDN），只能在有限的范围内使用最高速率 2Mbs 的专线。随后开发了卫星接入互联网的方式，速度最高可达 256kbs，但还无法上载数据实现实时交互。

也门互联网不仅受电信发展水平的限制，而且还存在着电脑价格昂贵和上网费用高等问题，与国内居民消费水平极不相符。到 2005 年也门使用互联网的人数仅约 22 万，落后的拨号上网仍然普遍运用。也门平均每 1000 人中有 87 人上网，是中东北非地区的最低水平；每 100 人中 1.5 人有电脑，是这一地区除阿尔及利亚外的最低水平。2005 年年中，也门电信公司投资建设大容量的环行电缆系统，能够提供互联网线路，包括宽带服务和发展网上电话业务。

1994 年也门国家信息中心成立，负责发展信息系统和建立相关领域的信息库。信息中心从本中心的全球网站通过局域网和互联网提供信息，还向政府和公共机构提供技术和咨询服务，为公共机构开通网络并负责信息方面的技术培训。

（2）计划目标：第三个五年计划制定了进一步发展互联网的目标，主要是扩大网络使用范围，连接政府机构互联网，建立电子政务系统；制定信息现代化计划，健全信息和统计系统，建立国家信息网，改进数据和统计资料来源，改正信息混乱失真、数据和统计不准确等缺陷。政府还制定了信息领域基础设施建设计划，主要是建立信息科技城，汇集通信、信息化研究和软件开发等业务。科技城内的建设项目有电子商务和计算机传输网络、互联网中心、通信学院、软件中心、电子图书馆和电子市场等。

第五节 国内贸易

政府执行经济开放和市场化经济政策，促进了国内贸易的活跃，1995～2000 年国内贸易占 GDP 的 9.7%～9.9%，2005 年增长到 12%。2000 年从业人数占总就业人数的10.8%，2005 年增长到 12%。国内贸易发展遇到的问题主要是基础设施和销售系统薄弱，缺乏完善的监控和管理机制，非法贸易活动很普遍。第三个五年计划的主要内容是：通过多种途径实现城乡贸易的一体化，到 2010 年国内贸易占 GDP 的比例达到16%；不断完善立法系统，增加竞争机制。

一 市场物价

近些年来，通过对外开放和发展市场经济，国内市场与国际市场接轨，市场秩序不断规范化。近些年国际市场粮食和食用油价格上涨，国内商品供求不均衡和市场秩序不完善和政府取消各种补贴等因素，影响国内商品价格上涨；国际市场原油价格大幅度攀升引起石油燃料价格上涨，也是价格上涨的重要原因。2006 年下半年也门物价、尤其是粮食和食品类商品价格出现较大幅度的上涨。世界银行材料显示，也门 2006 年食品类价格涨幅达到 28.6%，水果和蔬菜价格涨幅高达 45%。据也门消费者协会分析，除了客观原因外，致使市场价格上涨的重要原因，还有国内供应商和零售商乘国际市场涨价之机搭车抬价。

2007 年适宜的气候使粮食收成增加，减缓了国内食品价格上涨的速度，但是进口食品，如谷物和食用油的价格仍上涨较快。进口商品价格居高，决定了国内商品高价格，高油价和来自海湾国家也门侨汇和资本流入，也影响了国内商品价格的上涨。

另外，周边国家需求增加刺激了食品出口，造成国内食品缺口增大和供应紧张。油价上涨导致了世界范围内农产品的生产成本和运输成本提高，以及农产品价格上涨。

也门政府自2006年底以来，加强了抑制商品，特别是食品价格上涨的措施。首先，政府采取了紧急措施，一方面经过国有的也门经济公司（YEC）①直接进口和销售小麦和面粉，尽量减少进口环节；同时对也门经济公司提供5000万美元的优惠信贷，帮助该公司扩大经营规模，增加在各地分公司的库存。另一方面要求国内的谷物批发商在国际市场价格上涨的不利情况下压缩利润空间，禁止随意涨价；要求食品生产商品包装明码标价，进口商提供进口商品价格，以便掌握价格动向；也门工业和贸易部密切监控食品进口价格和国内小麦等谷物的库存量，严禁食品经销商哄抬物价；并规定将按照《也门竞争法》对违法者给予法律制裁。2007年8月政府明确要求私营企业必须公开其所有商品的市场零售价格，还表明采取一切措施来规范、管理市场价格和商品的供应，以保护广大消费者的利益。2007年底，工业和贸易部颁布正式规定，要求境内从事食品进口或生产的企业在食品外包装明确标出最高零售价格，任何违反上述规定的企业将被处以1000美元的罚金。2008年3月18日，政府再次作出有关抑制物价上涨的一系列决定，在采取提高政府职员和退休人员的工资和退休金、采取鼓励投资和创造新就业机会等措施的同时，还采取有效抑制物价的紧急措施。这些措施包括：继续鼓励也门经济公司（YEC）从事小麦、面粉、大米和基本食品的贸易活动，为国营和私营企业提供贷款，用于增加市场小麦和面粉等供应的贸易、建立面粉加工厂及加工设备；加强政府对市场物价监管作

①　也门经济公司是军方建立的一家贸易公司，一直为也门军队供应日用消费品，包括小麦和面粉等。

用，抑制物价上涨；对违法违规者给予严厉的法律制裁。

另外，也门政府采取了长效措施，2007 年修订了《也门商业法》第 28 条，扩大了外国公司进口食品等基本商品的经营权；加强对农业和水利的投资，提高国内粮食产量；鼓励进出口商从事食品贸易。

二　消费价格

也门消费价格 2000 年以后始终呈上涨趋势，这是受多种因素影响的结果，主要是经济开放和实行市场经济、国内外生产和销售价格变化、特别是食品和燃料价格大幅度上涨、进出口商品限制放开、基本生活用品补贴逐渐取消等因素。消费品主要是食品、住宅、服装和其他消费品等几大类。2000 ~ 2005 年消费品物价指数（CPI）上涨程度依次为食品、其他消费品、住宅、服装。以 1999 年为基数 100 进行对比，1998 ~ 2000 年 CPI 平均指数为 99%，1998 年为 92.3%，2000 年达到 104.59%，其中食品 105.27%，住房 103.17%，服装 104.35%，其他类 103.3%。2001 ~ 2003 年 CPI 平均指数为 131.34%，2003 年达到 145.60%，其中食品 148.87%，住宅 133.51%，服装 120.82%，其他类 130.99%。2004 ~ 2006 年 CPI 平均指数为 188.61%，其中食品类 212.18%，其他消费品类 148.24%，住宅类 144.12%，服装类 127.17%。2006 年 CPI 平均指数达到了 222.8%，其中食品类 286.63%，住房 152.96%，服装 125.52%。

2007 年政府采取了一系列措施控制通货膨胀，取得了一定效果，1 ~ 6 月的月 CPI 平均指数增长 - 0.5%，但从 7 月涨幅有所回升，7 ~ 11 月月平均增长了 2.2%。

2000 年以来，也门的通货膨胀率基本在 10% 以上，并且不断增长。引起通货膨胀的一个主要原因是市场商品价格全面上涨。2001~2006 年通货膨胀率分别为 11.7%，12.5%，10.8%，12.5%，11.4%，18.4%。由于政府的抑制物价上涨措施取得成效，2007 年通货膨胀率得到控制，为 12.6%，尤其是上半年物价上涨幅度非常缓慢，但下半年物价上涨幅度加大，主要原因是国际粮食价格的上涨（参见表 4 - 2）。

表 4 - 2　2001~2007 年通货膨胀率

单位：%

内容　　　年份	份额	2001	2002	2003	2004	2005	2006	2007
年通货膨胀率	1000	11.7	12.5	10.8	12.5	11.4	18.4	12.6
食品和非酒精饮料等	4381	13.2	7.5	16.7	19.0	18.9	28.6	23.2
酒精饮料和烟草	1484	17.0	43.2	6.3	15.3	0.3	8.7	- 4.8
服装和鞋类	872	3.8	7.9	2.6	2.6	2.5	- 1.6	2.1
住房和相关材料	1327	7.7	8.5	10.8	2.2	5.5	5.2	2.7
家庭用品等	405	2.9	3.0	4.8	1.5	4.3	5.1	2.2
卫　生	267	12.5	5.9	4.1	7.2	7.2	6.8	2.3
交　　通	426	16.2	3.3	3.1	1.9	12.8	20.4	0.7
通　信	19	5.9	7.7	1.1	2.4	0.1	- 1.7	- 2.2
文化娱乐	84	2.1	1.5	5.2	5.5	2.7	- 1.0	- 0.6
教　育	52	11.8	16.2	0.1	- 0.3	7.7	11.0	- 0.1
餐馆和饭店	283	16.2	3.0	9.4	7.2	19.6	10.3	2.0
其他商品	399	3.4	4.4	3.6	3.4	8.6	18.4	6.1

资料来源：世界银行 2008 年春季也门报告。

三　零售业

1. 现代商业

　　也门的零售业主要是由传统小商店支撑，商店数量估计在 2.6 万~2.7 万家之间。现代商业仍处在起步阶段，目前只有 8 家大型购物中心。也门首都萨那有 4 家超市，分别是商业中心（Shomailh）、城市之星（City Mart）、胡达（Al-Huda）和福地（Happy Land）；亚丁拥有三家超市，分别是哈姆兰（Dhmran）、拉什迪（Alrashed）和贸易中心（Hi Market）；也门唯一的大型超市"露露"（LULU）是 2007 年 9 月开业的，属于迪拜艾姆克（Emke）集团所有，面积 6 万平方英尺，位于亚丁的购物中心之中。艾姆克集团还计划在也门开设另两家超市，其中一家位于萨那。

在过去的五年中，跨国的联合利华公司的商业活动活跃，销售业绩增长了 20% ~ 50%，公司负责人对也门市场充满信心，表示尽管也门市场很小，但是发展却非常有序。联合利华公司通过分销商在也门开展业务，广泛的零售渠道甚至覆盖了偏远地区，畅销商品有包括多芬、力士、夏士莲等品牌在内的香皂、洗发水以及护肤产品。

与其他海湾国家相比，也门人的消费能力很低，只局限于一般生活消费品，高档消费品很少有人问津。但是，也门零售业有一定的发展潜力，业内人士表示当地的年轻人和极少数上层社会的富豪将是主要消费人群。此外，也门被纳入海湾合作委员会后，当地的经济将获益匪浅。随着经济发展，也门像其他中东国家一样，将以现代贸易取代传统贸易，零售店迅速发展已成为一种发展趋势。

2. 大众市场

也门零售业的主要部分是传统的大众市场。各个城市都有大众的中心市场，而在城镇和乡村各种集市比较普遍。大众市场基本都是私营市场，绝大多数是每周集市。也门主要省区的大众市场情况是：首都萨那市有 11 个常年开放市场和 2 个国营集市（周二和周日集市），萨那大区有 1 个常年市场和 6 个集市，塔伊兹有 11 个集市，哈德拉毛省有 9 个集市，荷台达有 11 个集市，杰比有 15 个集市，伊卜有 11 个集市，贝达有 8 个集市，哈杰有 8 个集市，萨达有 4 个集市，扎马尔有 6 个集市，拉赫季有

9 个集市，阿姆兰有 3 个集市。在也门大众市场也有一些假冒和走私产品，主要通过集市、小店和货摊出售。

第六节 对外贸易

一 外贸发展

1. 概况

门政府将对外贸易作为经济振兴的关键领域之一和经济开放的主要部门，给予特别的重视。政府的一系列开放政策促进了外贸迅速发展。1995~2000 年外贸占 GDP 的比例从 53.4% 增长到 75.47%。主要出口商品是石油和农产品，主要的进口商品是食品、生活必需品。石油占总出口额的 80%~95%，占政府财政收入的 70%~75%。石油出口是外贸迅速发展的一个重要因素，同期总出口额占 GDP 的比例从 19.6% 增加到 48%，其中石油从占 17% 增加到占 43.1%。近年，由于政府实行保护石油资源和发展非石油产业的措施，石油产量和出口量已经呈现下降趋势，并影响了外贸总体趋势。2000 年外贸产值占 GDP 的 75.47%，出口和进口分别占 48.08% 和 29.39%；2005 年外贸产值占 GDP 下降到 66.14%，出口和进口分别占 35.42% 和 30.71%。石油出口在总出口额中 2000 年占 88.3%，2002 年占 91.95%，2003 年占 85.38%，2004 年占 90.3%，2005 年占 87.5%。但是国际市场石油价格直线上升，石油收入基本保持增长势头。2006 年受国际市场石油价格大幅上涨的吸引，石油出口量增加 5.4%，出口收入增加近 29%，石油出口占总出口额达到了 95%，是多年来最高的一年。自 90 年代中期以后，石油出口收入多数年份的外贸收支是盈余。

也门积极参与阿拉伯区域贸易，争取外贸向多区域和多途径扩展。多年来也门加紧筹备加入世界贸易组织（WTO），成立了与 WTO 谈判的国家委员会。1999 年 4 月 WTO 授予也门观察员身份，2000 年 7 月接受了也门加入 WTO 的申请。2005 年 WTO 对也门提出了加入 WTO 的相关要求，也门多个部门协调一致为制定下一步的相关步骤展开讨论，同时积极与一些国家和地区组织接触，探讨解决加入 WTO 的问题并取得他们的支持。

2. 外贸问题和计划目标

也门外贸出口严重依赖石油，进口以食品和生活必需品为主，外贸结构极不合理。国内石油资源状况和石油市场价格直接影响着石油出口量和收入，国际市场农产品供求形势和价格走向影响着进口、国内市场食品价格和供应量。外贸结构问题反映了经济结构单一和整体经济水平落后的现状。另外，外贸还存在着国家垄断、基础设施差、立法和管理机制不完善、与国际标准不统一、缺乏国际市场信息等问题。

第一个五年计划期间，政府在实施财政和行政改革计划的同时，逐渐放宽了对外贸易的政策，经济形势好转带动了外贸的迅速发展。第二个五年计划制定了进一步发展外贸的政策措施，鉴于石油收入年均减少的形势，通过多途径开辟外贸市场，非石油出口商品和服务年均分别增长 17.1% 和 10%，创造条件争取尽早加入 WTO。第三个五年计划的重点仍然是增加非石油商品的出口，计划目标是：非石油商品出口年增长 20%，进口商品增长 15%；外援和信贷达到 102 亿美元；改变外贸支出构成，获得更多资本项目的积极效应。

3. 关税法

统一后政府对进口实行许可证管理制度，由国家对进口商品进行直接管理。1994 年内战结束，为振兴国家经济，政府全面推进经济市场化进程，对外贸进行自由化改革，放松了进出口管制，取消了大多数商品的进口限制和进口许可证。1997 年政府颁布了第 37 号关税法，对所有进口商品的税率作出了明确和详细的规定，构成了现行关税政策的法制基础。

近年来，为了适应经济发展和经济全球化形势，也门抓紧加入 WTO 和 GCC（海湾合作委员会）的准备，政府在第 37 号关税法的基础上，对大部分商品的税率加以调整，并于 2005 年颁布了第 41 号关税法。新关税法对 21 个大类 99 种进口商品的关税税率下调 5%，其中有汽车、农用机械、固定和移动通信设备、家用电器等，基本实现了与海湾合作委员会国家关税税率接轨。

新关税法对部分关系国计民生的商品免除关税，主要有小麦和面粉，大米，避孕药品和用品，部分书籍、报刊和纸制宣传品，黄金和白金，部分型号的电子计算机，残疾人车辆和轮椅，部分体育和娱乐器材等 8 种。

新关税法对亵渎宗教信仰、污染环境和危害健康的商品作出了禁止进口的明确规定。被禁的商品主要有：猪及各种以猪为原材料的食品和制品，罂粟、可卡因、印度大麻和鸦片等毒品，各种含酒精的饮料，黄樟油精、胡椒醛等部分化学制剂，部分矿产制品，化工废料，二手汽车轮胎和二手橡胶制品等。

除关税外，对进口商品征收相应的进口环节税，主要包括销售税、增值税和商业利润税。2005 年政府在颁布新关税法的同时，公布了上述各种税的征收法案，规定对用于批发和零售的所有进口商品开征销售税，税率统一为 5%，缴税金额在进口商品完税价格（货值 + 关税）基础上计算，由各地海关负责同关税一同征收。同时，对于部分特殊商品的销售税税率，也作出了规定，主要是对小麦、面粉、大米、药品、纯金等商品免税，对香烟、武器弹药等商品征收 90% 销售税，珠宝为 3%，金饰品为 2%。另外规定对进口商品征收的增值税税率统一为 3%，缴税金额在进口商品完税价格基础上进行计算，由各地海关负责同销售税一并征收；还规定商业利润税的税率统一为 1%。

二 主要外贸商品和贸易额

1. 出口商品

从 20世纪90年代开始石油成为主要出口商品，占总出口额的80%～90%以上。除了石油和石油产品外，主要出口商品有渔产品和咖啡，近年两种商品占总出口额的7%～15%。其他产品出口占总出口额的1%～2%，主要是牲畜、棉花、烟叶、香料、水果和蜂蜜、奶制品等农副产品，还有皮革和纺织品。

2002～2005年各类商品出口情况是：原油、食品和咖啡三种商品出口占97.9%～99.06%，其中石油占85.38%～91.59%。以商品类型计算，2005年原材料出口占90%，半制成品占1.7%，制成品占8.2%。

2. 进口商品

进口产品主要是粮食和食品、燃料与其他生活必需品，3种商品进口占50%以上；其他进口商品主要是交通工具、机械设备、建筑材料，占20%以上。以商品结构计算，原料进口26%，半制成品占43%，制成品占31%。

2000～2005年期间各类商品进口情况是：食品和活牲畜占22.09%～33.06%，烟草和饮料占1.44%～2.11%，非食品原料（皮毛、橡胶、纸浆、木头等）占2.06%～2.85%，矿产燃料和润滑油占6.44%～11.89%，植物动物油占1.7%～4.47%，化学原料和制品占8.05%～9.69%，各种材料制成品（皮革和皮制品、橡胶制品、木制和软木制品、纸张、纺织品、钢铁、五金等）占14.69%～22.98%，交通运输工具、机械和设备占20.85%～26.28%，制成品（取暖照明用具、家具及零件、旅游用品、皮包容器等、服装、鞋、劳动工具、光学器具、表及其他）占4.49%～6.29%，其他日用品占0.03%～0.5%。

3. 贸易平衡

90 年代中期以来，也门石油出口决定了出口收入和贸易平衡情况。石油占出口额 80%～90% 以上和财政收入的 70%～75%，成为主要经济来源，为整个经济发展注入了新鲜血液。1994 年以前外贸始终是逆差，1991 年逆差占贸易额的 50.08%，1992 年占 69%，1993 年占 64%。1994 年石油输出增加，贸易额逆差下降到 38.2%。1995 年石油出口量增加和石油价格上涨，同时年进口额减少，外贸形势大为改观，由逆差转为顺差，顺差占贸易额的 10%，2000 年提高到 27%，2001 年为 15%。但是由于多年没有发现新的石油资源，加上政府在第二个五年计划期间控制石油生产，石油生产和出口量下降，贸易顺差相应减少，2002 年占贸易额的 8.66%，2003 年为 0.7%，2004 年为 1.1%，2005 年为 7.1%，2006 年因出口增加和油价大涨，外贸顺差增加到 11.6%。一般来说，出口总额随着石油出口额而增减，石油出口额和总出口额增长率 1995 年分别为 65.27% 和 60.8%，1998 年为 –38.% 和 –37.4%，2000 年为 74.59% 和 73.58%，2004 年为 10.9% 和 1.1%（转口贸易额减少较多），2005 年为 42.2% 和 42.6%，2006 年为 32.5% 和 26.5%。

进口额在一定程度上取决于粮食、燃油和交通运输工具等消费商品的进口情况。多数年份进口额增长率小于出口额增长率。1995 年增长 157.6%，1998 年 13.1%，2000 年 20.1%，2004 年 0.93%，2005 年 26.4%，2006 年 12%。

三　主要贸易伙伴

门的主要贸易伙伴是东亚、南亚、海湾国家、阿拉伯国家、美国、欧洲和大洋洲国家。

在出口方面，中国是也门的最大出口国，近年出口额增长很快，2003 年占 20.13%，2005 年占 36.33%。泰国是第二大出口国，2002 年出口额略超过中国。其他国家和地区主要有亚洲的印度、韩国、新加坡、日本、印度尼西亚以及中国的台湾省，海湾国家的沙特阿拉伯、科威特、阿拉伯联合酋长国和美国、瑞士、新西兰等国，此外还有索马里、埃及、约旦、伊拉克、吉布提等阿拉伯国家。

在进口方面，主要进口国家是沙特阿拉伯、阿拉伯联合酋长国、美国、科威特、中国、瑞士、印度、法国、日本、德国、土耳其、巴西、埃及等。

2003～2005 年期间，主要国家出口额比例为：中国16.24%～33.36%，泰国 16.71%～29.81%，印度 10.36%～13.63%，韩国 3.3%～13.22%，新加坡 0.74%～4.4%，日本 1.53%～6.51%，美国 1.15%～5.56%，沙特阿拉伯 2.2%～2.85%，科威特 1.98%～4.07%，瑞士 0.48%～5.74%。

2003～2005 年期间，主要国家进口额比例为：阿拉伯联合酋长国 14.11%～16.51%，沙特阿拉伯 8.79%～12.06%，科威特 6.2%～7.86%，美国 4.44%～8.07%，中国 5.4%～7.06%，瑞士 3.6%～4.8%，印度 2.8%～5.53%，法国 2.17%～4.4%，日本 1.98%～6.06%。

第七节　财政金融

一　财政状况

也门统一时，振兴国民经济的任务繁重。1994 年内战后，国家财政状况非常恶劣，财政赤字数额巨大，外援基本停止。在国际货币基金组织的帮助和监督下，政府从 1995 年开始实行财政和行政改革计划，并将改革纳入了 1996～2000 年第一个五年计划，改革的目的是减少财政赤字和增加财政收入。改革内容包括：改革信贷的法律法规，调整财政结构，增加财政储备并合理分配，支持发展基础建设，引进银行竞争机制。改革得到明显效果，经济形势好转，各项财政指标趋于正常。

2001～2005年第二个五年计划期间，石油收入使外贸连年顺差，外汇储备增加，财政收入来源稳定，各项经济指标显示正常。在世界组织支持下，政府继续执行经济和社会改革政策，取得了国民经济持续增长的成效，由此得到国际社会的肯定，促进了外资和外援的增加。第三个五年计划期间，石油出口量下降，石油收入减少，财政由盈余变为赤字；政府取消部分生活用品的补贴、国际市场粮食和燃料价格上涨等因素，导致了消费价格上涨，通货膨胀率上升，但是各项财政主要指标变化基本保持在安全范围内。

二　财政预算情况

19 96～2000年的第一个五年计划期间，国家整体经济调整政策取得成效，财政预算情况好转，从1995年赤字占GDP的5.2%，到1999和2000年转为顺差。但是受国际市场油价浮动影响，财政形势很不稳定。政府为消除财政赤字，一方面采取收入来源多样化的措施增加收入，另一方面合理调整预算支出，从财政补贴中筹集资金。财政收入在第一个五年计划期间约增加了一倍，年均增长7.4%，扣除通货膨胀因素实际增长了7%，通货膨胀率10.4%。

2001～2005年第二个五年计划期间，为实现经济和社会发展目标，财政支出增加，其中工资和薪金增加一倍，占GDP的9%，基本建设投资也大幅增加，财政预算收支从2000年盈余占GDP的6.1%，转为2004和2005年财政赤字占GDP的1.4%和1.6%，为409亿里亚尔（约2.22亿美元）和411亿里亚尔（约2.15亿美元）。

2005 年 1 月，国会批准了增加 10% 销售税和减少 75% 燃料补贴的议案，以抑制财政支出的增加。然而在公众强烈反对的压力下，政府采取了缓和方案，于同年 7 月开始收取销售税 5%，一年半后按原计划收取 10%，并逐步减少燃油补贴。由于财政支出增加较多，预算赤字达到了 577 亿里亚尔（约 3 亿美元），占 GDP 的 2.3%。

2006 年财政收入 14410 亿里亚尔（约 73.2 亿美元），财政支出 13956 亿里亚尔（约 70.9 亿美元），财政盈余 454 多亿里亚尔（约 2.3 亿美元）。财政支出比 2005 年增加了 41%，首次突破万亿大关，增加的主要原因是实施了经济改革的几项措施，包括增加 10 多个公共服务基础设施的建设项目支出；为抵消消费价格上涨，从 2005 年开始连续增加公务员工资。由于石油收入大幅度增加，不仅抵消了财政支出增加的负担，而且出现了占 GDP 的 1.5% 的盈余。

2007 年的财政收入 13480 亿里亚尔（约 67.7 亿美元），比 2006 年减少了 7.5%，总支出约 16000 亿里亚尔（约 80.4 亿美元），比 2006 年增长了 14.6%，财政赤字约 2510 亿里亚尔（12.6 亿美元），占 GDP 的 5.8%，比 2006 年增长 48%，是近几年最多的一年。财政收入减少和赤字增加的主要原因是石油产量和出口量减少。为了促进财政收入多元化和减少财政赤字，政府采取了严格的财务制度、合理分配支出项目、发展非石油产业和减少内债等措施；同时不仅取消燃油税补贴，而且征收 5% 的燃油税，并计划 3 年后将从 5% 提高到 10%，占 GDP 的 2%。但是为了实现经济增长 5% 和将贫困家庭减少 6% 的目标，政府增加了社会发展项目的支出。2007 年政府控制通货膨胀的措施效果明显，食品及燃料价格仅小幅上涨，通货膨胀率从 2006 年的 18.4% 下降到 12.6%。

2008 年财政预算总收入 13950 亿里亚尔（约 70.1 亿美元），

比上年增长了约 4%；总支出 17990 亿里亚尔（约 90.4 亿美元），增长了 12.4%。财政赤字 404 亿里亚尔（约 20.3 亿美元），占 GDP 的 7.6%。财政赤字增加的主要原因是石油产量和收入减少，政府改革计划进一步加快。

1. 财政收入

1996 ~ 2000 年期间，财政收入占 GDP 的比例从 18.3% 增长到 42.5%，其中石油收入从占 25% 增长到 76.1%。但是税收比例大幅度减少，特别是间接税，从占 33.4% 下降到 10%，主要是海关关税存在各种问题所致。

2001 ~ 2005 年期间，财政收入增长与支出增长不匹配，收入年均增长了 14%，而支出年均增长 19%；税收占 GDP 维持在 7%，未达到预期 10% 的目标。同期资本和借贷收入起伏很大，主要是外援极不稳定。

2004 ~ 2007 年财政收入年均增长 21%，占 GDP 的 35%，主要是石油收入增加，石油收入占财政收入的比例分别为 62.2%、67.8%、74.9% 和 70%，占 GDP 的比例分别为 19.7%、23.5%、27.2% 和 23.8%。非石油收入（税收和非税收）也呈增长趋势，共增加了 31%，从占 GDP 的 8.0% 提高到了 8.8%。但是 2005 年以后税收有所减少，2005 年占财政收入的 25.6%，2006 年下降到 18.3%，2007 年为 21.7%。

2008 年预算收入增加幅度下降，增长约 4%，主要是石油收入减少，石油收入占财政收入 63.7%。非石油收入有所增加，其中税收有所增加，占财政收入的 23.8%。

2. 财政支出

1995 ~ 2000 年期间，财政支出的经常项目（包括工资和薪金、原料和服务、国防、利息支付、经常转账和援助偿还、其他经常支付，还有社会优先发展领域和基础设施建设）和资本项目支出都有所增加。

经常项目中的防御和安全及公共机构项目支出比例减少，优先发展的社会基础项目，如教育、卫生和公共服务等项目支出比例增加，占总支出的比例从 1995 年的 31.9% 增长到 33.8%，其中教育支出增长了 23.7%，占总支出的 4.7%。经济服务项目增加较多，其中电力和水供应占总支出的 24.2%，建筑、住房和城市建设占 18.2%，交通运输占 9%。另外资本项目支出增长了 41%，从占总支出的 11.5% 增长到 15.7%。由于实施私有化进程，对国营企业的支出有所减少；资本投资项目支出增加；外债方面的支出也有所增加，反映了也门经济形势好转，特别是"巴黎俱乐部"重审也门债务以后，国际信誉有了一定提高。

2001～2005 年期间财政支出超过了预计的 10%，年均增长了 19%。经常项目中公共卫生投资增长 18%、教育 15%、社会保障 9%。

2004～2006 年财政支出增加 59.4%，年均增加 19.8%。其中经常项目支出增加的较多，主要是政府连续增加工资和薪金；由于石油价格上涨，石油产品补贴增加；社会项目包括教育、卫生和社会事务的支出明显增加；但保险和就业支出减少。资本项目尽管总额增加，但是占财政支出比例下降，同期分别占 23.8%、21.6% 和 20.6%。政府大力促进资本项目投资，项目支出年均增长了 14%；私人投资增长也有较大增加，年均增长 10%，地方投资和外资增长率都比较低。

2007 年财政支出中，经常支出增加，占总支出的 80.27%，主要是工资和薪金、教育和医疗卫生支出增加；还增加了社会项目支出，用于支持社会发展基金、公共工程项目、小型收益性项目以及劳动密集型投资项目。资本项目支出占财政支出的比例从上年 20.6% 下降到 17.6%，其中多数资金用于道路基本建设项目，对非石油领域投资也有所增加，主要是对几个大型项目投资，如马里卜燃气电站、也门天然气及水泥厂建设等。政府计划将继续对生产领域增加投资，投资资金来源于政府财政、外来资金和自筹资金，其中政府投资约占 17%，外来资金约占 22.5%，自筹资金约占 60.5%。

2008 年预算支出增加较多，增长了 12.9%，主要是资本项目支出增加，增长了 58.2%，反映了政府对经济建设项目重视程度提高。经常项目支出与上年持平。

三　国际金融

国际金融中，对外经济一直呈增长趋势，特别是 90年代增长势头强劲，从 1995 年增长 64% 到 2000 年增长 91%，主要是石油收入增长较块，2000 年石油收入占财政收入 76.1%，达到了历年最高比例。另外同期外来资金增加了35%。依靠石油出口收入支撑，国际金融发展始终比较乐观。

1. 国际收支

国际收支由经常项目和资本项目组成。1996～2000 年期间，国际收支从 1995 年赤字 101.03 亿里亚尔，占 GDP 的 2%，变为2000 年盈余 2318.24 亿里亚尔，占 GDP 的 16.9%，主要是经常项目中的石油收入增加，国际社会重审债务使资本项目状况得到改善。2001～2006 年期间，国际收支保持顺差，2003 年顺差1.76 亿美元，2004 年 5.25 亿美元，2005 年 5.84 亿美元（占GDP 的 3.5%），2006 年为 14.47 亿美元，占 GDP 的 7.6%。

（1）经常项目：经常项目包括外贸进出口、转汇、项目服务和收益等。1995～2000 年期间外贸收支为顺差，虽然项目服务和收益一项是赤字，但是石油收入使经常项目实现了一定的盈余，收支顺差从 47.46 亿里亚尔增加到 1813.48 亿里亚尔，从占GDP 的 0.9% 增长到 13.1%。石油是主要出口商品，石油收入使出口收入年均增加 46%，而外贸顺差支持了进口的扩大，进口额年均增长了 21.5%，关税汇率放开也是进口增长的原因之一。

2001～2005 年外贸进口支出比预期目标高 50%，主要是制成品、机械和交通运输机械等商品进口增加，而食品进口有所减少。但是石油出口收入确保了外贸继续保持盈余，收支顺差年均占 GDP 的 7.3%。除了石油收入，侨汇收入也是经常项目收入的重要来源，主要是在海湾国家劳务的侨汇收入，2000 年侨汇收入占 GDP 的 13.65%，2004 年下降到 9.8%。根据世界银行报告，2000～2007 年也门侨汇超过了 100 亿美元，极大程度地支持了经常项目收入。经常项目中的服务和收益始终是逆差，抵消了部分经常项目的顺差额。

（2）资本项目：资本项目由官方和私人贷款及投资两方面组成。债权国重审债务和政府的开放政策使外资环境好转，外资增加使资本项目有了较大改观。2004 年资本项目顺差 2.55 亿美元，占 GDP 的 1.8%，2005 年转为 2.53 亿美元的逆差，占 GDP 的 1.6%，2006 年顺差 10.59 亿美元。

据也门投资总局报告显示，也门的投资环境不断改善，特别是在新的投资法颁布后效果更加显著。1992～2006 年间，外资在也门的投资项目不断增加，平均年增长率为 7.9%，总投资额约 41.25 亿美元。外资主要是对石油天然气项目投资，对非石油领域的投资有工业、旅游、渔业和农业等项目。2004 年直接外资顺差 1.43 亿美元，其他外资 1.115 亿美元；2005 年直接投资转为逆差 3.02 亿美元，其他外资 4800 万美元。2006 年直接外资增加到 11.21 亿美元，主要是投资出口天然气项目。官方发展援助也是外资的重要来源，2000 年外援占 GDP 比例 2.81%，2003 年占 2.21%，为 22 亿美元，其中海湾国家 11 亿美元。

根据联合国西亚经济与社会委员会（ESCWA）2008 年初的研究报告，阿拉伯国家投资已经连续第二年居也门直接外资的首位，2005 年约 2 亿美元，2006 年约 8.44 亿美元，比 2005 年增加 322%。阿拉伯国家主要投资工业和服务业。海湾国家是投资的主力军，2006 年投资达 7 亿美元，2007 年增加到 8.6 亿美元，其中 80%的投资来自沙特阿拉伯，主要投资房地产和旅游业，投资项目集中在萨那、荷台达、穆卡拉、亚丁等城市，其中包括建设 5 个五星级饭店。

政府以改善投资环境为目的，2006 年和 2007 年加大了对投资结构的改革力度，颁布了关于吸引投资的一系列措施，包括制定房地产登记法、城市和房地产规划法；制定了私人参与基础建设项目实施程序的法律，以发挥商贸和投资法律机构的作用；修订了所得税法，其中增加了鼓励投资的内容。2008 年 2 月，政府对 2004 年《也门贸易法》的第 25 条进行修订，修订后的法律允许外国人单独在也门投资经营，这是政府进一步吸引外资采取的重要措施。

2. 外债

也门自 1995 年进行财政和管理改革后，债权国对也门进行了债务重审，特别是巴黎俱乐部按照那不勒斯条款（Naples Principles）① 的原则，于 1996 和 1997 年两次重审了也门债务。通过债务重审，也门外债从 1995 年的 105.30 亿美元减少到 1997 年的 44.83 亿美元，减少了 134.88%，从占 GDP 的 164%下降到占 GDP 的 65%，2000 年外债总额为 49.43 亿美元，占 GDP 的 58%。从外债结构看，41.5%的外债来自多国机构提供的优惠贷款，包括世界银行和国际货币基金组织；37%来自巴黎俱乐部、俄罗斯及东欧国家；13.5%来自阿拉伯国家和阿拉伯金融机构。

---

① 1994 年 12 月，巴黎俱乐部债权人同意针对最不发达国家设立一个比伦敦条款（London terms）更优惠的条款，即那不勒斯条款（Naples terms）。在该条款中，债务免除比率至少为 50%，对于非官方发展援助（non-ODA）贷款达到 67%，1999 年 9 月债权人同意将符合那不勒斯条款的所有债务减免比率统一设定为 67%。到 2008 年为止，已经有 33 个国家从中受益。

由于债务减少和出口增加，债务率从 1995 年的 41.9% 下降到
2000 年的 8.3%。

2001 年巴黎俱乐部又重审了也门债务，2005 年阿联酋、匈
牙利和日本（部分）取消了也门债务，再次减轻了也门的债务
负担。2001～2005 年期间，政府在财政基础设施项目和人文资
源发展项目上使用了优惠贷款，签订贷款合同 200 份，贷款额
18 亿美元，外债总额从 2000 年的 49.43 亿美元增加到 2005 年近
51.67 亿美元。2004 年外债总额 53.35 亿美元，占 GDP 的 39%，
债务率 6.7%；2005 年减少到 51.67 亿美元，占 GDP 的 33%，
债务率为 5.7%；2006 年 12 月新增的贷款使外债增加到 54.68
亿美元；2007 年 1 月底外债为 54.4 亿美元。其中，国际投资组
织贷款达到 27.6 亿美元，巴黎俱乐部成员国贷款达到 17.22 亿
美元，非巴黎俱乐部成员国贷款达到 9.75 亿美元。

到 2007 年 10 月外债约 57.71 亿美元，占 GDP 的 28.35%，
绝大多数是各国的优惠贷款，其余的主要是国际组织无息和长期
低息贷款。其中巴黎俱乐部占 30%，非巴黎俱乐部占 17.5%，
国际援助组织占 52.5%。根据也门中央银行 2007 年 1 月的报告，
截至 2007 年 1 月，也门债务情况是：

（1）国际和地区组织

单 位	金额（单位：美元）
国际发展组织	8.78 亿
国际货币基金组织	2.4 亿
阿拉伯发展基金会	3.94 亿
国际农业发展基金会	1.07 亿
欧佩克基金会	3600 万
伊斯兰发展银行	6900 万
阿拉伯石油出口国组织	2800 万
欧盟	400 万

（2）巴黎俱乐部成员国

单　　位	金额（单位：美元）
俄罗斯	2.48 亿
日本	2.33 亿
美国	9900 万
法国	8300 万
意大利	2400 万
西班牙	2700 万

（3）非巴黎俱乐部成员国

单　　位	金额（单位：美元）
沙特基金会	3.09 亿
科威特基金会	1.65 亿
科威特储蓄组织	1.5 亿
中国	1.64 亿
朝鲜	3300 万
阿尔及利亚	7800 万
波兰	3600 万
伊拉克基金	1700 万

四　金融服务

门金融服务由银行系统负责，非银行系统的金融机构有保险公司、货币兑换机构和养老基金等，这些机构仅起着金融服务的辅助调剂作用。也门没有国内证券股票市场，但政府多年前就已有建立证券市场的意向。2006 年也门的银行系统包括中央银行和 16 家商业银行及两个专门的发展银行。在 16 家商业银行中，2 家是国有银行，9 家是私营银行，其中包括 4 家伊斯兰银行和 5 家外国私营银行，其余是合资银行。

国营商业银行——国民银行，是最大的商业银行，目前正在执行私有化改革计划。政府批准国家保留该银行 40% 的股份，60% 向有资格的战略投资商开放。国营的工业发展银行由于不良债务问题，已于 1999 年进行了重组，国家拥有大多数股份。2个专业银行是住房银行和农业信贷银行，国家分别拥有 97% 和 86.7% 的股份。

私人在银行业投资活动比较活跃，不仅是国内私人投资，也有伊拉克、约旦、法国和巴基斯坦等外资进入。

银行系统调整和私有化改革是金融服务发展的重要步骤，改革受到国际货币基金组织帮助和监督。作为改革的一个步骤，2004 年政府同意将主要国有银行合并为一个银行组织，但至今未付诸行动。

1. 银行系统

（1）国营银行

①中央银行：也门国家银行，1971 年建立，总部设在首都萨那，注册资本 20 亿里亚尔，下属 22 个分行。2005 年银行外净资产 11983.21 亿里亚尔，银行内净资产 315.09 亿里亚尔。2006 年银行外净资产 14977.59 亿里亚尔。

②也门大众银行：国营银行，1969 年建立，总部设在亚丁，注册资本 40 亿里亚尔，下设 31 个分行。

（2）主要合营和合资银行

①也门建设银行：合营银行，私人股份 49%，国营股份51%，1962 年建立，总部设在萨那，注册资本 28 亿里亚尔，下设 38 个分行。

②也门商业银行：合营银行，私人股份 90%，国营股份10%，1993 年建立，总部设在亚丁，注册资本 22 亿里亚尔，下设 8 个分行。

③国民商业和投资银行：正在清算中。1998 年建立，总部

设在萨那。

④住房借贷银行：合营银行，私人股份 3%，国营股份 97%，1977 年建立，总部设在萨那，注册资本 2 亿里亚尔，下设 2 个分行。

⑤农业合作借贷银行：合营银行，私人股份 13.3%，国营股份 86.7%，1982 年建立，总部设在萨那，注册资本 32.30 亿里亚尔，下设 37 个分行。

⑥也门海湾银行：合资银行，私人股份 77%，外资股份 22%，国营股份 1%，2001 年建立，总部设在亚丁，注册资本 12.5 亿里亚尔，下设 2 个分行。2007 年 12 月，银行主席表示，科威特商业银行与国际金融公司将出资 3000 万美元收购也门海湾银行 80% 的股份。

⑦也门国际银行：合资银行，私人股份 79.6%，外资 20.4%，1979 年建立，总部设在萨那，注册资本 15 亿里亚尔。下设 9 个分行。

⑧也门巴林合作银行：合资银行，私人股份 75%，外资 25%，2002 年建立，总部设在萨那，注册资本 26.72 亿里亚尔，下设 3 个分行。

（3）伊斯兰银行

①伊斯兰团结银行：合资银行，私人股份 96.7%，外资 3.3%，1996 年建立，总部设在萨那，注册资本 37.5 亿里亚尔，下设 14 个分行。

②伊斯兰信贷银行：合资银行，私人股份 73.5%，外资 22%，国营股份 4.5%，1995 年建立，总部设在萨那，注册资本 19.74 亿里亚尔，下设 5 个分行。

③也门萨巴伊斯兰银行：合资银行，私人股份 85%，外资 15%，1997 年建立，总部设在萨那，注册资本 26.78 亿里亚尔，下设 9 个分行。

（4）私人银行

也门科威特银行：私人银行，1979 年建立，总部设在萨那，注册资本 18.12 亿里亚尔，下设 7 个分行。

（5）外国银行

①阿拉伯银行：外资银行，1972 年建立，总部设在萨那，注册资本 28 亿里亚尔，下设 6 个分行。

②卡里尤信贷投资银行：外资银行，1975 年建立，总部设在萨那，注册资本 22.43 亿里亚尔，下设 5 个分行。

③尤奈迪银行：外资银行，1972 年建立，总部设在萨那，注册资本 22.05 亿里亚尔，下设 2 个分行。

④拉菲丁银行：外资银行，1982 年建立，总部设在萨那，注册资本 12.55 亿里亚尔，下设 1 个分行。

2. 银行业务

到 2007 年 10 月，各银行总资本和储备达到 785 亿里亚尔（约 3.95 亿美元），当年净盈利约 2.5 亿美元，储蓄存款 9780 亿里亚尔（约 49 亿美元），比上年增加 14.5%，占 GDP 的 23.9%；总资产 1.23 万亿里亚尔（约 61.8 亿美元），比上年增长 22.2%，占 GDP 的 30%；向社会提供贷款总额 3600 亿里亚尔（约 18.1 亿美元）。在市场占有率方面，也门国内银行占据 74% 的份额，阿拉伯银行和其他外资银行占 26%。2008 年，也门中央银行将进一步修订和完善也门银行业的法律法规，为加入 WTO 做好准备。

银行系统私有化进程是财政改革的重要内容，2001～2005 年银行开始私有化改革进程，以创造条件扩大银行机构和增强金融业的职能，发挥其在经济和社会发展中的投资和服务作用。这期间，中央银行授权各省市开设了货币兑换处，商业银行和伊斯兰银行开办了提供自动服务的业务，安装了自动取款机。2007 年银行支付系统升级，标志着银行服务水平有了很大提高。在中央银行的指导下，也门所有的银行和金融机构都进行了内部联网，自动取款机数量从 2006 年的 163 台增加到 2007 年的 238台。

（1）货币政策：中央银行采取措施努力避免硬通货与本国货币产生矛盾，保持里亚尔的正常运作。从 2000 年 7 月开始，政府对银行业务进行整顿，限制里亚尔存款利率，规定最高利率为 13%，超过外币利率，并始终高于通货膨胀率；第二个五年计划期间制定了完全放开利率限制的政策。2000 年 7 月以来，里亚尔存款的必要储备金维持在 10% 左右，2005 年外汇存款的必要储备金（无利息）在 20% ~ 30%，并降低了银行所得外汇储备存款利润，引导储户用里亚尔支付，缓解汇率和外币流通的压力。由于进口需求不断增长，美元需要量很大，因此汇率受到影响。多年来中央银行采取适时地购买和投放美元等调剂外汇市场的措施，减轻汇率上涨的压力。近年来，也门中央银行投入的用于稳定汇率的美元金额不断增加，2000 年为 1.96 亿美元，2006 年增加到 14.5 亿美元，2007 年为 10.77 亿美元，2008 年 1 ~ 4 月中旬，已累计向市场投放了 4.52 亿美元。也门中央银行采取向市场投放美元的方法保持了货币市场的稳定，抑制了汇率增幅过快的问题。

（2）通货膨胀：1990 ~ 1995 年，通货膨胀率年均 40%，从 1991 年 37% 增长到 1995 的 54.4%。通货膨胀的主要原因是高额的财政赤字和国内货币贬值，财政赤字从中央银行借债筹集资金中弥补，货币供应量急剧增加。

1996 ~ 2000 年期间通过财政改革，通货膨胀率虽有波动，但是总体呈下降趋势，年均为 10.4%，其中 1997 年最低，为 2.5%，1999 年增长到 8.7%，2000 年下降到 3.9%。

2001 ~ 2005 年期间通货膨胀形势基本稳定，年均控制在 12% 左右，但是没有达到预期 4.9% 的目标。通货膨胀的主要原因是取消和减少了包括燃料在内的商品补贴，增加了商品销售税，食品等消费品价格大幅上涨。

2006 年也门通货膨胀率增长到 18.4%，增长的原因是食品和燃料价格出现较大幅度上涨，其中食品类价格涨幅达到 28.6%，水果及蔬菜价格的涨幅高达 45%，交通价格上涨 20%。

2007 年政府采取多种抑制通货膨胀的措施生效，食品类及燃料价格上涨幅度减小，食品类价格上涨 23.2%，其他类价格在 6% 以下，交通价格仅上涨 0.7%，通货膨胀率从上年的 18.4% 下降到 12.6%。

（3）货币供应：1990～1995 年，高额财政赤字导致货币供应年均增加 38.7%，通货膨胀的压力影响了货币的稳定性。1996～2006 年经济形势转好，国内货币供应量（即广义货币，包括货币和准货币）年均增长 16%，低于中央银行 18%～20% 的标准；其中 1995 年为 2482.65 亿里亚尔，2000 年增加到 4745.25 亿里亚尔，年均增长率为 13.8%，同期占 GDP 从 48.6% 下降到 34.4%；2001 年为 5630.49 亿里亚尔，2006 年增加到 13514.29 亿里亚尔，年均增长 19.15%；其中最低的 2005 年增长了 14.4%，最高的 2006 年增长了 28.7%。2007 年国内货币供应量增加到 14850 亿里亚尔，增长了 9.9%。准货币的增加对货币供应量增加起了作用，2005 年准货币占 57.84%，2006 年占 58.7%，2007 年占 62.6%；同期货币供应量分别占 42.16%、41.3% 和 37.4%。

货币供应量增加受多种因素影响。2005 年货币供应量增加了 1320 亿里亚尔，增长 14.4%，总量为 10495.08 亿里亚尔，首次突破万亿。影响货币供应增加的因素是银行外净资产增加 1530 亿里亚尔，其中，中央银行增加 1500 亿里亚尔，商业银行增加 30 亿里亚尔；而银行内货币净资产减少了 210 亿里亚尔。2006 年国内货币为 13514.29 亿里亚尔，增长了 28.7%，是 1996

年以来增长比例最高的，也超过了第三个五年计划年均增长22%的标准。影响变化的因素是银行外净资产增加 31.75%，另外政府贷款赤字增加 63.05%，非政府行业需求增加 19.2%，其他方面赤字增加 24.4%。

（4）银行利息：利息率不仅受价格和通货膨胀影响，而且还受其他可变因素的影响，如国家债券等。1995 年政府开始放松对利息率的限制，结果在很短时间，国内储蓄存款和商业贷款利率分别高达 20% 和 25% ~30%。1995 ~2000 年期间，储蓄存款利率在 11% ~25% 之间，商业贷款在 15% ~32% 之间，两项都呈现了下降的趋势。从 2000 年 7 月开始，政府对里亚尔存款利率加以限制，规定利率最高为 13%，尽管第二个五年计划目标是浮动利率，规定在通货膨胀上涨情况下，在金融原则允许的范围内，实行浮动利率，以确保货币稳定性，但实际上中央银行仍将银行储蓄利率控制在 13%，以避免恶意竞争和扰乱金融秩序。2001 ~2005 年年存款利率 13%，年贷款利率前 3 年为17.5%，后 2 年为 18%；同期货币市场年利率分别为 13.3%、12.3%、12.9%、13.8% 和 14.8%。由于利率降低，这期间储蓄状况一直没有得到改善，从 2000 年占 GDP 的 27% 下降到2005 年的 18%，资金资源缺口不断扩大，储蓄额占投资额从2000 年的 38% 下降到 2005 年的 20%。

（5）银行贷款：通过经济的市场化变革，银行在经济中的作用逐渐增加，借贷业务扩展，非政府的商业银行贷款从 2000年的 757.46 亿里亚尔增加到 2006 年的 2683.07 亿里亚尔，增加了 254%；其中短期贷款从 324.28 亿里亚尔增加到 1148.33 亿里亚尔，增长了 254%；中长期贷款从 34.08 亿里亚尔增加到50.57 亿里亚尔，增长了 48%；伊斯兰银行投资从 197.07 亿里亚尔增加到 1029.59 亿里亚尔，增长了 422%；特别贷款和优惠项目从 202.02 亿里亚尔增加到 454.57 亿里亚尔，增长了 125%。

2006 年银行的短期贷款、中长期贷款和投资项目占贷款的 83%，特别贷款和项目优惠占 17%；在短期贷款、中长期贷款和投资项目中，农副业占 2.2%，工业占 18.6%，建筑业占 7.9%，出口资助占 2%，进口资助占 21.5%，制造业商品资助占 22.4%，其他占 25.4%。银行对非政府机构和私人贷款从 1996 年的 293.03 亿里亚尔增加到 2258.26 亿里亚尔，增长了 6.7 倍，其中私人贷款占 90% 以上。

（6）债务：银行承担发行国内债务的业务，2004 年发行债务为 3430 亿里亚尔，占 GDP 的 13.1%；2005 年增长了 15.4%，为 3958 亿里亚尔，占 GDP 的 13.4%。国内债务以上市（初级市场）国债为主，2004 年占债务的 80.4%，2005 年占 83%；其中包括银行持有国债和非银行持有国债（养老基金、国家机构和私人），3 个月期限国债占 43%，6 个月占 21.5%，12 个月占 35.5%。1996 ~ 2006 年国债发行从 110.16 亿里亚尔增加到 3732.22 亿里亚尔，增长了近 33 倍。除国债外还有政府债券（建设银行发行）和债务重购。

（7）外汇储备：1996 ~ 2000 年期间，银行的外资增加很快，外汇储备从 3.197 亿美元增加到 30.13 亿美元，年均增长了 56.6%，满足进口从 2.2 个月增加到 10.2 个月。

2001 ~ 2005 年期间，随着石油收入的增加，外汇储备继续增加，2005 年外汇储备增加到 61.15 亿美元，2006 年底已达到 70.36 亿美元，增长了 15%，可满足 13 个月进口需要。2007 年 1 月底，外汇储备为 75.69 亿美元。

国际市场评级机构（Capital Intelligence）2006 年 11 月对也门货币的长期和短期两个方面均给予了"B"级评价，其中长期评级为"B –"。该机构认为，也门已经达到了与其对外金融需求相适应的外汇储备水平。

（8）汇率：1991 ~ 1995 年，汇率变化幅度较大，国内货币里亚尔对美元贬值，从 1 美元兑 22.12 里亚尔增加到 1 美元兑 100 里亚尔，这对商品价格、特别是进口商品价格影响很大。1996 年 12 月，也门根据与国际货币基金组织签订的条款，执行了外币经常项目和资本项目业务的自由汇率。1996 年 7 月开始，也门在外汇市场实行了里亚尔浮动汇率，目的是保持国内货币对各种外币相对稳定。实行自由汇率后，官方价格从 1995 年的 1 美元兑 25 里亚尔变为 2000 年 1 美元兑 161.7 里亚尔，里亚尔年均贬值 45%；市场价格从 1995 年 1 美元兑 121.7 里亚尔变为 2000 年 1 美元兑 161.7 里亚尔，里亚尔年均贬值 5.8%。

2003~2004 年汇率比较稳定，1 美元兑换 183.78~184.45 里亚尔，比 2000 年贬值 13.6%~14%。2005 年和 2006 年贬值幅度不大，2005 年为 191.42 里亚尔，比 2004 年贬值 3.8%；2006 年 197.05 里亚尔，比 2005 年贬值 3%；2007 年 198.9 里亚尔，比 2006 年贬值约 0.9%。2008 年 10 月为 199.82 里亚尔。

第八节　旅游

门自然地理复杂，地势从高耸的山峰和连绵不断的山脉，到万丈悬崖的沟壑和绿色丛林覆盖的谷地，从干旱的沙漠和雨水稀少的半干旱草原，到绵延千里的海岸白色沙滩、诸多岛屿和湿润富饶的沿海平原。也门历史悠久，曾经是从红海到地中海必经的交通要道，至今遗留着著名的古城遗址和随处可见的历史文化古迹，自然景观和人文历史汇聚成也门丰富独特的旅游资源，旅游业具有很大的发展潜力和国际竞争力。但是也门在经济和社会发展水平、政局稳定和社会安定等方面存在的很多问题，对旅游业的发展产生了不利影响。

一 旅游业概况

1. 发展现状

也门 1994 年内战平息后，经济发展恢复正常，社会秩序趋于稳定，旅游业开始复苏。第一个五年计划期间，政府利用所有宣传手段，吸引国内私人投资和外资开发旅游业，收到了一定效果。1997 年外国游客 8.4 万人，比 1995 和 1996 年分别增长了 52.5% 和 13.5%。旅游收入直线上升，1995 年为 3300 万美元，1996 年为 4200 万美元，1997 年为 6900 万美元，两年增长了一倍多；1998 年为 8400 万美元，年增长了 21.7%。旅游仅次于石油出口，成为外汇收入的重要来源。

第二个五年计划期间，旅游业保持了较好的发展势头，游客年均增加 38%。2004 年，外国游客达到 27.3 万人次，年增长 41%；旅游收入由 2003 年的 1.39 亿美元增加到 2.14 亿美元，增长了 54%。2005 年游客 33.6 万人次，年增长 23%；旅游收入 2.62 亿美元，增长了 22.4%。第三个五年计划的目标是游客、饭店房间和就业机会年均分别增长 12%，到 2010 年旅游收入将从占 GDP 的 3% 增长到占 7%。

2006 年也门政府成立了旅游部。根据旅游部制定的旅游发展计划，今后 5 年也门争取外国游客达到年均 100 万人次，尤其是增加欧洲的游客数量。2006 年外国游客 35 万人次，年增长了 4.2%，旅游收入 3.09 亿美元，增长 17.9%。2007 年外国游客 40 万人次，年增加 14.2%，旅游收入 4.25 亿美元，增长了 37.5%，旅游收入有较大增加的主要原因是：游客平均停留时间由 6 天增加到 8 天，日平均消费由 135 美元增加到 140 美元。为了改变旅游环境，进一步吸引旅游投资和增加游客数量，2007 年底政府颁布了关于旅游业的新法律。2008 年旅游部确定的未来发展目标是：到 2015 年国外旅游人数超过 100 万人次，旅游业收入达到 13 亿美元。

90 年代中末期，到也门的外国游客中西方游客占多数。1996 年西方游客约占 70%，阿拉伯客约占 21%，亚洲游客约占 6%。近年来由于针对西方人的恐怖事件频发，西方游客大幅度减少，中东北非游客占绝大多数。2005 年，阿拉伯游客占 72%，西方游客占 14%，亚洲游客约占 11%。2006 ~ 2007 年阿拉伯国家游客约占 70%，欧洲、美国和澳大利亚游客约占 15%（欧洲游客约占 10%），亚洲国家游客占不到 15%，还有少量非洲游客（见表 4 - 3）。

表 4 - 3 1997 ~ 2005 年游客人数和旅游收入

年　份	1995	1996	1997	1998	1999	2000	2001	2002	2003	2004	2005
人数（万）	6.1	7.5	8.1	8.8	5.9	7.3	7.5	9.8	15.5	27.4	33.6
收入（亿美元）	0.49	0.55	0.7	0.84	0.61	0.76	0.38	1.05	1.39	2.14	2.62

资料来源：也门旅游总局。

2. 旅游发展项目

也门旅游业有多种旅游项目，如商务旅游、文化旅游和休闲旅游等，内容比较丰富。政府试图通过开发旅游业带动内地和边远地区经济发展，解决就业问题，极力鼓励内外投资，以优惠政策促进私营经济与国有部门合作，推动旅游业的建设和发展。多年来，政府举办了大规模旅游业的招商引资活动，根据投资法的条款给予旅游投资商各种优惠政策。旅游项目包括宾馆饭店、海滨和山区的旅游景区度假村等。已建设和正在建设的项目 1995 年有 32 项，投资 4.9 亿里亚尔；2000 年 68 项，投资 165.4 亿里亚尔；2005 年 47 项，投资 806 亿里亚尔；2006 年 72 项，投资约 680 亿里亚尔；2008 年，仅亚丁就有 18 个重点建设的旅游景点，总投资 300 亿里亚尔（见表 4 - 4）。

表 4-4　1995~2005 年旅游项目和投资

年　份	1995	1996	1997	1998	1999	2000	2001	2002	2003	2004	2005
项目(个)	32	38	44	27	72	68	49	59	44	57	47
投资(亿里亚尔)	125	97	206	49	182	165	104	128	114	749	806

资料来源：也门投资总局。

也门旅游业比较落后，在空运、海运和陆路交通及饭店旅馆等旅游基础设施和服务水平等各个方面都与国际标准差距较大。1997~2004 年旅游业产值占 GDP 年均仅 3%。目前，阻碍旅游业发展的一个重要因素是社会治安混乱，特别是针对外国人的绑架和恐怖袭击案件时有发生，游客安全不能得到保障。2006 年 12 月发生了两名法国游客被绑架事件，两星期后才获释。2007 年 7 月马里卜省一个旅游场所发生了汽车炸弹爆炸和袭击西班牙游客车辆事件，有 4 名西班牙游客在爆炸中丧生、7 人受伤。2008 年 1 月 18 日在哈德拉毛省观光的比利时旅游团遭到恐怖袭击，两名比利时女游客和一名也门司机被打死，另有一名游客和两名当地人受伤。2008 年 3 月和 4 月，又有几起针对外国人的恐怖袭击。美国和西方一些国家已将也门列入不安全国家，多次提醒本国人慎重选择到也门旅游。

二　饭店设施

20 07 年也门旅游饭店分三种类型：现代化饭店，传统饭店和一般旅店。现代化饭店一般由外资和合资建立，基本设备现代化，有国际会议中心和网络设施，服务水平也够标准。传统饭店的建筑具有当地风格，基础设施比较有限。一般旅店规模较小，接待阿拉伯和当地游客。首都萨那、亚丁、荷台达、塔伊兹、穆卡拉、哈杰等旅游城市都有旅游饭店。也门五星级饭店寥寥无几，四星、三星、两星、一星级饭店和旅店较多。五星级饭店 90 年代 3 个，2000 年新建了 3 个，2004 年和

2005 年各增加 1 个。四星级饭店 90 年代末 12 个，2005 年增加到 38 个。同期三星级饭店从 57 个增加到 93 个，二星和一星级饭店分别从 68 个和 102 个增加到 139 个和 261 个，其他旅店从 567 个减少到 163 个。2005 年共有各种饭店旅店 692 个，其中一星和二星级占 38% 和 20%，三星和四星级占 13% 和 6%，五星级仅占 1%。2005 年也门饭店共有 15265 个房间，共有 34904 个床位。

五星级饭店有萨那的莫文皮克（Moevenpick Hotel Sana'a）、喜来登饭店（Sheraton, Sana'a）、塔吉·沙巴酒店（Taj Sheba Hotel），亚丁的喜来登饭店［Sheraton（Mountain View）］、亚丁金色郁金香饭店（Golden Tulip Aden Hotel）等。四星级饭店有萨那的也门喜来登饭店（Sheraton Yemen Hotel）、山姆城饭店（Sam City Hotel）、美居赛义德饭店（Mercure Sana'a Al Saeed Hotel）、英格尔旅游饭店（Eagle Tourism Hotel）、西部哈达饭店（Best Western Hadda Hotel）、哈达酒店（Hotel Hadda）、撒哈拉饭店（Hotel Shaharan），塔伊兹的索非亚·赛义德饭店（Sofitel Al Saeed Taiz Hotel）、索芙特饭店（Sofitel Taiz），亚丁的美居饭店（Mercure Hotel）、亚丁美居四星饭店（Mercure Aden 4 ∗ Hotel）、亚丁"9·26"饭店（26 September Hotel），荷台达的巴哈尔·艾哈麦尔饭店（Al Bahr al-Ahmar Hotel）、巴尔吉饭店（Al-Burj Hotel），穆卡拉的假日旅馆饭店（Holiday Inn Hotel）、哈德拉毛饭店（Hotel Hadhramaut），哈杰的卡姆丹饭店、马里卜饭店等。这些酒店设施和服务水平基本达到了国际水准。

三　旅游城市

也门有三座古城被列入《世界遗产名录》。

1. 萨那（Sana'a）古城

萨那古城位于也门首都萨那的东区，地处也门西部海拔

2350 米高的高原盆地中，湿润多雨，气候宜人，四季如春，素
有"阿拉伯明珠"、"春城"的美称；处于红海与印度洋的汇聚
地和穿越也门山脉的主要交通线上，与非洲之角遥相呼应，是古
代阿拉伯人生活的心脏地区。

"萨那"一词原意是"坚固的城堡"。相传萨那是人类最早
的定居地之一，人类始祖诺亚（NOAH）的儿子萨姆（SHEM）
从北部进入也门寻找定居地，在一只鸟的引领下来到萨那并定
居，因而萨那也称为"萨姆城"。

萨那古城约有 2500 年的历史，是古代阿拉伯半岛的交通要
冲。公元前 10 世纪时，萨那是萨巴王国的一个要塞，公元 2 世
纪演化成阿拉伯半岛上重要的宗教和贸易中心。公元 3 世纪，在
萨巴王国原址上建起了萨那城堡。首先在城堡的西南面建设了著
名的乌木丹宫，后来围绕着宫殿和其他公共建筑群，由东向西延
伸建起了萨那古城。到公元 4 世纪，萨那城堡已经成为也门的政
治、经济和宗教中心。公元 6 世纪时，希米叶尔王朝建都于此。

自公元 628 年起，阿拉伯人迅速扩张，萨那成为他们向西亚
北非广大地区传播伊斯兰教的基地，古城规模随之扩大。630 年
乌木丹宫西侧建造了萨拉大清真寺。[①] 公元 8~9 世纪阿拔斯王
朝统治期间，在萨那古城北边修建了一座王宫。公元 898 年，也
门历史上最主要的伊斯兰教派——宰德教派创立，到公元 11 世
纪时古城内建立了 106 座清真寺、12 个浴场和 6500 座民居。萨
那城的多层塔建筑和清真寺为城池增添了雄伟气势和美丽景观。
公元 12 和 13 世纪，阿尤布王朝时期[②]，萨拉大清真寺的西边又

---

① 也门著名清真古寺。位于首都萨那旧城。约于 630 年由也门行政长官、圣门
　弟子渥卜勒奉穆罕默德之命创建。后经伍麦叶王朝第六代哈里发瓦利德
　（705~715 年在位）扩建及其后历代的不断重修，得以保存至今。

② 阿尤布王朝（1171~1250），12 世纪末到 13 世纪中期的穆斯林王朝。由萨
　拉丁所建，统治整个埃及、今伊拉克北部、叙利亚大部和也门。

修建了一座王宫。1597 年奥斯曼统治初期，统治者对城市进行了规划，城西修建清真寺，城北盖居民住宅，建筑格局分明，布局规整，至今这种格局仍被保留。历史上，萨那曾先后受阿拉伯、波斯和奥斯曼帝国的统治，由于人为破坏和自然灾难，萨那古城多次遭到毁坏，也曾多次重建。

萨那古城以它独特的建筑艺术和众多的历史古迹闻名于世。古城建筑突出了古朴的伊斯兰风格，城内年代久远的清真寺和宣礼尖塔随处可见，带有神秘色彩的神殿遍布全城，至今古城墙和城内大多数建筑完好无损。这些珍贵的历史和文化遗产，浸透了也门古代文明的风韵，极具人文旅游价值。1300 多年前的萨拉大清真寺庄严宏伟，寺内的大图书馆是阿拉伯国家最大图书馆之一。萨那最著名的古迹有古老的城墙、也门门、萨拉大清真寺、乌木丹宫、哈达宫和古代浴室等。国家博物馆收藏了伊斯兰之前、伊斯兰时期和近代等各时期的历史文物。

古萨那的城池带有浓重的阿拉伯色彩。星罗棋布的狭窄街道密如蛛网，各种各样的建筑保留着传统阿拉伯风格，有的建筑高达 9 层楼。建筑是青石、白石或红色大理石、浅灰色砖和土坯垒砌而成，扇形气窗用半透明雪花石膏筑成，拱形门窗用彩色玻璃镶嵌，门窗周围用白色装饰涂料勾画。在用各种石料建设的造型别致的建筑上，雕刻着精美的石刻画。塔楼式的住宅，悦目的褐色和耀眼的白色相间的墙面，与清真寺的尖塔和圆形穹顶相映生辉。房屋的窗户由上下两部分组成，上半部多为半圆拱形，上面镶嵌着花瓣式彩色玻璃，每当阳光照射，室内五光十色，艳丽夺目；下半部是可以自由开关的普通窗户，窗口在室内距地面大约半米高左右，人们在屋里席地而坐，窗外的街景便可一览无余了。

世界遗产委员会的评价是，这里客观真实反映了萨那古城的古朴风格：在残缺的城墙内，萨那提供了一种建筑风格总体一致的典范，其设计和各个细节反映了具有伊斯兰早期空间特色的一种有序结构，这种结构随时光流逝而日显珍贵（Ⅳ）。作为极易损坏的同时期社会变迁遗物，萨那房舍已经成为经典的、独一无二的传统人类活动文化遗产（Ⅴ）。萨那古城是伊斯兰教初年伊斯兰教义四处传播最直接最实际的见证（Ⅵ）。[①]

萨那周边的名胜古迹与萨那古城构成了这一地区的一个古代建筑群。萨那城外有石头宫和马里卜。石头宫又称卡索尔·哈克尔宫，希木叶尔王朝时建立，原是老教长时代的行宫，坐落在萨那北郊25公里处达赫尔谷地一座20米高的岩石上。整座建筑依岩石之势而建造，达五六层楼高，结构严谨，建造精巧，装饰华丽，被也门诗人誉为"也门的新娘"。远远望去，巨大的岩石犹如坚固的台基，高高的宫殿耸立其上，被周围郁郁葱葱的丛林簇拥。王宫地势险要，一条狭窄的石台阶只可一个人攀登而上通往宫门，四周建有城墙和碉堡。王宫后面的建筑群据说是当年老教长娱乐的地方。整个宫殿让人感到宏伟壮观，气势不凡。

马里卜位于萨那以东88公里处，是世界著名的马里卜大水坝遗址的所在地。马里卜水坝始建于公元前7世纪中叶萨巴王国统治时期，于公元前5世纪建成。大坝全长800米，高10米，宽5米，全部用巨石砌成。大坝的两边有溢洪口和闸门，兼有蓄洪和灌溉的效用，不仅控制了洪水泛滥，而且使大片荒漠变为良田。它的建成促进了古代也门农业耕种和商贸交流。大坝毁于公元542年的一场特大洪水，现仅存大坝遗址和贝格勒斯庙及月神庙遗址。1986年，在大坝遗址的上游兴建了新马里卜大坝。

萨那古城1986年被联合国选入世界文化遗产。

2. 宰比德（Zabid）古城

宰比德位于红海沿岸狭长炎热的提哈迈平原，距海岸25公

[①] "Ⅳ"、"Ⅴ"、"Ⅵ"是世界遗产的遴选标准。

里，距高原地域也很近，在连接荷台达港与塔伊兹城的道路边，海拔较高。历史上的宰比德古城是亚丁通往伊斯兰圣城麦加的必经之地，因而成为印度到麦加之间的中转站。

宰比德在公元7世纪就已存在，不仅是也门的政治和贸易中心，还是也门伊斯兰教徒的聚集地。伊斯兰教先知穆罕默德传教时代，也门的伊斯兰教势力在提哈迈平原集结并日渐壮大。伊本·齐亚德王朝时期（818～1018年），创建者齐亚德选择宰比德建都。他修建了防御工事并建造了运河系统，其继承者建立了大清真寺并扩建了早年建成的阿萨清真寺。此后宰比德古城经历了两次破坏和重建，到纳贾王朝（1021～1156年）和马赫迪王朝（1159～1173年）时期遭受了更严重的损坏，防御工事和宫殿面积逐渐缩小。阿苏勒王朝（1228～1454年）时期，统治者控制了提哈迈平原和南也门，宰比德古城重新兴盛，达到了古代与中世纪最繁荣的时期，再次成为也门的政治和文化中心，城内的宰比德大学的影响遍及伊斯兰世界并跨越了印度洋。这个时期的城市建设大发展，修建了清真寺、伊斯兰学校、喷泉和道路等。建筑形式也有了创新，例如留存至今的穹顶建筑就是那个时代的产物。但是这一时期的建筑并未完整地保存下来，如今能看到的仅剩下了法蒂尼亚伊斯兰学校（Fatiniya madrassa）。塔希尔王朝（1454～1517年）时期，宰比德开始衰落，第一次奥斯曼征服时期，宰比德古城遭到毁灭性打击。

独具特色的宰比德古城街道与小巷占地135公顷，被包围在古代用做防御工事的椭圆形墙内，其间保留了古代的建设规划格局。较宽的环行街道，似乎是后人沿着早期古城墙遗址重新修建的。城堡、大清真寺和阿萨清真寺组成了古城的主要景观。所有建筑都是用石砖堆砌，外墙整体用白色粉饰，墙上有各种伊斯兰几何形图画和阿拉伯书法，这种图案在宗教建筑上更为常见。城内有 86 座清真寺和一些伊斯兰学校。古城的每幢民居楼都由多个石砖房屋和院墙组成，也有泥砖房屋，屋顶用茅草搭建。民居的建筑风格在提哈迈平原很普遍，但是在宰比德古城表现得近乎完美。

世界遗产委员会的评价是：这座城池是国内的军用建筑，它都市化的设计具有杰出的艺术性和历史价值。除了也门的首都，从 13 到 15 世纪，宰比德因它的伊斯兰大学而闻名于阿拉伯和穆斯林世界。

宰比德古城于 1993 年被列入《世界遗产目录》。

3. 希巴姆（Shibam）古城

位于也门中部的哈德拉毛省，距首都萨那以东约 470 公里。约 3 世纪时，希巴姆城的贸易兴盛，因而取代舍卜沃成为哈德拉毛首府。公元 7 世纪初阿拉伯人扩张时，希巴姆因在伊斯兰教传播中的作用日趋重要，阿拉伯统治者将其作为哈德拉毛西部的首府。公元 746 年，希巴姆成为哈德拉毛地区反抗阿拉伯伍麦叶王朝斗争的中心。后来希巴姆又成为易巴德派[①]信徒支援哈瓦利吉教派[②]的中心，直到 11 世纪。10 世纪以后的几个世纪，希巴姆成为主要商业中心，尤以经营哈德拉毛河谷出产的椰枣和纺织品而闻名。1219 年希巴姆被阿尤布王朝的统治者征服，成为阿尤布王朝在哈德拉毛西部的统治中心。1520 年，其首府地位被塔里姆取代。1298 年和 1532 年，希巴姆古城两次遭到洪水袭击的灭顶之灾。18 世纪，希巴姆古城得到移居东南亚、东非和印度的希巴姆人的资助，恢复了往日繁荣。

---

① 伊斯兰教早期派别之一。亦称艾巴德派。因该派主要领袖阿卜杜拉·本·艾巴德而得名。又因其政治主张与哈瓦利吉派相近，故被伊斯兰史学家视为哈瓦利吉派的一分支。
② 伊斯兰教派之一，又称"军事民主派"，约在 7 世纪中叶由阿里的反对者组成，首领是阿卜杜拉·瓦哈卜·拉西比。"哈瓦利吉"意为"出走者"。

希巴姆古城现存的建筑多为 100～300 年前建造的，最早可追溯到公元 10 世纪。城里的建筑都是土坯建筑群，一般高达 30 米，屋顶和顶楼涂有雪花石膏，每年粉刷一次，防止房屋被风沙侵蚀。据说这种中世纪的"高层建筑"，是传统家族制度的产物。一般家族的人分家后不外迁，固守祖屋，在原来的房屋顶上加层扩建，久而久之形成了"高层建筑"。粗略计算，城内共有 500 多座"高层建筑"，现居住 7000 人左右。每栋建筑为 5 层至 8 层结构，1、2 层房间大多没有窗户，1 层养家畜，2 层当仓库，3 层以上供人居住。远远望去，在沙漠深处耸立的这片"高层建筑"，像沙漠中的海市蜃楼。

世界遗产委员会的评价是：16 世纪的希巴姆城堡被军事防御墙环绕，是基于垂直建筑规则建造的最古老、最杰出的都市规划典范之一。在悬崖上的塔状建筑给人印象深刻，由此这座城市得名"沙漠中的曼哈坦鸡尾酒"。

希巴姆于 1982 年被列入《世界遗产目录》。

四 旅行注意事项

也门是伊斯兰教国家，严禁饮酒。旅行时须特别注意带入的酒类饮料不得超过 3 瓶。如经由沙特阿拉伯入境，则绝对不准携带任何酒类饮料。外国人出入也门如停留 5 天以上，需要登记及办理出境签证。

在也门搭计程车时，尽可能在讨价还价后再乘坐。也门的计程车费是中东国家最贵的。到也门旅行，订饭店比较容易。萨那市位于海拔 2400 米的高地上，有心脏病的人需特别注意身体。当地的自来水不达卫生标准，不要喝生水，可饮用矿泉水。

也门是农业国，经济比较贫困，生活物资几乎全部依赖进口，由于进口商品价格高，再加上高额的进口税和运费，所以国内物价普遍较高。

第九节 国民生活

一 国民生活

也门社会发展水平比较落后，人口居住环境差，基本生活水准低下。1994 年也门内战引起经济危机，国民的生活环境更加恶劣。根据联合国人文发展指数（HDI-Human Development Idex）①，1999 年在世界 174 个国家中，也门排名第 148 位；2006 年在 159 个国家中，排名第 150 位。1998 年也门人口年均增长 3.5%，社会贫困率 40.1%，其中城市为 32.2%，农村为 42.4%。也门基本的社会服务体系非常薄弱，1998 年有 60% 的居民没有安全饮用水，50% 的居民没有享受卫生医疗服务，仅有 24% 的居民使用卫生设施，35% 的居民用电，社会文盲率 55.7%，社会失业率约 25%～35%（参见表 4 - 5）。

表 4 - 5 2000～2006 年社会发展评估数据

参 数	单 位	也门	中东和北非	低收入国家
贫困程度（生活在国家贫困线以下的人口占总人口的百分比）				
城市人口占总人口比例	%	28	57	30
出生预期寿命	岁	62	70	59
婴儿死亡率	每 1000 人中活体数	76	43	75
儿童营养不良状况	5 岁以下占儿童比例（%）	46	15	
可饮用卫生水比例	占总人口比例（%）	67	90	75
受教育程度	占 15 岁以上人口（%）	54	73	61
高校入学情况	占学龄人口（%）	89	103	102
男		101	106	108
女		75	99	96

资料来源：世界经济发展 LDB 数据库 2007 年 9 月 28 日。

---

① 该指数包括人均寿命预测、教育和生活标准等。

近些年来，也门在发展经济的同时，执行社会发展计划取得一些成效，国民生活状况有了一定的改善。根据也门 2003～2005 年统计报告，也门人口增长率从 3.5% 下降到 3%，社会贫困率从 39% 下降到 35.5%，农村贫困率仍为 41%，城市贫困率从 25% 下降到 19%，失业率为 17%。2008 年政府工作报告显示，2006 年也门社会贫困率为 34.8%，城市贫困率为 20.7%，农村贫困率为 40.1%。

也门面临着社会发展的严重挑战，最突出的问题是贫困人口比例高，社会贫富差距悬殊。从社会总收入指标看，30% 的也门上层人占有 49% 的国民收入和社会消费，而 30% 以上的贫困人口只占有 6% 的国民收入和 8% 的社会消费。导致也门社会贫困率高的主要因素是人口增长率居高、受教育程度低和失业人口多。另一个突出问题是农村生活非常落后，贫困率比城市高出一倍，城乡差距巨大。另外，也门社会保障体系很不健全，社会保障仅覆盖了占职工总数 30% 的政府部门工作人员，而私营企业和非政府机构的职工均享受不到社会保障。社会保障基金也远没有覆盖全也门的 200 多万个家庭。

也门政府从 20 世纪 60 年代开始建立社会服务系统，至今形成了拥有 1107 个中央和地方行政管理部门及其分支的庞大系统。从第二个五年计划开始，政府提出建立社会保障体系，目的是对社会弱势群体和突发事件的受害者提供社会保障，减轻对收入、就业和生活标准的消极影响，帮助贫困家庭、失业人员寻求谋生途径。2005 年初也门议会批准了一项建立社会保障体系的法案，当年政府预算划拨了专项资金，用于减轻经济改革造成的国民消费支出增加的损失。社会保障体系除了包括福利制度外，还建立了几个社会福利基金、家庭生产中心，农业和渔业发展基金。第三个五年计划提出加速社会保障体系制度化进程，将社会保障覆盖率从 5% 提高到 13%。

为了解决也门经济落后和社会贫困的问题，1995 年 3 月，政府开始实施经济、财政和管理改革计划，计划的目标是通过全面的结构改革，增强国家制度化的作用和职能，一方面改善经济环境和条件，发展国民经济；另一方面执行包括医疗卫生、教育和培养人才以及其他社会服务领域发展战略计划。政府在第一个五年计划的优先发展目标中，规定除了实现经济发展和保护环境的目标外，还有减少贫困和提高就业率，改善教育、医疗卫生和居住条件等社会发展目标。第二个五年计划又提出了消除社会贫困的目标，但是从两个五年计划执行结果看来，与实现经济发展目标的良好状况相比，实现社会发展目标没有达到预期指标。

第三个五年计划——发展与减少贫困计划，强调了社会的全面发展，将消除社会贫困作为重点目标。计划规定的消除社会贫困的具体标准是：2010 年人口增长率降低到 2.75%，社会贫困率降低到 20%，失业率降到 12%，初级教育普及率 78%，文盲率减少到 20%、2025 年再减少到 10%。

也门政府消除贫困的努力得到了联合国开发计划发展署、世界银行和世界粮食计划署以及一些国家和福利组织的支持，它们在也门消除贫困和提高就业方面提供了专项资助，主要资助项目包括社会发展（包括卫生、教育和安全用水）、农业发展、社会基础设施建设和工业发展。

二 劳动力和就业

从 20 世纪 90 年代至今，人口的高增长率带动劳动力正以年均约 4% 的速度递增。1995～2000 年劳动力从 346.2 万人增加到 427.4 万人，年增长率为 4.7%；其中男性从 279.3 万人增加到 322 万人，年均增长 3.1%，女性从 66.9 万人增加到 105.4 万人，年均增长 11.5%，女性从占劳动力的 19.4% 增长到 24.7%。2000～2005 年劳动力从 427 万人增加到

515 万人，年均增长 4.1%；其中男性从 322 万增加到 378 万，年均增长 4.2%，女性从 105.4 万增加到 136 万，年均增长 5.8%，女性从占劳动力的 24.7% 增长到占 27.5%。2003 年农业劳动力占总劳动力的 54.2%，工业服务、建筑、商贸劳动力占 25%。

人口高增长还使就业人口增加很快。1995～2000 年就业人口从 312.5 万人增加到 376.5 万人，年均增加 4.1%；2005 年就业人口达到 471.461 万，2000～2005 年年均增长 5%。

从就业结构上看，农业就业人口情况主要根据农业年景而定，1994 年占 52.3%，1999 年下降到 48.5%，2000 年又增加到 54.1%。这一比例是工业就业人口的 9 倍。女性在渔业就业人口中比例很高，占女性就业人口的 86%。虽然农业就业人口比例是各行业中最高的，但农业产值仅约占 GDP 的 20%，反映了农业劳动力非常廉价。与其相比，2000 年采矿业就业人口仅占 0.6%，而采矿业产值占 GDP 的 16.5%。公职人员所占比例从 1994 年的 12.9% 下降到 2000 年的 9.5%，人数减少的原因是政府执行行政改革计划，落实减少公职人员和工资支出的措施。同期建筑业就业人口从占 6.8% 增长到 9.3%。服务业就业人口从 1995 年的 36.1% 下降到 2000 年的 34.6%。

2000～2005 年生产领域就业人口占 65.4%～66.3%，其中农副业比例稍有下降，从占 54.1% 下降到 52.7%；工矿、水电和建筑业等比例上升，从占 11.2% 增长到占 14.8%。服务业就业人口占 33.7%～34.6%，其中公职人员占 9.9%；商贸业占 12.1%～12.6%；社会职业占 6.8%～7%；交通运输占 3.3%～3.5%。

在就业人口中，文盲和仅有初级读写水平的人占多数，但是比例从 1995 年占 80.5% 下降到了 2000 年的 72.3%，其中文盲从 58% 下降到 48%；另外经过初中级教育和经过培训的人从占 15.7% 增长到 21.5%。两种比例的变化说明通过政府采取普及

教育的措施，就业人口中的受教育状况有所改善。另外由于经济
发展需要，专家和专业人员比例增加了一倍，一般职业技术人员
比例没有变化（约占 1.8%）；同期中等水平的司法人员、医师
和职员从 13.8% 下降到 12.7%，估计与公职人员精简改革有关
系。

也门人口增长已远超过了就业机会的增长，就业形势越来越
严峻。劳动力增加过快和经济发展落后是引发失业问题的主要原
因，而失业又成为社会和经济发展的难题。经过政府和全社会的
努力，失业率呈下降趋势。1996 年也门失业率高达 25%～30%，
2000 年失业率下降到 23%，1999～2004 年年均失业率为 12%～
17%，2005 年约为 16.3%，2006 年约为 17.1%。但是由于人口
中 15～24 岁的比例不断增长，年轻人就业形势严峻，年轻人的
失业率始终高达 30% 以上。

除了就业供求不平衡外，劳动力结构不平衡也是造成失业的
重要因素。劳动力中农业劳动力多，农业季节性对就业产生影
响，出现大量季节性失业人口，使农业就业形势极不稳定。劳动
力中多数是受教育程度低、非熟练工和非技术工，因而产生了就
业需求与求职人员脱节的现象。另外还有部分熟练工和技术工因
工作专业不对口而失业。失业人口中临时工和短工比例很高，这
些人流动性大，多数时间处于失业状态。2000 年失业人口中打
零工的人占 11.9%，未充分就业的人占 25%，政府曾经计划到
2005 年将这两类人的比例降到 9.5% 和 12.5%。妇女就业问题
也很突出，失业大军中妇女的比例增长很快，1995 年占 9.8%，
2000 年占 17%。政府鼓励开展家庭经营和自我经营解决妇女就
业问题。

也门就业服务系统比较落后。政府开办了一些职业介绍所，
2006 年这类职业介绍所共有 22 个。政府也允许私人开办职业介
绍所。2003 年也门劳动力市场调查报告显示：也门仅有 25% 的

企业知道政府的职业介绍所，仅有1.5%的企业主通过与政府就业部门联系的途径了解雇工信息，5.6%的人经政府的职业介绍所找到工作，而96.6%的企业是通过私人关系解决就业的。另外大部分失业的人没有在劳动部门登记，2003年在内务部登记的失业人数为48500人，劳动部门登记的失业人数为11500人，同时在私人开办的职业介绍所登记的失业人数为6600人。

调查报告还显示，1999～2006年也门如果将失业率下降一个百分点，需要每年提供18.8万个就业机会，解决就业是政府面临的最棘手问题。近年来政府采取了多种措施解决就业问题，年均增加就业机会1.5%，远低于就业人口约5%的增长速度。预计2006～2010年年均就业人口增加2.8%，计划年均增加就业机会4.1%，但是要实现这一目标难度相当大。政府从第一个五年计划开始制定了通过非官方部门和私营企业解决就业的目标，如今这些渠道已经成为也门主要的就业途径，私营就业在就业中比例增加很快，2000～2005年增长了96.1%，从占就业人口的88.6%增长到90%以上，而同期官方就业仅增长了3.9%，从占就业人口的11.4%下降到不足10%。服务业是就业的重要领域，特别是旅游业的发展提供了很多就业机会。另外具有发展潜力的制造业也提供了部分就业机会。海湾地区劳务市场吸纳也门劳动力是解决就业的另一重要途径。每年都有大量职业型和熟练工种的劳工输出到海湾国家。但是也门劳动力市场的知识型和技术型人才常显不足，需要通过进口人才补足。

三　工资

也门社会就业人员的工资水平很低，没有定期增加工资的相关法规和制度。固定就业人员实行月工资制度。企业职工月平均工资为1.3万里亚尔，其中高层管理人员1.7万里亚尔，高级技术人员1.72万里亚尔，机械和专业工人1.52万里亚尔，销售和服务人员 1.36 万里亚尔，一般职员 1.31 万里亚尔，职业人员 1.22 万里亚尔，农渔业熟练工 1.14 万里亚尔。政府部门公职人员 1995 年月平均工资和奖金 9700 里亚尔，2000年增加到 2.288 万里亚尔（142 美元）。临时就职人员实行日工资制度，基本分为两种，一般雇工的日平均工资为 430 里亚尔，文职人员为 760 里亚尔（约合 4.7 美元）。

政府为了实施行政改革计划和减轻财政负担，几年来，制定了一系列精简人员和改革工资制度的措施，主要是通过各种途径分流人员以减少行政开支。1995～1998 年公职人员从 32.2 万人增加到 41.9 万人，其中教育部门职员占 53%。1998 年政府应世界银行的提议，进行公职人员改革，整顿臃肿的公职体制以减少工资支出。1999 年根据总统法令建立了一项公职人员基金，用于对改革中被解雇和退休的公职人员提供补偿。然而由于失业率高和就业压力增加等问题，改革计划一再拖延。2001 年公职人员从 1999 年的 41.94 万人增至 43.58 万人。2002 年政府向国际货币基金组织承诺开始进行公职人员改革，通过削减文职人员数量，将工资支出占 GDP 比例限制在 1%～2%。但执行改革措施并不顺利。国际货币基金组织决定根据也门执行行政改革的情况提供援助，也门政府表示反对，理由是社会失业率已经达到了20%～40%。

2004 年开始政府启动改革方案，将增加公职人员数量由每年 3.5 万名减少到 2.5 万名，并解雇 1.2 万名职工，给 3.3 万名职工办理退休手续，还有一些职工被安排进行职业培训，同时给予这部分职工适当的补偿。然而为了避免未来经济改革带来的冲击，政府增加了文职人员薪金 20%～40% 不等。大幅度地增加工资与改革提出的工资的目标显然不符，影响了行政改革的实际效果。2005 年政府制定了 4 个改革步骤，但是由于体制不统一、资料信息不通顺和机构之间缺乏联系等问题，改革进程受阻。

2006～2010 年五年计划期间，政府又制定了工资制度改革措施，具体步骤是提供 6.415 万公职职位，对 2.817 万名职工办理退休手续，解雇 6 万名职工，将 1.5 万名职工转入公职基金。几年来精简人员和工资的改革虽然遇到困难，但还是取得了一定效果，政府财政预算中工资的支出比例总体呈下降趋势，1992～1994 年均占 60%，1999～2001 年占 31.4%，2002～2004 年占 27.8%，2005 年占 28.4%。

在精简人员的同时，政府提高了各类公职人员的工资，以弥补减少经济补贴对他们造成的损失。2004 年政府增加了公职人员工资 20%～40% 不等，2007 年又增加了 10%～15% 的工资，2008 年 3 月再次给所有政府职员增加工资，不论职位高低，每人增加 3000 里亚尔，同时退休职工的工资在原有基础上增加 50%。

也门实行退休养老金制度。1995 年约有 38 万人能够享受这一制度，包括 34.8 万公职人员和 32490 名企业职工。2000 年能够享受退休养老金制度的人增加到 46 万人，包括 41.5 万公职人员，4.5 万名企业职工。

四　社会福利制度

到目前为止，也门还没有完整的社会福利制度，政府曾经制定了几个社会福利计划，但是面对落后的也门国情，这些计划捉襟见肘，远不能满足贫困国民的需求。在经济改革进程不断深入的形势下，政府开始考虑建立社会保障体系，第二个五年计划制定了一些具体措施，2005 年初议会通过了相关的法案，其中涉及社会福利制度的内容，主要是成立社会福利基金、扩大福利受益范围和执行社会福利计划。除了政府负责其计划的执行外，非政府的各社会福利机构和社会各界人士也参与了社会福利资助活动，主要筹款途径是国外劳工开展各种捐助活动、社会各界人士为特殊事件和贫困人群需求提供捐助和借贷、社会集资为自然灾害进行捐助、社会救助协会提供资助、自助合作社开展互助活动、清真寺募捐、社会福利组织开展扶贫捐助等。

从1995年开始，也门相继成立了几个社会福利基金，政府增加了执行社会福利计划的专项资金，占财政预算的比例从1995年的0.5%增长到2005年的1%。目前已经成立的几个主要福利基金有：

（1）社会福利基金：基金建立于1996年，资金来源于政府财政预算。由社会事务部部长负责管理基金事务，基金的办事机构和各地方基金办事处负责执行具体事务。基金用于向社会贫困人群提供援助，包括特困人群、残疾人、无助的老年人和妇女儿童。援助采取发放现金的方式，主要通过两个途径完成。一是每月定向发放，按照资助条件每人每月得到500～2000里亚尔不等，其中特困成年人1000里亚尔，儿童1500里亚尔；二是遇特殊事件提供一次性补助，特殊的遭遇者一次最多得到2000里亚尔。受益人名单由社会事务部确定和经部长审批。2000年受益人从前一年的10.5万人增加到45万人，资助金额72亿里亚尔（约合4453万美元）。2001年社会保障和福利部长宣布，在政府取消基本生活用品的补贴后，对于由此受到严重影响的贫困家庭给予补贴。2005年接受援助的受益人达到60万人，7月政府批准扩大20万受益人。2006～2010年第三个五年计划规定援助受益人将增加到100万。2007年12月也门社会事务和劳动部宣布，2008年扩大社会福利基金的社会援助范围，增加10万个援助对象，并把援助对象的月生活保障金金额提高50%，同时继续向有劳动能力的贫困者提供劳动技能培训，使他们能够自食其力。

（2）社会公共建设计划基金：基金建立于1996年，由世界银行提供专项资金，也门计划部监管基金事务。基金用于城市基础设施项目，注重社会效益。项目包括整顿和维护环境、建设公共卫生设施、公共卫生清理、城市排污和下水设施建设和清理、学校建设、道路修复和维护等，多数是小型项目。基金要求所援助的项目，不仅能够改善公共设施条件和公共环境，还能够每月向非熟练劳动力提供 9.6 万个就业机会。2000 年已经完成了 723 个基金援助项目，提供资金达 67 亿里亚尔（约合 4143 万美元），创造就业机会（按天计算）240 万个，基本上是教育、医疗卫生、道路、供水和卫生设施行业的体力劳动。2001 ~ 2005 年基金共提供资金约 8700 万美元（约 165.5 亿里亚尔），资助项目 1270 个，创造了（按天计算）500 万个就业机会。2006 ~ 2010 年期间计划资助 1900 个项目。

（3）社会发展基金：建立于 1997 年 7 月，该基金的主要目的是解决社会发展问题和消除贫困，以边远地区和欠发达地区为主要对象。这是也门最大的社会福利项目，基金的多数资金来源于国际社会资助和政府筹款，由政府负责执行基金项目，一些社会团体协助项目的实施。基金设立了董事会，董事长由政府总理担任，董事包括私营企业代表、非政府组织代表和政府部长，常务董事指定一名董事担任，任期一年。

基金的最初资金为 8000 万美元，主要由世界银行、欧盟、阿拉伯经济和社会发展基金、伊斯兰发展银行等机构提供，部分资金由也门政府预算拨款。2007 ~ 2008 年，已经得到包括联合国国际开发协会在内的 12 家国际组织和国家的资金和信贷支持，其中国际开发协会的资金支持超过 1.5 亿美元。

基金制定了 3 个阶段计划，第一阶段 1997 ~ 2000 年，由 4 个捐助方提供 8000 万美元，执行 1086 个项目；第二阶段 2001 ~ 2004 年，由 7 个捐助方提供 1.45 亿美元，执行 2000 个项目；第三阶段 2004 ~ 2008 年，由 10 个捐助方提供 4 亿美元，执行 4000 个项目。

基金的实际执行情况是，1997～2000 年提供资金 7.45 亿美元（约 1200 亿里亚尔），执行了 1233 个项目，创造就业机会（按天计算）300 万个，其中教育和卫生占 64%，供水、卫生和道路设施占 25%，制度建设和其他领域占 11%。2001～2005 年期间，提供资金约 3.4 亿美元（约 651 亿里亚尔），执行了 3500 个项目，其中社会发展项目占 82%，制度建设占 10%，小型和微小型企业建设占 8%，共有 700 万人受益，创造就业机会（按天计算）近 900 万个，其中固定就业机会 8000 个。2006～2010 年第三个五年计划期间，将执行 7710 个项目。2007 年 3 月，基金已批准为全国各地的 933 个项目融资，项目金额达 8600 万美元，主要用于教育、农村发展、资源管理和服务等项目。2008 年将提供 1.13 亿美元（约 225 亿里亚尔），资助 1251 个项目，集中在卫生、教育、环境和农业等领域，其中教育 230 个项目，总金额 3700 万美元；劳动部门 119 个项目，总金额 2700 万美元；残疾人保护 108 个项目，总金额 500 万美元；技术培训 151 个项目，总金额 300 万美元；其他还有卫生 46 个项目，水利 290 个项目，环境 40 个项目，文化遗产保护 44 个项目，中小企业发展 56 个项目，农村道路建设 47 个项目，农业 50 个项目，其他领域 70 个项目。

五 妇女问题

也门妇女深受社会传统习俗和社会发展滞后的影响，社会地位低下，各方面水平与男性相比差别很大。2003 年以后，女性中的低收入人群占总人口的 45%（男性占 20%）。统一之初的 1992 年成年女性文盲率高达 80%（男性占 39%）；后来妇女教育开始普及，情况有所好转，1998 年文盲率下降到 74%（男性为 37%），2003 年又下降到 71%（男性为 30%），妇女文盲的 90% 在农村。2002 年女童初等、中等教育登记入学率分别为 49% 和 21%（男童为 65% 和 35%）。1992 年妇女就业占 18%，2000 年以后女性参与经济活动人数增加，就业比例增长到 22% 左右（男性占 69.2%）。就业妇女中有 60% 从事家庭式劳动，多数是从事农业劳动，无任何报酬，仅有 9.2% 的人在政府部门工作。

宪法规定，也门公民一律平等，所有权利受到法律保护。根据宪法原则，也门妇女权益同样受法律保护，社会地位与男性平等，在就业、教育和社会生活其他方面都享有与男性相同的权利。但是在实际生活中，妇女地位卑微，日常行动受到传统社会习俗或习惯的限制，妇女的权利被忽视，歧视妇女现象很普遍，妇女就业机会非常少。妇女遭受家庭暴力现象很普遍，一般情况下，对家庭暴力行为没有依法的强制处罚措施。对所谓妇女不轨行为或"损害名誉"行为用暴力惩治甚至杀戮的案件，一般量刑很轻。妇女出国，必须经过丈夫或父亲同意才可办理护照手续。妇女在取得国籍方面同男性不同，女性和男性的配偶同是外国人，男性的外国配偶可加入也门国籍，但女性的外国配偶不准许加入也门国籍。女性的孩子因其父是外国人，在加入也门国籍时会遇到麻烦。女性囚犯服刑期满，没有男性亲属出面不得释放出狱。女童与男童相比，入学率差距非常明显。女青年早婚早孕现象很普遍，2005～2006 年结婚女青年中年龄不足 15 岁的占 52%。2007 年的一项调查显示，在 20～24 岁的已婚女性中，18 岁以前结婚的女性占 48%，15 岁以前结婚的女性占 14%。早婚不仅使女青年的身心健康受到损害，而且也影响到她们的受教育、就业等权利，是造成高生育率和贫困化等社会问题的重要因素。

宪法给予也门妇女以平等的政治参与权利，但是实际上受社会习俗和传统观念的约束，妇女政治参与程度很低。

1980 年北也门宪法修正案，赋予也门妇女在所有选举中的投票权和被选举权。统一后在政府和社会组织的宣传和鼓动下，妇女的政治参与情况有所改善。1993 年议会选举，女性选民注册率比前增加 16%，但也仅有 50 万人，占女性选民的 15%。1997 年议会选举，注册女性 170 万人，占女性选民的 30%（注册选民占 62%）。2003 年议会选举，在政府的宣传和鼓动下，注册女性增加到近 340 万人，占女性选民的 51%（注册选民占 76%）。2006 年地方选举，注册女性占女性选民的 42%。

妇女参政状况没有多大改善。1993 年议会选举，48 名妇女参选，获得 2 个议会席位。1977 年也门保护妇女权益的社会组织在大选中以各种方式进行维护妇女参与政治权利的努力，但效果不明显。20 多个政党参与选举，几个主要政党推荐 48 名妇女候选人，42 名妇女参选（共有 1400 名候选人），最终在 301 个议会席位中，仅获得 2 个席位。2003 年议会选举，12 个参选政党和组织，有 9 个政党推荐了 23 名妇女候选人，17 名参选，依然仅获得 2 个议席。2001 年地方会议选举，共有 89 名妇女候选人，最终在总共 6676 个席位中仅获得了 38 个席位。2006 年地方选举，共有 168 名妇女候选人，在总共 3053 个席位中获得了 35 个席位。2001 年第一届也门协商会议的 110 名成员中，有 2 名妇女委员。

在政府部门的妇女参政人数更少。2001 年也门首位妇女在政府任职，担任第一任人权部部长。第二任人权部部长也由妇女担任。2006 年 3 月政府改组，社会事务部和人权部部长由妇女担任。2007 年 4 月组成的新政府，社会事务部和人权部部长仍由妇女担任，另外还有两位女副部长。到 2007 年也门外交界有 2 名女大使，2000 年驻荷兰大使和 2008 年在任的驻土耳其大使。在全国法律系统，南方有 4 名女法官，北方没有女法官。妇女在社会团体组织中比较活跃，占领导职务的 50%。

政府试图通过一些措施增加妇女在政府的职位，但是由于社会偏见，这一尝试并不成功。为了提高妇女政治地位，政府计划到2025年妇女在议会和地方会议席位至少达到10%。

统一以后的10年，政府采取了一些措施保护妇女权益和提高妇女的地位，批准成立妇女社会机构和组织，鼓励妇女在所有政治、经济和社会领域里发挥作用，提高妇女在社会和家庭中的地位。社会发展基金等社会福利基金采取向妇女倾斜的政策，其中对妇女的资助计划占50%，建立了资助妇女的专门项目，如建立了对妇女受教育和技术培训的项目、改善妇女享受社会服务水平项目。社会发展基金项目第二阶段（1998～2004年）项目，在700万受益人中，妇女占49%。为落实对妇女的社会服务措施，政府制定了妇女和儿童社会服务计划，对妇女的社会服务覆盖率从1999年的20.8%增长到2004年的23.1%。

目前也门官方的妇女组织主要有：（1）最高妇女委员会：2000年建立，由政府各届代表组成，在首都和地方设有分支机构。每半年开一次例会，由国家妇女委员会主持讨论有关制定妇女的法律法规文件等议题，并发表相关的报告。（2）国家妇女委员会：1996年建立，是妇女事务的政府机构，负责执行与妇女有关的政治、经济和社会政策，并协调与政府和非政府等各方面关系，2000年组织机构扩大。（3）也门母亲和儿童委员会：1999年建立，由政府总理领导，政府各届代表、与委员会有关的个人和专业人士为成员。另外政府各部门设立了专门负责妇女事务的机构。

也门非官方妇女组织主要有：也门妇女联合会（最大的妇女组织），也门女记者协会，妇女、儿童发展组织，也门家庭关怀协会，家庭进步社会协会，关怀残疾人协会，生产型家庭协会，妇女儿童健康国民委员会，妇女问题帮助中心等。

第五章

军　事

第一节　概述

一　建军简史

也门自 1918 年摆脱奥斯曼帝国的统治获得独立，建立也门穆塔瓦基利王国后，没有建立正规军队，国家保卫任务主要由各部落武装承担。1934 年南也门成为英国"保护地"后，在英国皇家空军团的控制下，成立了由也门人组成的亚丁保护旅，1961 年增加了一个步兵营和一个装甲中队的编制。

1. 北也门军队

受到埃及纳赛尔领导的"自由军官组织"发动的 1952 年"7·23"革命的深刻影响，1954 年也门出现了以反对伊玛目封建专制政权为目的的军人秘密活动。自 1961 年 3 月发生 3 名年轻军官刺杀伊玛目艾哈迈德未遂事件后，军人们加快了反对伊玛目政权计划的进程，于同年 12 月正式成立了由中下级军官为主的秘密组织"自由军官组织"。成立大会确定了组织机构框架，规定创建委员会为最高权力机构，由与会的全体军官组成；指挥委员会由创建委员会选举的 5 人组成，负责制定组织章程，主持日常工作，起草和发布必要的指令；创建委员会成员建立基层支部和分支部。大会选举艾哈迈德·拉赫米等 5 名少尉为指挥委员会成员。指挥委员会制定了 6 项革命目标，确定"建立一支强大的保卫祖国、捍卫革命及其成果的爱国军队"。"自由军官组织"利用伊玛目艾哈迈德去世，王储巴德尔继承王位之机，于1962 年 9 月 25 日发动武装起义。攻打王宫的部队由 6 辆坦克和5 辆装甲车及两支突击队组成。进攻部队遇到国王卫队顽强抵抗，双方展开争夺王宫的激战。其他战略要地的攻坚战也同时进行。26 日晨起义军基本控制了首都萨那，宣布革命成功，伊玛目王朝垮台，成立阿拉伯也门共和国。"自由军官组织"的武装起义行动，为也门国家军队的建立奠定了一定基础。新政权将重建也门军队作为 6 项革命目标之一①。

北也门共和国成立时，以国家正规军、保安部队和部落武装的"人民军"三结合组成了国家军队。军队的武器装备主要来自前苏联。1975 年武器装备来源途径扩大，进口了一些美国和其他西方国家的武器。

北也门成立共和国后，以伊玛目巴德尔为首的王室派残余势力，对共和国政权发起武装进攻。共和派立即组织国民投入到了保卫共和国和捍卫新生政权的战斗。由于当时共和国尚未组成国家正规军，部落武装又不能有效地抵御王室武装的猛烈攻势，共和派便请求埃及军事支持。埃及很快出兵也门，与也门军队共同作战保卫革命成果，到 1962 年底兵力增至 1.5 万人，援助的武

---

① 6 项革命目标：（1）把祖国和人民从独裁、殖民主义及其残余下解放出来，建立一个工整的共和政权，消除阶级差别和阶级特权；（2）建立一支强大的保卫祖国、捍卫革命及其成果的爱国军队；（3）提高人民的经济、政治、文化水平；（4）建立一个民主的、合作的社会，其制度取自正统的伊斯兰教义；（5）在阿拉伯全面统一的范围内，努力实现国家统一；（6）尊重联合国宪章和各国际组织的章程，坚持积极中立和不结盟原则，努力实现和平，支持各民族间的和平共处原则。

器装备有坦克、装甲车、大炮，还配备了 200 架飞机。苏联坚决支持北也门新生政权，派出军事顾问帮助训练也门军队。这期间，共和派革命指挥委员会进行全国紧急动员，号召爱国民众参军保国，得到了民众的积极响应。在保卫共和国战斗中，共和国正规军和国民卫队迅速建立起来。国家还争取到了各地方部落武装的支持，武装力量得到了补充。

在埃及军队的全力支持下（1964 年 6 月增兵至 5 万人），内战的局势逐渐明朗化，也门武装部队和埃及军队基本控制了也门大部分地区，王室武装不断遭到重创。1964 年 11 月 23 日，在埃及和沙特阿拉伯政府代表的参与下，共和派和王室派达成最终停火协议。在也门内战中，也门的武装力量逐渐壮大，不仅充实了正规军和国民卫队，还配备了比较先进的武器装备，埃及和苏联对也门现代化军队的建设给予帮助，培养了一批军事指挥员。

由于 1967 年 "6·5" 战争中埃及国力大大削弱，10 月底埃及军队全部撤出也门，也门的军事实力因此受到很大影响。11 月在美国和沙特阿拉伯的支持下，王室派武装再次发动军事攻势，同时在各地搞破坏活动，制造国内混乱。共和派调动了首都萨那的 2000 名正规军和支持政权的部落武装全力进行反抗。全国人民热烈响应共和派的号召，与军队同仇敌忾，共同粉碎王室派的颠覆阴谋。苏联和叙利亚及时提供了军事援助，增强了共和派的军事实力。在两国飞机的支援下，由也门伞兵、炮兵、装甲兵和突击队组成的正规军、部落武装和国民抵抗力量协同作战，在 "70 天战斗" 中击溃了王室派武装对萨那的围攻，王室派武装败北。这场战斗堪称也门军事史上光辉的一章。经过严酷的战争考验，也门共和国政权得到巩固，国家军事实力在战斗中大大加强。

也门统一前，北也门武装部队有 3.85 万人，其中 3.7 万人编成 5 个装甲旅、3 个机械化旅、12 个步兵旅、1 个特种部队旅、4 个炮兵旅、1 个地地导弹旅、2 个空降突击旅和 1 支政府卫队。装备有 M－60A 型、T－62 型和 T－54/55 型等主战坦克625 辆；装甲侦察车 185 辆；步兵战车 120 辆；装甲人员运送车370 辆。空军约 1000 人，有米格－21 型、苏－22 型和 F－5E 型等作战飞机 61 架。海军约 500 人，有小型舰艇 13 艘。此外，还有国家安全部队约 1 万人，部落武装至少 2 万人。

2. 南也门军队

南也门在英国占领时期，没有自己的军队。1967 年取得独立并成立共和国后，开始建立国家正规军，武器装备主要来自苏联。政府还同苏联签订了军事技术合作和军援协定，聘请了苏联军事专家和顾问。

也门统一前，南也门武装力量有 2.75 万人，其中陆军 2.4万人，编成 3 个装甲旅、2 个机械化旅、11 个步兵旅和 1 个炮兵旅。装备有 T－62 型、T54/55 型和 T－34 型等主战坦克 515 辆；装甲侦察车 150 辆；步兵战车约 180 辆；装甲人员运送车约 300辆。空军约 2500 人，有米格－21 型、苏－20 型等作战飞机 49架，武装直升机 12 架。海军约 1000 人，有小型舰艇 8 艘。此外，还有民兵 1.5 万人、公安部队 3 万人。

3. 统一后的军队状况

1990 年 5 月也门统一时，南北也门军队没有真正地实现合并，双方领导人分别控制着各自的武装力量。南北政治矛盾激化引发了 1994 年 5 月的内战，南北军队作为军事对峙的双方投入了战争。7 月，内战以南方彻底失败而告终，南方军队几乎全军覆灭。

内战结束后，为了加强国家军队实力，10 月萨利赫总统宣布了一项武装部队现代化改革计划，扩充军队力量，增加现代化武器装备。1995 年 3 月，南北也门军队完成了合并计划。

二 国防体制

也门宪法规定，国家建立军队、警察和国家安全部队。国家军队属于人民，职责是保卫共和国的领土和安全。

根据宪法规定，也门成立由总统领导的国防委员会，专门负责共和国保卫和安全事务。

根据宪法规定，军队、警察和国家安全部队的内部禁止党派、社会组织、地方势力和部落势力活动。

也门的武装力量由正规军和准军事部队组成。正规军分为陆军、海军和空军；准军事部队由警察和安全部队组成。警察是正规的民防组织，负责保护国家和平和安全，保护法律的实施和维护正常的公共秩序。

根据宪法关于共和国总统任武装部队总司令的规定，现任共和国总统阿里·阿卜杜拉·萨利赫任武装部队总司令。国防部长由阿卜杜拉·阿里·埃莱瓦担任。总参谋长由阿卜杜拉·阿里·欧瓦拉少将担任，武装部队总司令通过总参谋长指挥陆、海、空三军。

三 国防预算

也门统一时，出于国家安全和稳定的需要，国防开支较高，1992 年国防开支占 GDP 的 5.28%。1994 年内战后，国内安全形势好转，国防开支逐年下降，1996 年占 GDP 比例下降到 3.62%。自 2000 年以来，由于中东形势动荡和政府执行反恐行动计划，国防开支显著增加。2000 年国防预算为 650 亿里亚尔（约合 4.07 亿美元），2001 年为 850 亿里亚尔（约合 5.21 亿美元），2002 年为 900 亿里亚尔（约合 5.15 亿美元），2003 年约 1480 亿里亚尔（约合 8.09 亿美元），2004 年约 1590

亿里亚尔（约合 8.69 亿美元），2005 年降至 1110 亿里亚尔（约
合 5.83 亿美元），2006 年又增至 1620 亿里亚尔（约合 8.23 亿
美元），2007 年为 1790 亿里亚尔（约合 9.08 亿美元）。据联合
国估计，2005～2006 年也门国防开支占财政预算 25% 以上。

第二节　军事实力

也门武装力量包括正规军、国家安全部队和部落武装三
部分。正规军由陆、海、空三军组成，国家安全部队
和部落武装是准军事部队。全国划分为 10 个军区。也门的武器
装备 90% 以上由前苏联提供，少数装备由美国和西方国家提供。
武装部队的现役军人 6.67 万人（其中陆军 6 万人，海军
1700 人，空军 3000 人，防空部队 2000 人），准军事部队 7.12
万人。

一　陆军

1. 兵力和编成

现役部队约 6 万人，编成 8 个装甲旅、6 个机械化旅、
16 个步兵旅、1 个特种部队旅、2 个空降/突击旅、3
个炮兵旅、1 支中央警卫队、2 个防空旅和 1 个地地导弹旅。

2. 主要装备

主战坦克：790 辆。其中有 M－60A1 型 50 辆、T－72 型 60
辆、T－62 型 200 辆、T－54/55 型 450 辆、T－34 型 30 辆。

装甲侦察车：145 辆。其中 AML－90 型 80 辆、LAV 型 15
辆、RDM－2 型 50 辆。

步兵战车：200 辆。其中 BMP－1 型 100 辆、BMP－2 型 100
辆。

装甲人员运送车：710 辆。其中 M－113A 型 60 辆、BTR－

40 型 60 辆、BTR－60 型 100 辆、BTR－152 型 20 辆，另有 BTR 型 470 辆贮存。

　　火炮：共 1167 门。自行火炮：2S1 型 122 毫米炮 25 门。牵引火炮：310 门。其中：M－101A1 型 105 毫米炮 25 门、D－30 型 112 毫米炮 130 门、M－1931/37 型 122 毫米炮 30 门、M30/M1938 型 122 毫米炮 40 门、M－46 型 130 毫米炮 60 门、D－20 型 152 毫米炮 10 门、M－114 型 155 毫米炮 15 门。海岸炮：SM－4－1 型 130 毫米炮 36 门。多管火箭炮 294 门。其中：BM－21 型 122 毫米炮 280 门、BM－14 型 140 毫米炮 14 门。迫击炮 502 门。其中：81 毫米炮 200 门、M－43 型 82 毫米炮 90 门，107 毫米炮 12 门、120 毫米炮 100 门、160 毫米 100 门。

　　反坦克导弹：71 具。其中：AT－3 "耐火箱" 式 35 具、M－47 型 "龙" 式 24 具、"陶" 式 12 具。

　　无坐力炮：M－20 型 75 毫米炮、B－10 型 82 毫米炮、B－11 型 107 毫米炮若干门。

　　火箭筒：M－72 "劳" 式 66 毫米、RPG－7 "皮鞭" 式 73 毫米火箭筒若干具。

　　反坦克炮：50 余门。其中：SU－100 型 100 毫米自行火炮 30 门、M－1944 型 100 毫米炮 20 门。

　　防空导弹：约 800 枚。其中：有 SA－9 "灯笼裤" 式、SA－13 "金花鼠" 式、肩扛 SA－7 "杯盘" 式、SA－14 "小妖精" 式地空导弹。

　　高射炮：530 门。其中：自行火炮 70 门，包括 M－163 "火神" 式 20 毫米炮 20 门、ZSU－23－4 型 23 毫米炮 50 门。

　　牵引火炮：460 门。其中：M－167 "火神" 式 20 毫米炮 50 门、ZU－23－2 型 23 毫米炮 100 门、M－1939 型 37 毫米炮 150 门、S－60 型 57 毫米炮 120 门、M－1939KS－12 型 85 毫米炮 40 门。

地地战术导弹：28 部（发射架）。其中："蛙"－7 型 12 部、SS－21 型"圣甲虫"型 10 部、"飞毛腿"－B 型 6 部（导弹约 33 枚）。

二 海军

1. 兵力和基地

役兵力 1700 人。主要海军基地：亚丁和荷台达。其他小型基地：索科特拉（岛）、穆卡拉、丕林岛。

2. 主要装备

导弹快艇：4 艘。其中："黄蜂"级 3 艘，每艘装备有 CSS－N－4 型舰对舰导弹发射架 4 部；"毒蜘蛛"级 1 艘，装备有 SS－N－2C"冥河"式舰对舰导弹发射架 2 部。

近海巡逻舰：16 艘。其中：Austal 级 10 艘。

扫雷艇：6 艘。其中："叶夫根尼亚"级 5 艘、"娜佳"级 1 艘。

两栖舰艇：6 艘。其中：NS－722 级中型登陆舰 1 艘，可运载主战坦克 5 辆，士兵 110 名；Deba 级多用途登陆艇 3 艘、Ondatra 登陆艇 2 艘。

三 空军

1. 兵力和编成

役兵力 3000 人。作战飞机 79 架。编成：

战斗机中队：3 个。其中：1 个中队装备 F－5E 型战斗机 10 架，1 个中队装备米格－29 型歼击机 18 架，1 个中队装备米格－21 型歼击机 15 架。

攻击机中队：1 个。装备苏－20/苏－22 型攻击机 30 架。

运输机中队：1 个。装备安－12 型运输机 2 架、安－26 型运输机 6 架、C－130H 型运输机 3 架、伊尔－14 型运输机 4 架、伊尔－76 型运输机 3 架。

教练机学校：1 所。拥有各型教练机 44 架。

直升机中队：1 个。装备米－35 型直升机 8 架、AB－47 型直升机 1 架、米－8 型直升机 9 架、贝尔 212 型直升机 2 架。

2. 主要装备

战斗机：43 架。其中：米格－29SMT 型（"支点"）歼击机 16 架、米格－29UBT 型歼击机 2 架、F－5E 型（"虎"Ⅱ）战斗机 10 架、米格－21 型（"鱼窝"）歼击机 15 架。

攻击机：30 架。包括苏－20（苏－17M）型（"装配匠"C）和苏－22（苏－17M－2）型（"装配匠"D）地面攻击机。

运输机：18 架。其中：安－12 型"幼狐"2 架、安－16 型"卷发"6 架、C－130H 型"大力士"3 架、伊尔－14 型"板条箱"4 架、伊尔－76 型"耿直"3 架。

教练机：44 架。其中：L－39C 型 12 架、米格 21U 型"蒙古人"4 架、F－5B 型"自由战士"2 架、雅克－11 型"糜"14 架、Z－242 型 12 架。

直升机：20 架。其中：米－35 型"雌鹿"攻击直升机 8 架、米－8 型"河马"运输直升机 9 架、AB－47（贝尔－47）型运输直升机 1 架、贝尔－212 型多用途直升机 2 架。

四 防空部队（直属空军）

共有 2000 人。装备有：SA－6 型"根弗"、SA－9 型"灯笼裤"、SA－13 型"金花鼠"等自行地对空导弹发射架；SA－2 型"导线"、SA－3 型"果阿"等牵引地对空导弹发射架；SA－7"杯盘"、SA－14 型"小妖精"肩扛地对空导弹。

此外，还有 AA－2 型"环礁"、AIM－9 型"响尾蛇"空对空导弹。

五　准军事部队

有准军事人员 7. 12 万人。其中：内政部队 5 万人，部落武装 2 万人，海岸警卫队 1200 人。海岸警卫队装备有海岸巡逻艇 21 艘，其中法国造"截击者"级 5 艘、美国造"防御者"级 4 艘、"大天使"级 4 艘、其他型号 8 艘。

第三节　兵役制度和外国军援

一　兵役制度

门实行义务兵役制。兵役法规定，年满 18 岁的男性公民服役 2 年。2004 年 15～49 岁的男性公民为 461. 7 万人，符合兵役年龄的 259 万人。2007 年 15～24 岁男性公民约占总人口的 11%，约为 240 万人。

二　外国军援

门接受外国军事援助的数额很少，2000 年和 2001 年每年仅有 10 万美元。2001 年"9·11"事件后，随着国际反恐斗争的全面开展，也门接受外国军援的数额比以前大幅增加，由于援款数额是根据当年援助项目而定的，因此极不稳定。2002 年猛增至 2052 万美元，2003 年为 260 万美元，2004 年为 1590 万美元，2005 年为 990 万美元，2006 年为 840 万美元，2007 年为 850 万美元。

三　武器来源

门现有的军事装备中，陆军主战坦克 T-34、T-54/55、T-62 和 T-72 型共 740 辆来自前苏联和俄罗斯等国，约占主战坦克总数的 93.6%；M-60A1 型 50 辆来自美国，仅占 6.3%。步兵战车 BMP 型 200 辆，全部来自前苏联。装甲人员运送车 BTR-40、60、152 型共 650 辆来自前苏联，约占总数的 91.5%；M-113 型 60 辆来自美国，仅占 8.45%。也门空军的作战飞机米格-21、29 型，苏-20、22 型共 67 架来自前苏联和现俄罗斯，约占作战飞机总数的 84.8%；F-5 型 12 架来自美国，占 15%。运输机安-12、16 型和伊尔-14、76 型共 15 架来自前苏联，约占总数的 83.3%；C-130 型来自美国，占 16.6%。也门陆军的蛙-7、"飞毛腿"-B 和 SS-21 型地地战术导弹，防空部队的 SA-2、3、6、7、9、13、14 型地空导弹全部来自前苏联和俄罗斯。

也门 1996～1998 年购买武器装备总额约 4 亿美元，其中从欧洲国家购买约 3 亿美元。2000～2003 年购买武器装备总额约 6 亿美元，其中从俄罗斯购买约 2 亿美元，从中国购买约 1 亿美元，从欧洲国家购买约 2 亿美元。

自 1996 年以来，也门与其他国家签订购买武器协定已知的有：1996 年与法国签订协定，购买 6 艘"警戒"（Vigilante）式海岸巡逻艇。1999 年与捷克签订协定，购买 12 架 L-39C 型教练机；2000 年捷克承诺向也门提供 T-55 型主战坦克 106 辆。1999 年与俄罗斯签订协定，从俄罗斯购买苏-27 型"侧卫"（Flanker）战斗机 14 架，计划从 2001 年开始供货。2001 年双方又签订协定，俄罗斯同意从 2004 年起向也门提供米格-29SMT"支点"（Fulcrum）战斗机 12 架、米格-29 型"支点"战斗机 15 架；还同意提供 T-72 型主战坦克 30 辆。2003 年与澳大利亚签订协定，澳大利亚同意提供 PCI 型巡逻艇 10 艘，从 2004 年开始供货。2006 年也门与俄罗斯签订协定，俄罗斯同意提供米格-29SMT 型战斗机 32 架，总额约 13 亿美元，从 2007 年第一季度开始供货；还同意负责维修米格-29 型战斗机 66 架，总额约 10 亿美元。

第六章

教育、文艺、卫生、体育

第一节　教育

一　教育简史

也门约在 1885 年出现教育办学，主要是清真寺里开办的私塾，学习读、写和背诵《古兰经》。1895 年亚丁建立了第一所正式学校——工业学校，1925 年建立了第一所宗教学校，1927 年建立了亚丁商业学校，1936 年萨那建立了农业学校，1945 年建立了亚丁商业学院，1937 年亚丁建立了纺织学校。到 1948 年也门已经有 12 所学校。1949 年第一所女子学校在亚丁建立，教育内容是初级教育和家庭技能学习。1951 年亚丁建立了技术学校，开设 4 个专业：木工和装配、机械、汽车机械、电工。1957 年萨那建立了有一定规模的医学院，能够接纳100 名学生。1970 年成立了萨那大学，1975 年成立了亚丁大学。1974 年政府颁布了《教育法》，1981 年颁布了《教师法》。1962年北也门派出第一批高中毕业生出国读本科大学。

也门统一后，由政府的大学高教委员会、教育部和劳动部分别管理高等教育、普通教育和职业技术教育。2001 年 4 月政府部门进行调整，分别由三个部管理教育，教育部负责官办和民办的一般教育；技术教育和培训部负责技术教育和各方面的专业教育培训；高等教育部负责官办、民办的高等教育和各研究中心。另外高教部负责派遣本科留学生，民政部派遣研究生留学生，技术教育和职业培训部负责派遣出国培训的教师。2001 年 10 月，政府成立教育计划最高委员会，政府总理担任委员会主席，高教部、教育部、技术教育和职业培训部、财政部、计划发展部、民政部、社会事务部、农业水利部等 8 个部的部长担任委员，统筹管理也门教育事务。

也门教育基本分为几个部分：普通教育，包括基础教育和高等教育；中等技术和中等专业教育；扫盲教育和各种社会培训。学校的教育阶段分小学、初中和高中、大学和研究生部，与高中同等的有中等技术学校和中等专科学校。中小学实行免费教育，小学实行义务教育。

二　教育概况

根据联合国也门的报告，也门 2003 年有读写能力的男性占 70%，女性占 30%。2004 年也门文盲率 46%，其中 62% 女性为文盲，30% 男性为文盲，农村人口 81% 为文盲。据 2007 年官方调查资料，8 个省的文盲率已达到 50%。

统一后，政府将教育作为经济和社会发展重要的基础条件，制定了全面发展教育的计划，对教育的投入逐年增加，重点放在建设教育基础设施和扩大教育规模。1996~2000 年年均教育费用占财政预算的 18%，1999 年占 19.6%，2004 年增长到 22.1%；费用总额从 6727 万里亚尔增加到 1.646 亿里亚尔，年均增加 29%。教育支出占 GDP 的比例从 1995 年的 4.5% 增长到 2003 年的 9%。

近 10 年，政府采取有关教育的政策措施取得了成效。扫盲教育发展很快，2004 年建立 945 所扫盲中心，2237 人接受扫盲教育，另外有 2740 所学校也增加了扫盲教育内容。扫盲效果很显著，1990 年文盲率 64%，2004 年下降到 46%。

也门普通教育有较大发展，1995 年在校小学生 260 万名，2005 年为 448.9 万名，10 年增加了 72.7%；学龄儿童入学率从 1999 年的 44.75%，增长到 2005 年的 63.5%；中学生 1995 年 28.8 万名，2005 年为 66.3 万名，10 年增加了 130%；大学在校生从 1990 年的 3.5 万人增加到 2004 年 14.6 万人，13 年增加了 317%，其中女性从占 16% 增加到占 22%。成年教育也有发展，2001～2005 年接受成年教育人数增加了 3 倍。

也门政府重视教育发展，制定了各种社会教育的发展目标。社会扫盲是也门教育的首要目标，是消除贫困战略的一个重要步骤。1998 年政府颁布了扫除文盲的法律，制定了开展全社会扫盲的战略。基础教育的目标是面向所有学龄儿童，普及城乡基础教育，特别是农村和女童为重点的普及对象。技术和专业教育的目标是提高技能教育水平，教育为适应社会发展需求服务，增加省市专业技术教育学校，为地方培养所需专业技术人才。高等教育的目标是发展现代化高等教育，增设新的专业，培养新型先进科技专业人才。

第三个五年计划制定的教育发展目标是，社会文盲率降低到 20%，2025 年降低到 10%；初级教育（6～14 岁）入学率达到 78%，中等教育入学率达 51%；重视农村教育，减少城乡的差别；进行公共教育机构和设施改革，更新教学工具，合理设置课程；鼓励私人投资办学；增加农村教学设施，增加农村女教师数量，免除农村贫困学生的学费，优先照顾女学生；向妇女提供社会培训。

三　教育发展现状

1. 基础教育

门基础教育水平很低，学校校舍短缺，教科书内容缺乏知识性，师资力量特别是女教师严重不足。这种状

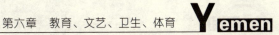

况正在逐渐改善。根据也门政府的统计，1990 年基础教育入学率（6~14 岁）为 59.6%，男性入学率为 81.6%，女性为 37.6%；到 2001 年入学率提高到了 67.96%；但是第二个五年计划期间，由于国民收入减少，国民生活水准下降，社会绝对贫困化加剧，因此入学率下降，特别是男性下降较多，而女性却有很大增长。2005 年入学率为 63.5%，男性入学率为 73%，女性为 54%。① 2005 年有约 200 万名学龄儿童没有接受过任何学校教育，多数是女童。

2005 年也门有小学 14617 所（其中 216 所是私营），在校生 448 万人；中学 6280 所，在校生 66.3 万人。另外还有幼儿园 244 所（其中 175 所是私营）。

师资力量也有所加强，2000~2005 年小学教师从 14.26 万人增加到 17.96 万人，增长 25.9%；中学教师从 2.55 万人增加到 3.78 万人，增长 48.2%。

2003 年 10 月也门开始执行基础教育战略，制定了到 2015 年的基础教育目标，主要内容是加强基础教育，最终将男性入学率提高到 86.96%，女性提高到 63.71%。2005 年 3 月，作为基础教育战略的具体步骤，政府启动了发展基础教育的项目，除了政府的教育费用外，世界银行、荷兰和英国等国家为项目提供了资助。到 2007 年已经开办了长期师资培训班，部分改善了教育基础设施，包括增加和扩大校舍、更新学校设施等；女性入学率有明显增长，与男性入学比例差距缩小。

2. 专业技术教育和职业培训

政府重视专业技术教育和职业培训。第二个五年计划期间，

① 根据美国国家图书馆 2006 年国别报告的数字，学龄儿童（6~15 岁）入学注册率 55%，男性入学率占 70.8%，女性占 37.5%，城市占 79.5%，农村占 48.5%。

专业技术教育和职业培训发展很快，培训机构（学院和中心）增加近一倍半，注册学生增加约 3 倍。2000 年全国范围内政府管理的培训机构 26 所，共有男学生 2632 人，女学生 426 人；2004 年培训机构增加到 61 所，男学生 16870 人，女学生 4783 人；2006 年技术和专业学院（2 年制）55 所，在校生 12247 人，男生占 91.92%，女生占 8.08%。政府计划在第三个五年计划期间，培训机构增加到 145 个。加强专业技术和职业培训的措施包括增强立法和加强制度建设，根据市场需求设立专业和培训人员，重视农村和妇女的培训，鼓励私人投资职业教育和培训事务。

3. 大学教育

也门 1972 年建立第一所大学萨那大学，1975 年建立了亚丁大学。至今也门共有 15 所大学，其中有 7 所政府办的综合大学和 8 所私立大学，包括 111 个系和 480 个专业。另外有 1 所伊斯兰法学院。7 所大学共有 87 个系，其中 29 个工科系，50 个文科系，还有 8 个跨学科系。

也门的主要大学有：萨那大学、亚丁大学、荷台达大学、艾哈高夫大学（在哈德拉毛）、塔伊兹大学、伊玛尼大学、艾卜大学、沙阿布大学。

大学是也门中学毕业生接受高等教育的主要选择，少数学生报考专科和职业学院。1990 年大学生 3.5 万人，2003 年为 14.7 万人，13 年增长了 3 倍，其中女性从占 16% 增长到 27%。2004 年大学毕业生 2.33 万人，比上一年增长 44.7%，文科毕业生占 73.2%，其中女生占 32.1%，理科毕业生占 26.8%，其中女生占 37.6%。近年来，大学生入学率呈下降趋势，主要原因在于社会贫困化；另一个原因是大学招生缺乏计划性，一定程度上造成大学毕业生就业困难，很多文科大学毕业生由于专业不对口而很难找到工作。

20 世纪 90 年代以来，政府鼓励私人办学。私人不仅投资开办初等和中等学校，也开办了大学，目前已经有 8 所私立大学，包括科技大学、也门大学、国民大学、艾尔维王族大学、理工和人文大学等；还有 3 所地方大学：赛伯艾大学、艾哈格夫大学和伊玛尼大学。这些学校共有 38 个专业，其中 24 个是文科专业，一些专业是近年开设的新专业，如文科的电子商务和管理信息系统，理科的计算机系统和信息技术。2004 年私立大学学生 1.7 万人，理工科学生占 29.2%，女生占 23.9%；私立大学毕业生 2295 人，理工科学生占 47%，女生占 22.8%。

2006 年公立大学学生 169920 人，其中男生占 72.08%，女生占 27.92%。私立大学学生 26182 人，其中男生占 76.88%，女生占 23.12%。

2004 年也门共有高等教育教职工 5732 人，其中也门籍高级教学人员 1964 人，包括教授 159 人，客座教授 327 人，副教授 1478 人；助理教学人员 1680 人，其中助教 1160 人，实习生 520 人。从国外聘任的教学人员 811 人，其中教授 687 人。

大学教育存在的主要问题是：教育资金不足、教学内容陈旧、传统的管理方式落后于社会发展、缺乏教学设施和配套教学设施及教具等。第二个五年计划期间，政府对大学教育内容做了调整，缩减了 16% 的学科和课程，原因是这些学科和课程不适应国家发展的形势。第三个五年计划将增加 10% 的 19~24 岁年龄段青年的大学注册率，女性入学率增加 20%，自然科学学科注册率增加 20%。政府将改革和扩大教育机构，增强教育委员会的作用，提高教育管理能力，办学资金来源多样化，加强教学基本设施建设，改善教学设备，调整教学科目和提高教学质量，使教育适应国家发展形势，提高国民教育素质。

4. 也门主要大学

（1）萨那大学（Sana'a University）：公立大学，建立于 1972

年，全国最大的综合性大学，在校学生 10 多万人。2000/2001
学年学校所属 17 个学院，其中 10 所学院在首都萨那，7 所学院
在其他省市。学校开设了文科、理科、工科系专业，另有 22 个
研究中心。学校实行学年制，从 11 月到次年 7 月为一学年，教
学语言为阿拉伯语和英语。

学校所属的 17 个学院包括：医学院、工程学院、医药学院、
农学院、教育学院、商业和经济学院、新闻学院、口腔医学院、
理工学院、法学院、文学院、语言学院、萨那教育和理工学院、
哈吉教育学院、艾尔哈卜教育学院、麦哈维特教育学院、胡兰教
育学院。

主要研究中心包括：计算机中心、培训和人口研究中心、水
和环境中心、医学院中心、文物遗产中心、科技中心、社会发展
研究中心、工程研究咨询中心、大学教育发展中心、教育和心理
指导中心。

（2）亚丁大学（University of Aden）：公立大学，建立于
1975 年，全国第二大综合性大学，由亚丁高等教育学院、农业
技术学院、经济管理学院等合并而成，所属 16 所学院和 10 个研
究中心，约 1480 名教师和 2.2 万名学生，教学语言为阿拉伯语
和英语。

学校所属的 16 所学院包括：教育学院、经济管理学院、哈
吉农业技术学院、麦哈拉教育学院、医学院、法学院、工程学
院、仁杰巴尔教育学院、萨布里教育学院、舍布瓦特教育学院、
文学院、舍布瓦特石油冶金学院、亚法尔教育学院、多里尔教育
学院、罗德尔教育学院、图尔·巴哈教育学院。

学校所属的 10 个研究中心包括：也门研究中心、计算机中
心、成人教育培训中心、语言中心、大学咨询中心、英语研究和
翻译中心、环保技术研究中心、科技中心、妇女中心、农业咨询
中心。

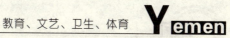

（3）荷台达大学（Hodeidah University）：公立大学，1996年建立，前身是 1987 年建立的萨那大学荷台达教育学院。2006年共有 11 个学院，3 个研究中心。教学语言为阿拉伯语和英语。

学校所属的 11 个学院为：荷台达教育学院、宰比德教育学院、贸易和经济学院、法学院、文学院、海洋和环境学院（此学科院校是也门第一个和唯一的学院）、体育学院、医学院、艺术学院、计算机工程技术学院、口腔医学院。

学校所属的 3 个研究中心为：信息系统技术中心、成人教育发展中心、热带地区医学中心。

第二节　文化艺术

一　概况

统一后，也门政府制定和实行了一系列的文化发展计划，旨在保护和振兴也门的传统文化。计划项目包括建设文化设施、发展出版和发行业、保护和修复历史文化古迹、建立各省市的文化机构和组织开展地方文化活动等。

政府重视文化机构和设施的建设，国家和地方的文化机构和文化设施都有所扩大，文化传播途径扩展。政府和社会文化团体组织了大量的文化活动，活动的主旨是传播传统文化和文明，发扬民族和大众文化特性；活动涉及历史古迹、传统民族服装、传统民族手工艺、民族歌舞等文化和文艺领域。另外为了弘扬民族文化和文明，政府极力支持民间文化和文艺组织机构的建立，并鼓励它们开展各种类型和形式的活动，包括投资文化和文艺领域，如修建图书馆、剧院、展览馆等文化和文艺设施，培训文化艺术人才，资助和创办文艺团体。到 2005 年全国有国家和地方图书馆 35 座。

二　文化机构

也门政府文化部负责管理国家的文化文艺事务。官方和民间有很多文化机构和文化中心，多数设在大城市。主要机构有：阿菲佛文化机构（萨那），主办文化研究讲座和相关的展览；也门战略研究中心（萨那），从事也门文化和科学发展战略问题研究；也门未来战略中心（萨那），从事也门现代化文化和社会问题研究；法国文化中心（萨那），促进也法文化交流和巩固也法关系；也门研究和出版中心（萨那），从事也门古代和现代历史的东方特性研究；也门文化发展研究中心（萨那），传播人权文化和协助青年提高文化教育水平；民主学校（萨那），传播法律知识；妇女发展和文物艺术中心（萨那），保护传统的手工艺和文物、帮助妇女提高手艺和增加收入；妇女文化和文明对话机构（萨那），普及妇女文化，加强妇女的对外联系；艾卜阿达儿童和青年创业机构，普及文化知识，帮助儿童和创业青年。还有伊斯兰研究中心（萨那）、文化复兴中心（萨那）、阿斯旺社会和法学研究中心（萨那）、也门文化知识传播协会（萨那）、也门文学家和作家协会（萨那）、麦吉达民主发展和关注人权机构（萨那）、也门历史和评估协会（萨那）、也门艺术家协会（萨那）、也门绘画艺术家协会（萨那）、也门青年协会总会（萨那）、也门人权信息和培训中心（塔伊兹）、也门民族文化中心（塔伊兹）、也门文化和文艺阵线（塔伊兹）、也门文化和人文信息服务中心（亚丁）、马里卜文物和青年文化艺术协会（马里卜）、文物和文化艺术协会（荷台达）等。

三　文物管理和博物馆

1. 文物管理

也门历史悠久，古代文明享誉世界，各地有诸多的历史文物古迹。从 19 世纪开始，殖民主义入侵导致大量的文物流失，至今世界各地特别是欧洲很多国家的博物馆和个人都收藏着珍贵的也门古代文物。由于保护措施不力，也门国内文物古迹破损毁坏现象比较严重。

南北也门共和国时期，文物古迹的保护受到各自政府的重视，文物古迹保护制度和措施不断完善。北也门建国后便建立了新闻和文化部文物总局，1969 年又建立了文物和图书局，第二年文物和图书局改为文物和图书委员会；1972 年政府颁布了文物法，1973 年颁布了文物法修改案。南也门 1962 年建立了亚丁文物管理局，由宗教部管理，1964 年转由亚丁政府直接管理。南也门独立后，文物局由教育部管理，1970 年改由文化部管理。1976 年文物管理局改为也门文化研究中心。1970 年政府颁布了文物法，1976 年颁布了有关文化、文物和博物馆的法律，1986 年颁布了文物法修正案。

也门统一后，政府采取了一系列保护文物古迹的措施。具体措施包括：完善保护文物古迹的法律，同时成立了专门管理机构——也门文物、遗址和博物馆总委员会，加强文物古迹的整理、研究工作，利用各种技术保护和修复文物古迹；在国民中开展保护文物古迹的宣传活动，培养文物保护和研究方面的人才；建设了一批文物博物馆；开发了历史文化和文明的旅游项目；与国际组织建立长期联系，与各国开展联合保护和拯救也门文物古迹的工作。

2. 博物馆

也门在 30 年代建立了第一个文物博物馆，绝大多数博物馆都是两个共和国成立以后和统一后建立的。如今历史、军事、古迹、民俗等博物馆已经遍布全国。

也门的主要博物馆有：国家博物馆（萨那）、军事博物馆（萨那）、古迹博物馆（萨那）、民间收藏博物馆（萨那阿莱菲厅）、民族博物馆（亚丁 10 月 14 日宫）、战争博物馆（亚丁）、传统和民俗博物馆（亚丁）、民间收藏博物馆（亚丁）、民族博物馆（塔伊兹）、民族博物馆（哈德拉毛省麦卡拉市）、赛努西博物馆（哈德拉毛省赛努西市）、民间艺术博物馆（哈德拉毛）、比哈尼民族博物馆（比哈尼市）。

四　文学

1. 古代文学

门古代文学与阿拉伯半岛其他地区古代文学没有很大区别，诗歌是其中的主要内容，一直占有绝对优势的地位。

也门古代诗歌多数是以英雄、战争、荣誉和反叛为主题，诗人们在诗歌中尽情描述英雄的壮举伟绩和本部落的光辉荣誉，其风格和特点与阿拉伯半岛其他地方有着共性。唯一的区别在于，也门古代诗歌具有一种悲情色彩，表现了对也门古代高雅文明的留恋和向往。这种特点如今已经基本被消化和融合在阿拉伯文学之中，但在后来的诗人作品中，仍然能够找到一些痕迹。古代也门诗歌有三种类型：（1）悲情风格的诗歌，最著名的诗人是阿戈迈·祖杰丹。（2）对英雄和战争描述的诗歌，著名诗人有马利克·本·哈利姆、乌夫胡·伍迪、阿卜杜·耶伍什、本·凯舒·哈利希等。（3）赞颂反叛的诗歌（对统治者的反叛），著名诗人有什夫里·阿兹迪，奥穆鲁·本·巴拉克等。

同诗歌一样，也门古代散文与阿拉伯半岛其他地区的散文作品大致相同。也门古代散文有几种类型：（1）流传的寓言，一般是白话文。（2）祭祀文，文句合辙押韵。（3）讲演文和讲话文，其中很多文章的文字带有韵律。（4）书信文。（5）宗教文，宗教场合的讲演和宣传鼓动，一些文章是伊斯兰教进入之前遗留下来的，受伊斯兰教影响之前基督教和犹太教在也门的影响较大。

伊斯兰教兴起后，也门文学与阿拉伯其他地区的文学发展基本同步，带有浓厚的阿拉伯伊斯兰文化特色，成为阿拉伯文学不可分割的一部分。伊斯兰时期，也门文学家和诗人作品基本阿拉伯化，主要内容是对阿拉伯骑士和民族英雄、阿拉伯伊斯兰的宽容品行和高尚品德、伊斯兰精神和《古兰经》、"圣训"的精髓、哈里发制度和部落荣誉等歌功颂德。但是也门的文学始终具有地方特征，特别是伊斯兰教早期的作品，主要表现在：（1）对非文明和非人性的部落习性和对统治者的反叛给予赞颂。（2）对也门古代高雅文明的逐渐消失表现出伤感和悲情情绪。

2. 现代文学

也门独立后的王权时期，伊玛目实行文化禁锢政策，文学领域始终是传统文学占主导地位，直到 20 世纪初这种格局仍然没有多大改变。但是自 17 世纪以后，反对奥斯曼和英国殖民主义的民族主义运动，促使也门传统社会开始发生转变，文学受其影响也有了一些变化，主要表现在诗歌方面。诗人们突破传统束缚和统治者的禁锢，尝试新体诗（侯麦尼体诗歌）的创作，这是也门特有的新体诗形式。这种诗体不需要严格遵守传统诗的基本文法和句法，摆脱了呆板僵化的形式。诗的内容也有了新意，更多地体现人们情感和社会生活，还出现了批评现世和抨击统治者的倾向。新体诗具有词句简洁和诗意浓郁、自然随意和自由表达、贴近生活和人性化及朗朗上口等特点，容易被大众接受。后来一些具有时代气息和不拘一格的大众诗歌逐渐流传开来。同时期的散文也出现了相同的变化。

19 世纪以后，新派文学在社会上流行，涌现出一批新派诗人和散文家，尽管多数人仍然是法学家和宗教学者。也门传统的文学界都是由这些人构成的，其中不乏政府官僚和宗教教长，他们实际上充当了文学界传统派和现代派之间承上启下的角色。较早的新派诗人当属艾哈麦德·凯莱特，继他之后有写讽刺批判诗的大众诗人海凡吉。还有法官诗人艾哈麦德·本·哈辛，他曾是著名的穆夫提（伊斯兰教法解释官），其朴素诗和侯麦尼体诗的风格很具诱惑力，后人整理出版了他的诗集《萨那融汇了整个艺术》。诗人阿卜杜·拉赫曼·本·叶哈亚·安西和他的儿子艾哈麦德也很著名。父子俩擅长侯麦尼体诗歌，其主题和内容的新意超过了前人，涉及思念、爱情、政治、生活诉求等方面，父亲著有诗集《欣赏鸟儿们的诗歌舞会》。其他诗人还有法官萨利赫·本·艾比·莱加里、艾哈麦德·本·莱提夫·巴拉·吉比利、伊斯梅尔·本·阿里·伊斯哈克、穆哈辛·本·阿卜杜·凯里姆等。他们的作品都具有一定的思想内涵和较高的艺术欣赏价值。

3. 当代文学

19世纪阿富汗·尼、穆罕默德·阿卜杜、法尔哈·安东尼、海尔·迪尼·突尼斯等阿拉伯伊斯兰现代思想家的出现，标志着阿拉伯民族的现代振兴，而20世纪阿拉伯国家纷纷取得独立和建立民族国家，以及这些国家政治、经济和社会的发展，标志着阿拉伯世界开始步入现代化的历史进程。也门的现代振兴比埃及、黎巴嫩、叙利亚和其他阿拉伯国家都要晚些。外面世界翻天覆地的变化，对也门产生了重大影响，20世纪中叶，随着也门社会发生显著变化，文化领域也出现了一些可喜的新气象，如报业兴起，开始对外文化交流，民族主义运动与现代文化运动结合，出现了大众文化现象，现代教育开始普及，很多文化新人崭露头角。

也门当代文学的复兴仍然从诗歌开始。从20世纪40年代起，诗人们将诗歌与国家命运和民族主义运动联系在一起，赋予了诗歌爱国主义和民主主义的含意，而且改变了传统的诗歌形式，采用了新的诗歌体裁。从此反映人民历史和政治现实的诗歌逐渐形成了也门现代诗歌的一个流派。这是对延续千年的传统诗歌的一种革新，给诗歌注入了现代活力。民族爱国诗人穆罕默德·马哈穆德·祖贝里是现代诗歌的杰出代表。

此外，也门这一时期开始流行浪漫主义的诗歌。作为也门诗歌的一个重要流派，它融入了已在 20 世纪中叶流行于阿拉伯世界的浪漫主义时尚潮流。而也门的一些诗人不仅局限于追求浪漫主义，他们中还出现了改革的存在主义和苏菲主义倾向。浪漫派比较著名的诗人有穆罕默德·阿里·鲁格曼、艾哈迈德·沙米、马哈穆德·赛义德·吉拉德、阿卜杜拉·巴尔杜尼、易卜拉辛·哈达兰、穆罕默德·阿卜杜·加尼姆、伊德里斯·罕伯莱等。50年代从也门浪漫派诗歌中衍生了自由体诗歌，主要的诗人有穆罕默德·安姆·阿里布和易卜拉辛·萨迪克。两人在埃及的开罗和黎巴嫩的贝鲁特期间，受到了阿拉伯世界民族民主主义浪潮的启示，所创作的自由体诗歌作品对当地诗歌界产生了不小的影响。他们还试图突破传统诗歌中伊玛目体系的规则，使自由体诗歌有更多的改变并成为新文学的一个流派，但是未能如愿，主要原因是遇到了传统诗歌牢固地位的挑战。

60 年代两个也门先后发生革命，推进了也门社会现代化进程。这时期的诗歌有了重要创新，基本摆脱了传统的诗歌规则，运用了现代自由体裁。现代自由体诗歌代表性的诗人有：阿卜杜·阿齐兹·麦凯利赫、凯尔什·阿卜杜·拉海米·萨拉姆、阿卜杜拉·萨拉姆·纳吉、哈桑·鲁兹、阿卜杜·伍迪德·西夫、祖科·拜卡特、麦哈穆德·哈吉等。这些诗人创作的现代诗歌在也门广为流传。60 年代末又出现了散文诗，其代表性诗人是阿卜杜·拉赫曼·法赫里。

70~80 年代涌现出一批现代诗人，如穆赫塔尔·阿里、伊斯梅尔·沃里斯、阿巴斯·怠里米、赛义德·拜塔提等。此外这一时期的诗坛上新人辈出，最突出的有：穆哈默德·侯赛因·海赛姆、邵格·舍菲克、阿卜杜·拉赫曼·伊卜拉辛、奈吉卜·穆克比、穆哈麦德·哈辛·麦侯什等。这一时期诗人们创作了大量的现代诗歌作品，出版了很多诗集。

在也门现代诗人中，民族和爱国诗人穆罕默德·马哈穆德·祖贝里、浪漫派诗人阿卜杜拉·巴尔杜尼和自由派诗人阿卜杜·阿齐兹·麦凯利赫是其中的佼佼者。他们的作品与时代发展同步，其思想性和艺术性俱佳，不仅在也门影响广泛，在阿拉伯诗坛也占有一定地位，被誉为也门的诗坛"三杰"。

也门的现代故事和小说发起于20世纪30～40年代初，并在50年代以后迅速发展，由于与传统神话传说的题材和内容大相径庭，取材源于生活，通俗易懂，因而很快在大众中普及。报业兴起后，日报和周报增多，故事和小说艺术形式借助报纸媒体平台，很快在文学中占有了重要地位，改变了直到40～50年代文学界仍以诗歌为主的传统格局。

现代故事兴起之初，作品一般以单篇和连载形式发表在报纸杂志上。首先在《事实》杂志上刊登了艾哈迈德·拜拉克写的《我是赛义德》和《小偷兄弟》，接着《半岛青年》报也连续登载了一些现代故事。穆哈辛·海利发和穆罕默德·阿里·鲁格曼翻译的英文故事集也刊登在报刊上。

50～60年代现代故事日臻成熟，有人称之为现代故事的觉醒时期。这期间不断出现新作家和新作品，比较重要的作品有穆罕默德·阿卜杜·乌里写的故事集，宰义德·麦提阿·迪玛吉和阿卜杜·马吉德·卡迪等人编辑的故事书。70～80年代是现代故事的上升期和兴盛期，很多新作家声名鹊起，故事作品层出不穷。比较有名的新作家有赛义德·奥里克、穆罕默德·麦斯尼、麦菲·阿卜杜·拉赫曼、穆罕默德·萨里赫·海戴拉、阿卜杜·法塔赫·阿卜杜·伍里、舍菲克·祖克里、萨里赫·巴米尔、凯麦尔丁·穆罕默德、宰赫尔·赖赫曼拉、穆罕默德·奥麦尔·巴哈吉、阿里·萨利赫·阿卜杜拉等。

也门现代小说发展晚于其他阿拉伯国家，40年代开始起步，

60 年代后才有了较大的起色，作家和作品集中出现在 70～80 年代。第一部也门小说是 40 年代由哈米德·海利法和穆罕默德·阿里·鲁格曼合写的小说，名为《赛义德：历史道德文学小说，亚丁发生的事情》。另一部小说是艾哈迈德·本·阿比德写的《赛义德》，讲述了也门移民的故事。40 年代末阿卜杜·提卜·艾尔赛兰写了长篇小说《在穆卜尔舍的日子》。此后的主要作家及其代表作品有：阿里·穆罕默德·阿卜杜，作品有小说《拉车的马》（1959 年）和《一个工人的回忆》（1966 年）；诗人兼小说家穆罕默德·马哈穆德·祖贝里，作品有小说《瓦克瓦克的悲剧》（1960 年）；穆罕默德·阿卜杜·伍里，作品有小说《客死他乡》（1971 年）和《开放的萨那城》（1978 年）；穆罕默德·哈奈拜尔，作品有小说《石油村》（1976 年）；侯斯尼·萨利姆·穆赛比里，作品有小说《拉迪凡高地》（1976 年）；侯赛因·萨利姆·巴斯迪克，作品有小说《云路》（1977 年）、《阿里·麦坦·哈斯纳航行》（1986 年）和《山的童贞》（1989 年）；宰义德·麦提阿·迪玛吉，作品有小说《人质》（1985 年）；马哈穆德·赛赫里，作品有小说《旧港口》（1985 年）；艾哈迈德·法达克，作品有小说《梦幻村庄》（1989 年）；穆罕默德·麦斯尼，作品有小说《走向深渊》（1989 年）；叶海亚·艾里亚尼，作品有小说《云雾和花》，艾哈迈德·麦斯尼，作品有小说《高斯姆爷爷的烦恼》。也门现代小说作品不多，但是其中反映也门社会生活、突出社会矛盾和具有革新倾向的小说，对阿拉伯文学界产生了一定的影响，如穆罕默德·阿卜杜·伍里的《开放的萨那城》等。

也门的批判文学在 20 世纪 90 年代以后才开始出现，涉足这一领域的人很少，有的也门诗人从事也门诗歌的研究，如穆罕默德·赛义德·杰拉德和阿卜杜拉·巴尔杜尼、阿卜杜·阿齐兹·麦凯利哈等。也门以外的阿拉伯文学批评家曾对也门文学进行了研究。

五　艺术

也门传统艺术由雕塑、雕刻以及绘画等组成，是也门古代文明的一个重要内容。受地域、环境和宗教信仰等因素的影响，传统艺术表现了独特的也门风格。

1. 雕塑艺术

也门各地留存了大量的古代石头雕塑，反映了也门社会的宗教和世俗生活。多数雕塑是人面和全身雕像，有王公贵族也有平民百姓，有城市人也有部落人。人的雕像用于祈祷神灵或者祭奠墓葬主人。动物雕塑数量也不少，有的放在神龛上作为神灵的象征，是古代也门拜物教的遗迹，也有的放在家里和庭院作为装饰物。这些雕塑都是在伊斯兰时代之前遗留下来的。

也门人面雕像是也门传统艺术的一个亮点。也门艺人习惯雕塑人的各种相貌，试图将其性格精确地体现出来，有的人习惯在雕像下面刻上主人的姓名。人面雕像的特征通常是大大的眼睛深邃地凝视前方，而且由于眼部的用料不同于脸部，显得极为逼真。高级雕像用宝石镶嵌眼睛，更突出了人的丰富表情。雕像的鼻子一般尖而笔直，小嘴巴呈合口形并略带微笑，胡子是小线条或者是点状，耳朵小而简单，头发是凸起或凹进的线条。无论是人面还是人的全身雕像都是这种千篇一律的脸部特征。由于全身雕像也注重脸部雕塑，所以身体部位线条较粗，只表现轮廓，没有任何细部特征。站姿雕像身体矮小丰满，不成比例地连接着脸部和基座；短小的双手握拳，垂直于身体的胳膊与双肩相接，双腿短粗而笨重。坐姿雕像一般是妇女，比站立的男人体积小，可能是作为陪葬或者显示地位低下。妇女塑像胸部平瘪，双臂前伸，头部的辫子背在脑后，衣服裹着短粗的身体，双脚露在外面。妇女塑像还雕有耳坠、项链和发饰等佩饰，表现出唯美的艺术风格。

动物雕塑多数是伴随月亮神的牛和羊，还有狮子、骏马、骆驼和飞禽等。与人物雕像相比，艺术家似乎更热衷于动物雕塑，雕塑作品形象逼真、生动自然。动物雕塑因用途不同而式样各异，有各种用途的单个雕像、装饰用的组合雕像和供奉用的板雕。以装饰用的组合羊雕像最多。除了石头雕塑外，还有铜雕塑，很多铜雕与石雕的样式完全一样。至今保留下来的最古老的铜雕像，年代要追溯到公元前 6 世纪。最著名的是一对儿童骑着两只狮子的铜雕，体积比任何同类石雕都大，年代大约是公元前 1 世纪。除了人雕像和动物雕塑外，艺术家们还有一些生活用品的雕塑作品，主要是各式各样的装饰灯和装饰物，灯柱上雕着动物和鸟图案，工艺细腻，惟妙惟肖。

2. 雕刻和装饰艺术

雕刻及装饰艺术也是也门的传统艺术的一部分。自古在建筑物和装饰物上雕刻就是也门的一种艺术时尚，建筑物装饰带的雕刻流行于世。大理石和石膏是雕刻的主要材料，雕刻的图案各式各样，以人物居多。

人面雕刻数量很多，说明人们已经非常重视自己的地位和作用了。雕刻的男人都是正面，妇女体形比较肥胖。雕刻最多的图案是牛和羊。有的石刻雕刻了一些神话中的动物。有的动物两条后腿站立，两条前腿靠在椰枣树上；有的动物是狮身、鸟翼和人头组合的形象。估计每种动物都有一段神话故事，其雕塑之精美展现出艺术家们丰富的想象力和高超的技艺。很多地方还有狮子、野牛和野羊等野兽雕刻，也有花卉、葡萄树苗、椰枣叶和粮食作物等植物图形雕刻，表现了古代也门人与大自然和谐相处和他们的生活情趣。

建筑物雕刻面积较大，很多古老的宫殿和住宅的几面墙上，都有凸凹的整幅组雕，墓地的墓碑上也有各式雕刻。而装饰物的雕刻面积小而精致，一般在人物图形的前部和腿部的两侧雕刻。

供奉牌上的雕刻是立体图案，寺庙的雕刻以宗教为主题，香炉上雕刻的是神灵图案。

古代也门的钱币雕刻也很精美，一般铸造发行的金、银和铜质钱币的正面雕刻着国王图像和名字，反面有铭文或者动植物和新月图案。

3. 绘画艺术

传统艺术中的绘画主要是岩石画。岩石画在古代也门很盛行，遍布也门的山川，图案有人物、动物和植物。可能是宗教或传统禁忌的原因，其他绘画没有普及，仅在宫殿里的石膏装饰物上保留着彩色绘画图案。寺庙和墓地是没有绘画图案的。

也门现代绘画艺术仅30多年的历史，这期间有一些突出的标志和个人杰作，预示着也门现代绘画艺术将突破地域文化的界限，扩展更广阔的空间，与世界现代艺术发展变化接轨。近些年也门各种形式的现代绘画艺术活动很活跃，包括版画和油画等，出现了尝试用现代绘画语言和现代技艺创作的实例。一些艺术家超越了现代艺术前辈的现实主义流派，开始趋向印象主义、表现主义和抽象主义等倾向。特别是表现主义倾向给艺术家们提供了更大的自由度和个性展示空间。

也门绘画的现实主义流派代表人物，是也门现代绘画艺术的先驱哈希姆·阿里、阿卜杜·杰巴尔·尼曼，还有阿卜杜·杰里里·苏鲁利，他们取材于自然和生活创作的精美作品，深刻地影响着新一代的现实主义艺术家。表现主义倾向的艺术家的代表人物是艾哈迈德·班得海夫、阿里·宰哈尼、伊哈姆·欧尔什、纳赛尔·阿卜杜·克瓦等。从20世纪70年代起开始出现抽象主义倾向，也门现代绘画艺术的前辈哈希姆·阿里是这个流派的开创性代表人物，而80年代突出的代表人物是哈基姆·阿克尔。同时代还有一个重要的代表人物阿卜杜·莱提夫·拉彼阿，其作品以丰富的生活为素材并发掘其内在关系，体现了一种勇气和探索精神，对现实主义、印象主义和表现主义倾向都有一定的影响。抽象主义倾向的著名艺术家还有穆罕默德·胡卜勃、艾敏·纳舍尔、艾哈迈德·阿卜杜·阿齐兹等。近年，也门掀起了继承传统绘画的艺术倾向，萨利赫·舒拜比是这种倾向最有影响的艺术家。

4. 民歌

也门的民歌都取材于最底层人们的生活，风格朴实无华，成为也门从传统到现代艺术的一个门类。也门民歌是在多种背景下产生的，反映了生活的方方面面。民歌分为多种类型，如欢庆场合伴舞的歌曲，喜庆和情感歌曲，宗教歌曲，赞美歌和挽歌。各类民歌内容丰富多彩。例如劳动歌曲分春夏秋冬季节和每日的时辰，也分工种。田间耕种歌，是一种农民扶犁耕田时随意哼唱的小曲；晒场歌和推磨歌，是妇女们在晒粮食和推碾子磨面时重复哼唱的小调；打柴歌、牧歌、狩猎歌和渔歌，都是这些行业的人在劳作时喊唱的曲子。民歌经过了长时间的发展，由自由小调逐渐演变成有节奏和旋律的歌曲和音乐，体现了典型的也门民族特色和传统文明的内涵，不仅具有极高的艺术欣赏价值，也具有珍贵的历史和人文价值。

古老的萨那歌曲完美结合了诗歌和也门的传统音乐，通常在典礼和一些仪式上进行演奏，表演者在小巧的乌得琴①的伴奏下，唱着流传已久的歌谣。这些歌谣的主要内容都是吟唱人与人之间的关系，如爱情亲情和生活趣事等。这种曾经让也门人引以为豪的萨那歌曲，如今因听众日益稀少而面临失传的尴尬境地，只有少数几位音乐家仍保持着演唱萨那歌曲的传统。

萨那歌曲是也门传统文化遗产之一，已经被联合国教科文组

---

① 形状独特，类似中国的琵琶，11 根弦，6 琴栓，无琴格。在西亚被称为"乐器女王"。最早是古代波斯王朝的弦乐器，在阿拉伯故事《一千零一夜》里作为王公贵族们喜爱的乐器，被频繁地提到过。

织列入了世界人类遗产名录。为了保护这种独特的传统文化艺术形式，作为保护世界文化遗产工程的一部分，联合国教科文组织尽可能多地录制这些民歌，以便这种古老民歌得以传承和发展，使这种文化遗产流传给后人，并能让年青一代懂得传统的民间音乐及其历史文明。联合国教科文组织已通过"也门音乐遗产中心"录制了300多首也门民歌。参与这项保护计划的还有也门文化与旅游部、萨那大学和法国考古与社会科学研究所等机构。

5. 民间舞蹈

也门传统舞蹈最初基本是模仿动物、鸟禽和人们生活的基本动作，简单诙谐，后来又增加了宗教信仰的因素。虽然经过长期的演变，现在的也门民间舞蹈仍然保留着传统舞蹈的质朴风格。

民间舞蹈经常伴着音乐节奏和传统乐器和道具，如手鼓、小鼓、笛子、盆、碗（杯）、长棍等。

著名的民间舞蹈有：阿达舞（又称碗舞），在哈德拉毛和希赫尔地区盛行。每逢宗教节日、民族节日和欢庆集会上，男子舞者排成两列，面对面地伴着鼓、盆和碗等道具敲打出来的节奏起舞。一些民间诗人和民间歌手还穿插着吟诵诗歌和即兴高歌，这时舞者们随着诗韵和歌的节奏跳得更加热烈，将场上气氛推向高潮。

祖尔巴迪舞（又称驯马舞）：哈德拉毛谷地的舞蹈，由祖尔巴迪家族流传下来而得名。在结婚和宴请时，舞者们围坐在乐队周围，中间有2~3个舞者随着大手鼓、3个小鼓和长笛演奏的节奏起舞。舞者时而跃起时而半蹲，一会儿转圈一会儿小翻，轻盈的舞姿和不时发出的叫喊声，不断地渲染聚会的热闹场面。

也门各地区有自己的民间舞蹈，舞蹈名称和表现形式等虽有些差异，但基本形式相同，有单人、双人和集体形式，也有妇女、男人或混合等形式。

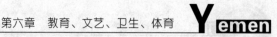

第三节 医疗卫生

一 医疗卫生服务

也门不具备现代化的医疗服务系统，缺医少药，医疗卫生费用不足。2005 年全社会的公共医疗卫生服务覆盖率为 58%，农村覆盖率仅 25%，与城市存在很大差距。

1. 医疗卫生发展状况

发展医疗卫生事业是实施消除贫困战略的一个重要部分，为此，政府从 20 世纪 90 年代中期开始建立卫生保健跟踪系统，并不断增加对医疗服务的资金投入，扩大医疗卫生基本设施和服务项目。第二个五年计划期间，医疗服务有了较大发展，全国的医院增加了 47%；医疗诊所增加了 50%；医生数量从 2000 年的 3491 名增加到 2004 年的 5282 名，医生与居民的比例从 1∶5213 变为 1∶3734；医院床位从 9530 张增加到 12734 张，年均增加 7.5%，医院床位与居民的比例从 1∶1916 变为 1∶1549。2000 年全国有 299 所卫生服务中心、1283 所初级卫生站和 241 所母婴卫生保健中心，到 2004 年，上述三种机构分别增加到 511 所、2185 所和 380 所，分别增加了 70.9%、70.3% 和 57.7%，妇女和儿童医疗服务中心增加了 90%。

第三个五年计划期间的前两年，政府改组了公共卫生和人口部，颁布了医疗保险法，同时开始对医疗机构进行整顿，实行定期审查医疗卫生计划执行情况的制度，加强对医疗器械和药品生产管理，逐步更新医院设备，新建了治疗和预防心脏病、肝脏病、眼病和癌症等疾病的专科门诊和专科医院。

2. 疾病预防状况

也门通过建立公共卫生服务机构和提高服务水平，在疾病预防方面取得很大进步，疟疾死亡率从 2001 年的 34.2% 下降到 2003 年的 25.5%，成功地控制了吸血虫病的发病率；结核病免疫率达到人口的 98%，结核病（TB）控制接近国际卫生组织标准；建立了艾滋病控制和预防网，全国范围 6 种儿童常见疾病预防覆盖率达到 80%。到 2006 年在减少疟疾感染方面又取得新的成绩，疟疾感染人数从上年的 200 万减少至 50 万。也门从 1996 年开始对脊髓灰质炎疾病进行监测，2005 年 4 月在也门 5 个省发现了 22 例脊髓灰质炎。2005 年底由也门公共健康和人口部主持，全国开始进行第七次防治脊髓灰质炎工作。

二　公共卫生服务

也门的公共卫生服务很薄弱，虽然主要城市有公共卫生服务设施，但城市很多地方不具备卫生饮用水和卫生设施等基本卫生条件。

在发展公共卫生服务系统方面，政府不断增加预算，2000 年财政预算的公共卫生服务支出为 2025 万里亚尔，2004 年增加到 3210 万里亚尔，年均增加 14.6%，主要用于建设公共卫生服务设施和扩大公共卫生服务范围。政府的努力取得了一定的成效。1997 年城市卫生饮用水和卫生设施覆盖率分别为 40% 和 25%，2000 年的覆盖率分别增长到 47.8% 和 34.4%，但是仍然低于中东地区的 52% 和 51% 的平均值；到 2004 年，两项覆盖率分别增长到了 60%（农村仅 7%）和 37%（农村仅 0.7%）。

第三个五年计划的目标是居民卫生饮用水覆盖率达到 59%，城乡分别为 71% 和 47%；卫生设施覆盖率为 44.5%，城乡分别为 52% 和 37%；供应水网的浪费削减 15%，污水处理设施增加两倍。

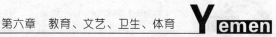

三 妇女儿童医疗保健服务

也门政府将建立妇女儿童的社会保障体系、提供卫生健康服务作为消除贫困战略的主要目标之一，制定了家庭服务计划、对妇女儿童卫生健康保健服务计划和计划生育计划。

1. 妇女儿童医疗保健发展状况

政府和社会团体开展了各种公益活动，宣传妇女享受医疗卫生服务的权利，启发她们采取安全避孕措施、注意妊娠期和哺乳期的卫生健康。政府在全国范围内建立了妇女和儿童卫生保健中心，接受服务的妇女比例从1997年的20.8%提高到了2003年的23.1%；还建立了艾滋病人权基金，基金的24小时咨询电话为妇女提供咨询服务（据世界卫生组织估计，2003年也门有1.2万艾滋病毒携带者，2004年有1549个艾滋病人）。

2. 计划生育措施

为了控制人口，也门卫生部生育卫生局2003年开始实行计划生育计划，2007年初重新部署计划生育措施，具体内容包括通过地方行政机构、社会卫生组织和社会福利基金等机构，推行各种计划生育方法；在联合国人口基金的支持和资助下，争取在2008年免费提供计划生育工具。通过实施计划生育计划，2007年上半年有14042名孕期妇女接受了卫生健康服务，占孕期妇女的38%，而2006年全年仅有5781名，占16%，预计到2010年第三个五年计划结束时，这一比例将增加到45%。

3. 妇女生育卫生服务

也门妇女生育高死亡率的问题比较突出，每年有3000多名妇女因此而死亡，生育死亡率为366/10万（有的材料是1400/10万），是世界最高的比率。2001～2005年政府制定的控制人口的目标是妇女生育死亡率下降到65/10万。为了有效地解决问题，政府于1999年、2002年和2006年几次作出决定，由医疗卫生部门免费提供妇女生育的医疗服务，但是因经费和设施等问题而未能付诸实施。2006 年 10 月妇联与英国一个组织合作，在 7 个省试行了这一政策。

2005 年末，妇女联合会、新闻界、教育界和宗教界等社会各界，发起了反对妇女早婚早孕的宣传教育活动，呼吁为了妇女健康、妇女权益和社会安定，将结婚年龄从不足 15 岁推迟到 18 岁以后。

第四节　体育

一　统一前体育状况

代体育是 20 世纪初出现在也门的，最初是开展足球运动，逐步扩大到篮球、手球、排球、乒乓球等球类运动和田径等竞技运动；首先在学生和军人中展开，后逐渐在城市中普及；开始是大众体育运动，后建立了各种俱乐部，组织了各项赛事。北也门在共和国建立前、南也门在独立前，体育运动主要在民间开展。在也门民族民主运动迅速发展的大背景下，体育运动与国家命运紧密联系在一起，不少体育俱乐部成为反对殖民主义的秘密聚集地，一些体育爱好者同时也是民族民主运动的积极分子，有的人在反对殖民主义的斗争中献身。南方的凯尔梯里市为纪念反殖民斗争的先驱穆罕默德·哈比什，将一所体育场命名为哈比什体育场。

两也门建立共和国后，在政府的鼓励和直接管理下，体育运动从管理体制和体育设施到各项体育活动，整体面貌都有了较大的改观。

1. 南方体育运动发展状况

南也门体育运动的开展早于北方。1905 年，英国占领军的军人和其他外国人将足球项目引入也门，建立了足球俱乐部。亚丁青年和学生效仿外国人踢足球，并组织足球队与外国人比赛，后来组建了第一个也门足球俱乐部——"穆哈迈迪青年俱乐部"。英国殖民当局为了防止当地人开展反英活动，成立了亚丁体育协会管理当地体育事务。第二次世界大战期间，协会停止工作。40 年代末，也门人又相继建立了伊斯兰联合俱乐部、谢赫·奥斯曼俱乐部和阿德鲁斯俱乐部、青年联合俱乐部（瓦里俱乐部）、大众俱乐部和凯梯俱乐部等。1951 年亚丁体育协会恢复工作，为了便于管理，英国当局任命了也门人担任协会秘书。1954 年 1 月亚丁成立了体育联合会。到独立前，亚丁的体育俱乐部发展到了 65 个。

1967 年南也门独立后，共和国政府社会事务和劳工部设立了体育局，1973 年又成立了最高体育委员会。政府将管理体育事务的重点放在整顿体育俱乐部、扩大体育项目和普及大众体育运动，在每个省市都建立了体育管理机构，成立了体育俱乐部，组织了足球、篮球、乒乓球等各种体育赛事。

2. 北也门体育运动发展状况

北也门的体育运动稍晚于南方。约 20 世纪 30 年代到 40 年代，荷台达、萨那和塔伊兹等地的学生和青年效仿外国人开展足球运动，学校还开设了体育课。到 50 年代中期，萨那的足球运动已经很普及了。1957 年成立了大众俱乐部，组建了萨那第一个市民足球队，接着组建了第一个军人足球队。1959 年正式组建了国家足球队。1962 年建立了统一俱乐部。共和国成立后，又建立了扎哈拉体育和文化俱乐部、麦吉德俱乐部、卡迪斯俱乐部、叶尔穆克俱乐部等。在荷台达，1957 年成立了第一个俱乐部——东方俱乐部，1962 年东方俱乐部、萨格里俱乐部和联合俱乐部合并成立了时代俱乐部，成为北也门顶级的俱乐部。塔伊兹在 40 年代末期，开始普及大众体育，建立了各种运动队，并组织了体育赛事。

1962 年北也门成立共和国后，政府正式建立体育机构，以此促进国家体育运动的发展。在每个省区设立大众体育委员会的基础上，首都萨那成立了最高体育委员会。同年 9 月萨那最高体育委员会主持召开了第一届共和国青年体育大会，并成立了阿拉伯也门最高体育委员会。1969 年 11 月分别成立了国家体育联合会、军事体育联合会和关心青年最高委员会（1975 年改为关心青年和体育委员会）。1976 年成立了由各体育联合会组成的全国体育联合会，包括足球联合会、手球联合会、篮球联合会、竞技联合会、乒乓球联合会、排球联合会，拳击联合会。1976 年成立了国家奥林匹克委员会。70 年代末，为了提高国家的体育水平，政府出面组织了省级循环赛，同时各体育联合会开始实施俱乐部等级制计划。80 年代北也门体育运动有了很大发展，设立了运动员、军人和青年运动员机构。1981 年 9 月国际奥林匹克委员会吸纳也门奥林匹克委员会为会员。同年也门建立了体育运动锦标赛制度。80 年代初北也门举行了首届足球锦标赛，17 个俱乐部参赛，时代俱乐部获得冠军。

二　统一后体育发展状况

1. 体育发展概况

　　也门统一后，政府将青年和体育事务发展作为社会发展的重要部分，批准设立了青年体育基金会，划拨专项资金建设体育场馆和建立体育俱乐部，支持开展青年体育活动。2001 年全国体育俱乐部发展到 276 家，2005 年达到 300 家，俱乐部会员从 27880 人增加到 2005 年 84805 人；2005 年共有体育协会 28 个，体育协会分会 298 个；全国有体育场馆 180 个，其中 17 个带有阶梯看台。在政府的资助下，卡马兰岛修建了第一座高尔夫球场，哈拉斯山和马维特开辟了山地运动场地，濒临红海和阿拉伯海沿岸建立了跳水和水上项目场所，这些运动在也门逐渐普及。

2. 运动发展水平

近年来，也门的体育运动水平有了很大进步，有的项目在国际比赛上具备了一定的竞争能力，在国际赛事资格选拔中，也门运动员入选率有所增加。拳击、柔道、足球和乒乓球项目在地区运动会上都有很好的表现。北也门王国时期，纳西姆·哈密德王子曾获得过世界最轻量级拳击的冠军。2006 年 3 月莫·纳塞尔获得了英联邦运动会 48 公斤级拳击的铜牌。两位拳手都是在英国接受训练的。

2007 年 8 月也门主办了第三届阿拉伯柔道锦标赛暨第八届阿拉伯青年柔道锦标赛和第十二届阿拉伯少年柔道锦标赛，并获得了金牌总数第一的佳绩。

足球在也门深受欢迎，足球运动在全民中相当普及。也门国家足球队 1962 年组建。近些年，国际足联实施支持发展亚洲足球的计划，也门足球运动有了起色，国际比赛战绩连连，曾一度打入亚洲少年足球锦标赛决赛；1993 年足球世界杯亚洲区预选赛上主场战胜了中国队；2007 年 8 月获得了第三届阿拉伯校园足球锦标赛冠军。

也门的乒乓球运动近年迅速发展起来。2006 年 8 月举办了第 20 届阿拉伯乒乓球锦标赛，2007 年 8 月，又主办了第 11 届阿拉伯杯乒乓球赛，并获得了金牌总数第二的好成绩。

3. 俱乐部和运动员

也门俱乐部注册运动员 2001 年为 9851 名，2005 年增加到 60357 名，其中足球 22890 名，排球 7770 名，乒乓球 4956 名，手球 3861 名，篮球 4364 名，网球 366 名，竞技 9870 名，象棋 4336 名，自行车 1944 名。在注册运动员中，一级运动员约 20400 名，其中足球 8190 名，排球 3465 名，乒乓球 2100 名，手球 1176 名，篮球约 630 名，网球 60 名，竞技 2310 名，象棋 2000 名，自行车 451 名。俱乐部注册裁判 2416 名，其中国际裁判 112 名，一级裁判 291 名，二级裁判 509 名，三级裁判 453 名，候补裁判 1051 名。

4. 支持北京奥运会

2001 年 7 月 14 日，也门青年和体育部长埃克瓦代表也门政府、人民和也门奥委会，向中国政府、人民和中国奥委会就北京获得 2008 年夏季奥运会举办权表示最热烈的祝贺。埃克瓦说，在具有悠久历史的文化古城、中国首都北京举办这一世界性的体育盛会不仅是 13 亿中国人民的喜事，也是全世界人民的喜事，也门人民为北京感到骄傲，同时也分享中国人民的喜悦和欢乐。他同时预祝北京 2008 年奥运会获得圆满成功。也门在 1992 年首次参加奥运会。由 16 人组成的也门奥运代表团参加了 2008 年北京举行的第 29 届夏季奥运会，5 名运动员参加了田径、游泳、体操和柔道项目的比赛。

第五节　媒体

一　出版社、报纸和杂志

1. 出版业发展

门出版业最早出现在英国占领南也门时期，1853 年亚丁成立第一家出版社，主要为殖民当局服务，出版阿拉伯语和英语刊物。

奥斯曼帝国统治北也门时期，于 1872 年成立了第一家出版社，用土耳其文和阿拉伯文出版官方刊物，出版了也门的第一份报纸《也门》，报纸用土耳其文，4 页装订，用传单形式发行。1878 年，北也门出版了也门第一份正式报刊，也是阿拉伯半岛

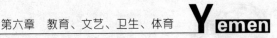

的第一份报纸，是 4 版的土耳其文周报，1882 年增加了阿拉伯文版，1918 年也门脱离奥斯曼帝国独立时停刊，1926 年复刊，名为《信仰》报，1938 年改为《智慧》周刊，1941 年停刊，1950 年复刊，改为《胜利》报。1962 年阿拉伯也门共和国政权成立后，革命指挥委员会出版了《革命》报，此后陆续出版了其他报纸和杂志。

独立前的南也门，出版业已经有了一定发展，先后于 1853 年、1874 年和 1889 年建立了出版社，出版英文、阿拉伯文和希伯来文刊物。1890 年南也门出版了第一份报纸《亚丁周报》。1915 年以后，南也门出版业有了大的发展，到 20 世纪 40 年代，出版物已有 78 种之多，著名的刊物有《半岛青年》、《也门之声》等。1946 年出版的《也门之声》是第一份党刊。1948 年出版了第一份政治性报纸《恩德》。1967 年南也门独立成立共和国，新政权取缔了所有报刊，仅允许以执政党民族解放阵线名义出版的报刊。

南也门在英国殖民时期，曾于 1939 年颁布出版法，1953 年颁布报业法。共和国成立后，直到 1990 年 3 月才颁布了一部出版法。也门统一后，1990 年 25 号总统令颁布了出版法，其中规定出版自由，任何个人、团体和政党都可以主办报纸刊物。1990 年也门共和国报纸出版发行组织建立并在各省设立分支机构，在政府新闻部的领导下，专门负责新闻出版事务。

2. 报纸杂志

（1）刊物概况：也门统一后，报刊出版业发展很快，成立了 3 大官方报业公司。革命报业公司出版《革命报》（发行量 11 万份）、《统一报》、《体育报》和《麦因》杂志等；共和国报业公司出版《共和国报》、《晚报》等；十月十四日报业公司出版《十月十四日报》（发行量 2 万份）、《火花报》（发行量 6000 份）等。军队有武装部队出版公司，出版《九月二十六日报》、

《军队》、《卫兵》等。其他出版公司还有也门出版印刷发行和广告公司、也门印刷和出版公司、舍姆尔报纸新闻公司等。

目前也门报纸杂志已达90多种，其中政府发行17种，各党派组织13种，独立的报刊39种，还有一些专业性报纸和期刊。在90种报刊中，《也门时报》、《观察家》和《也门邮报》是英文报纸，其余的报纸杂志均为阿拉伯文。《也门邮报》是2007年私人创办的海外发行报纸，向美国的也门侨民发行。

（2）官方刊物：官方的主要报纸杂志有：《革命报》、《共和国报》、《十月十四日报》等日报，《文化报》（共和国新闻出版发行组织出版）、《统一报》、《体育报》、《港口报》等周报，《也门光明》、《税务意识》、《金融》等杂志。

（3）军方刊物：军队的报纸和杂志有：《九月二十六日报》（周报）、《军队》（月报）、《卫兵》（月刊）、《航空和防卫》（季刊）等。

（4）政治组织刊物：政党组织的报纸和杂志有：《觉醒》（伊斯兰改革集团周报）、《阿拉伯复兴报》（复兴党周报）、《革命报》（也门社会党周报）、《统一报》（纳赛尔人民统一阵线周报）、《宪章报》（人民阵线党周报）、《真理报》（独立人士周报）、《七月十七日报》（独立人士周报）等。

（5）社会团体刊物：社会团体的报纸和杂志有：《也门日报》、《每日信息报》、《广告报》（周报）、《周报》、《舆论报》（周报）、《妇女报》（月报）、《亚当和夏娃》（月报）、《体育场馆和汽车报》（双月刊）、《烛光》（月刊）等。

（6）私人刊物：私人的报纸有：《也门时报》（英文半周报）、《观察家》（英文周报）、《也门邮报》（英文周报）、《巴扎尔报》（周报）、《事实报》（周报）、《大众报》（周报）、《也门》（季刊），还有《和平》、《也门之声》、《工人之声》、《合作》、《国家团结》等报纸和杂志。

二　通讯社

也门目前仅有一家通讯社，即官方的也门通讯社，简称萨巴社（SABA）。也门统一后，由创建于 1968 年的原北也门萨巴通讯社和创建于 1970 年的原南也门亚丁通讯社合并而成。也门通讯社每天用阿拉伯语和英语对外发布消息。

三　广播

也门的广播电台均为官方广播电台，包括全国性的广播电台和地方广播电台。

北也门 1946 年在萨那建立了广播电台，每周五（主麻日）播音一次，每次仅一个半小时。1950 年伊玛目政府为了禁止外来影响，停止了电台播音。1955 年电台播音恢复，广播内容包括文化、文学和政治等节目，主要是依靠短波接收的开罗、伦敦和加尔各答的消息。1962 年共和国成立后，广播电台规模扩大，节目多样化，广播内容包括文化、文艺、政治和消息等各类节目。

南也门 1954 年在亚丁建立了广播电台，但是英国当局严格控制消息来源和播音内容。共和国成立后，广播电台规模扩大，广播节目日渐多样化。

1. 国家电台

统一后，广播业进一步发展，目前全国性广播电台有：

萨那广播电台：始建于 1946 年，1950 年停止播音，1955 年恢复播音，每天数小时对全国播音，其中有两小时用英文播音。目前全天用阿拉伯语和英语向全国播音，有中波、短波和立体声波段。2001 年，萨那广播电台网站开通，同年开始使用卫星地面转播站播送节目。

亚丁广播电台：始建于 1954 年。目前用阿拉伯语向全国播音，有中波、短波和立体声波段。2003 年亚丁广播电台网站开通，目前使用卫星地面转播站播送节目。

2. 地方电台

2005 年也门政府决定作为社会全面发展计划的一部分，在全国普及广播，在所有地区建立广播电台。目前地方性广播电台主要有：

青年广播电台：2003 年建立，有中波和立体声波段，全天分两个时段向萨那和周边地区播音，中午 12 ~ 14 点，晚上 10 点至午夜 12 点。

塔伊兹广播电台：1963 年在塔伊兹建立，使用中波播音。

穆卡拉·哈德拉毛广播电台：1967 年在哈德拉毛建立，使用中波播音。

荷台达广播电台：1968 年在荷台达建立，使用中波播音。

塞努尼广播电台：1973 年在塞努尼建立，用中波向哈德拉毛谷地、沙漠及其边远地区播音。

艾比尼广播电台：1973 年在艾比尼建立。

哈杰广播电台：2004 年在哈杰建立，使用立体声波段播音。

迈赫拉广播电台：2004 年在迈赫拉建立，使用立体声波段播音。

四　电视

全国有 2 家电视台，萨那电视台和亚丁电视台，均为官方电视台。

1. 萨那电视台

于 1975 年建立，统一后播送节目的范围逐年扩大，目前通过卫星地面播送的彩色节目基本覆盖了全国各地，每日播送节目时间延长到了 17 个小时。统一后，萨那电视台正式命名为电视

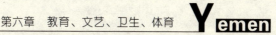

1 台，目前已经开播了也门卫视频道。

2. 亚丁电视台

于 1964 年建立，每日播送节目 7~8 小时。从 1981 年开始，在节假日开播彩色电视节目，部分地区能够接收到彩电节目。1990 年统一后，亚丁电视台为电视二台，并开始使用卫星转播电视节目。

第七章

外　交

第一节　也门独立后的对外关系

也门的近现代历史发展比较曲折，英国殖民主义入侵南也门导致了南北也门分裂，反对殖民主义和实现统一两个目标不仅深刻地影响着国家的发展，对外关系也围绕着这两个中心展开。从北也门独立到南北也门统一，对外关系发展大致经过了王国时期民族矛盾影响对外关系发展，南、北也门共和国对外关系重新整合，统一后对外关系全面发展等三个阶段。

一　王国时期的对外关系

也门独立后建立的穆塔瓦基利王国，是由伊玛目代表传统部落保守势力掌权的封建君主国，面对西方殖民主义列强侵略的威胁，为了防止也门再次落入外族人手中，伊玛目叶海亚执政时（1913～1948年），竭力维持国家的封闭状态，避免外国人介入也门社会生活，甚至不允许发行外国报纸，拒绝外国公司勘探、开发石油和其他矿产。外交政策同样是本着闭关锁国原则制定的，致使这一时期也门的对外交往极其有限，即便是阿拉伯国家也不允许在也门首都萨那建立使馆。但是也门王国并未幸免于西方殖民主义为划分势力范围和获取各自利益而激烈争斗的旋涡，只有投入到反对殖民主义的斗争中去，才能维护国家独立主权。叶海亚之子艾哈迈德执政时期（1948～1962年）实行了较开明的外交政策，不断扩大对外联系，使也门反对英国殖民主义的斗争得到了国际社会的广泛支持。在整个王国时期，英国控制和也门反控制的斗争始终是其对外关系的重要内容。

1. 英国殖民政策影响与沙特阿拉伯的关系

传统的伊玛目统治政策带有强烈的地方宗派主义色彩，造成了也门地方各宗派势力之间长期的矛盾和斗争。也门独立时，人民渴望将赶走奥斯曼土耳其侵略者作为将亚丁从英国占领下解放出来的第一步，最终实现也门的统一。但是叶海亚政权以北方宰德教派的部落聚集区为中心，形成了巩固王权的势力范围，以此控制着整个也门。叶海亚怂恿宰德派信徒掀起反对沙斐仪派和伊斯玛伊派信徒的流血冲突，掠夺两教派聚集区的部落土地和财产，并将国家各种权力集中在宰德派的部落封建主手中，剥夺其他两教派在政府任职和从军从警的权利。这种地方宗派主义的政策倾向不仅触犯了两教派封建主的利益，也伤害了两教派信徒的利益，特别是占人口50%以上的逊尼派和沙斐仪派的居民。沙斐仪派的封建主带领群众揭竿造反。阿西尔地区的艾米尔们和扎拉尼格部落酋长们反政权的情绪最为强烈。他们为摆脱王权控制公开求助于英国、意大利和邻国沙特阿拉伯，在这些国家的支持下形成了分离主义势力。也门政权对沙斐仪派的压制，引起邻国沙特阿拉伯的沙斐仪派政权的不满，促使两国由来已久的宗教分歧和领土争执等矛盾不断激化。在英国的挑拨和支持下，1934年3月22日沙特阿拉伯发动了对也门的边界战争，也门军队弱小，不敌由英国提供现代化军备的沙特阿拉伯军队的攻击，沙特阿拉伯军队很快占领了也门的西南部港口城市荷台达，也门战

败，5月13日两国停战。5月20日也门与沙特阿拉伯签订了
《塔伊夫条约》。根据条约，也门将季赞、纳季兰和阿西尔割让
给沙特阿拉伯，沙特阿拉伯将荷台达交还给也门，承认也门独立
并承诺不吞并也门领土；两国保证维持边界现状，实行友善政
策。与此同时，英国利用也门与沙特阿拉伯关系危机，迫使也门
承认英国占领南也门合法化。

2. 英国殖民政策造成深刻的民族矛盾

英国占领南也门造成了也门与英国殖民主义者之间深刻的民
族矛盾。英国人在占领南也门之后，没有停止吞并也门其他领土
的行动，不仅指使反对也门伊玛目控制的阿西尔地区艾米尔伊德
里斯侵入红海沿岸地区，还出兵占领了荷台达港，随后转交给了
阿西尔地区的艾米尔们管辖，企图通过地方势力的分裂活动实现
侵吞也门的目的。伊玛目政权虽然受到强大的英国势力的包围，
但是始终没有放弃对南也门主权的要求，坚持收复领土的斗争。
第一次世界大战期间，在也门人民反对英国占领运动的支持下，
伊玛目派军队逼近亚丁，但终因力量薄弱没有实现解放亚丁的目
的。在俄国十月革命和世界及中东地区反殖民族解放运动的鼓舞
下，也门终于在1925年夺回了红海沿岸和荷台达的控制权。英
国加强了对也门的军事威胁。也门试图利用英国与意大利争夺红
海势力范围之机，依靠意大利遏止英国侵犯也门，于1926年与
意大利签订了为期10年的友好贸易协定。然而也门并没有达到
目的，英国与意大利相互勾结达成协议，意大利同意不干涉也门
事务。1928年，英国向也门发出最后通牒，要求也门将与亚丁
保护地接壤的地区和有争执的地区交给英国管辖。在遭到回绝
后，英国采用对也门城乡地区轰炸、挑动也门一些部落酋长叛乱
等卑劣手段威逼也门就范。危急之中的也门求助于意大利未果，
又因势单力薄使抵抗行动受挫，终于被英国强占了与亚丁保护地
接壤的地区。

英国利用也门地方宗派主义矛盾支持阿西尔酋长地区分离主义势力，同时利用沙特阿拉伯与也门的宗教分歧和领土纠纷，极力挑拨两国关系和激化矛盾，致使 1934 年 3 月两国开战。英国乘两国关系危机不断升级之机，迫使也门于 2 月 11 日在萨那签订了为期 40 年的《友好和互不侵犯的条约》。根据条约，英国承认也门"完全绝对的独立"，英国控制的南也门属地与北也门的界限到 40 年后确定，这期间延用 1905 年英土协定中有关条款确定的界限。也门实际上已承认英国合法占领南也门，以此换取了英国对也门王国的承认和对叶海亚本人的保护，从此也门分裂为南北两个国家。

第二次世界大战前夕，英国为了与意大利抗衡，拉拢也门加入 1937 年伊拉克和沙特阿拉伯友好条约，目的是组成支持英国参战的中东国家同盟。战争期间，英国继续与也门缓和关系，1939 年向也门派遣了军事使节团。

第二次世界大战结束后，与英国争夺势力范围的意大利被削弱，但是英国又遇到了在中东迅速扩张的美国势力的抗衡，美国对也门的经济渗透引起了英国不安。1948 年初英国试图利用也门内部政治矛盾达到完全控制也门的目的，支持由也门反政权的宪政势力组成的也门"自由人运动"同王室中反伊玛目势力联合发动了政变，叶海亚在政变中被杀。"自由人运动"建立了临时政府，宣布实行君主立宪制。但新政权仅存在了 25 天，叶海亚的长子艾哈迈德王储以武力镇压了政变者并继位执政，恢复了王权统治。艾哈迈德继续奉行反殖民和维护民族独立的政策，并且在国内阶级矛盾增加、世界反殖民族主义势力不断强大的形势下，改变了其父的闭关锁国政策，打开国门扩大与外界交往，争取国际社会对也门的政治支持和经济援助。

1949 年，也门境内靠近亚丁地区发现石油资源，英国急不可待地逼迫也门承认它对亚丁保护地的所有权和在英国控制下的南也门七个"保护国"的"独立"地位，还要求也门授予英国公司享有在也门境内独立开采石油的权利、要求也门许诺不得进口英国以外国家的物资。也门政府断然拒绝英国强占领土和掠夺资源的无理要求，两国关系骤然紧张。同年11月，英国采取了空袭也门城市、武力占领南部沙皮尔石油地区并强行勘探石油的行动。也门向阿拉伯联盟提出对英国的控诉。英国漠视也门的反对立场，继续用空袭行动进行威胁，迫使也门于1950年8月开始同英国谈判石油勘探开采问题。此后，虽然表面上两国关系有所缓和，1951年1月两国互派特使，3月英国同意组成边界争端问题混合委员会。但双方的斗争仍在继续，英国威胁使用武力直到也门政府接受全部要求，并经常在占领地区边界挑起冲突，还搜罗也门反王权势力搞叛乱活动。也门政府一方面从1953年起多次在阿拉伯联盟、联合国等国际场合公开控诉英国的罪恶行径，阐述维护国家主权和收复南也门领土的合法权利，争取国际社会的支持；另一方面融入阿拉伯反对殖民主义和犹太复国主义的民族解放运动当中，支持阿拉伯国家争取独立和维护国家主权的行动。1954年12月英国再次空袭也门领土，发动边界武装挑衅。1955年3月英国支持了反对也门王室的未遂政变，巴德尔王子领兵镇压了政变。

1956年10月底苏伊士战争爆发。由于埃及将苏伊士运河国有化，英、法、以三国联合发起对埃及的武装入侵。在阿拉伯国家的支持下，埃及军民奋起抵抗，三国入侵行动以失败告终。在战前，也门与沙特阿拉伯和埃及签订了军事同盟协定（1956年4月），共同参与阿拉伯国家反对以色列的斗争。在战争中，也门2万名志愿者赴埃及参与反侵略战斗。也门的行动激怒了英国人，12月31日，也就是战争结束的第六天，英国又空袭了也门南部和东部城市，并占领了东部城市哈里卜。也门军民进行了英勇抵抗。英军的侵略行动遭到阿拉伯和世界很多国家的谴责。此时正值亚非万隆会议召开，会议发表的公报，支持也门对亚丁和对被英国占领的南也门"保护国"问题上的立场。也门和阿拉伯联盟分别向联合国提出控诉，强烈要求采取有效措施制止英国的侵略行径。中国和苏联都表示了反对英国侵略和支持也门合法权利的立场。国际反殖民族主义力量的广泛支持，激励了也门人民坚决反对英国侵略和掠夺的决心和勇气。

3. 同意、法、德、美等西方国家建立联系

王国时期也门与意大利、法国和德国等西方国家建立了联系，进行贸易往来和接受援助，特别是曾与意大利建立了密切关系，与美国的关系也不断增强。

第一次世界大战后，也门想利用英国与意大利争夺红海势力范围，依靠意大利抵御英国的进犯，于1926年与意大利签订了为期10年的友好贸易协定，接受了意大利的经贸和技术援助。而意大利为了扩大红海的势力范围，与英国既争夺又勾结，根本无意顾及也门的利益，反而借机向也门扩张，除了经济援助，还趁1934年也门在与沙特阿拉伯的边界战争中失败之机，通过提供军援渗入到也门军队，并取得了重要地位。1936年两国延长了友好贸易协定。1939年意大利迫使也门签订另一项协定，在也门所属的红海岛屿建立了军事基地。第二次世界大战，墨索里尼的法西斯主义遭到全世界的反对，意大利战败严重削弱了其在世界各地的势力。也门驱逐了意大利的军事人员，同时断绝了与意大利的外交关系，但是一直保持着经济往来。

第二次世界大战后，美国垄断资本开始向世界各地区渗透，与英国在红海和中东地区展开了激烈竞争。美国重视也门的战略地位和自然资源，早在20世纪20年代就开始在也门进行一些经济活动，建立了无线电台。1927年一个美国"技术考察团"到也门从事勘探矿产资源活动，1928年一家美国公司获得了也门萨利夫地区盐产地的租界权。40年代为了抵御英国的武力威胁，也门与美国增加了交往，美国开始进入也门的经济领域并涉足军事。1946年也门同美国签订了经济协定，根据协定，美国在也门获得了多项经济特权，参与了道路、水坝等建设和工业开发，还向也门输出技术设备和提供贷款发展经济。1948年5月美国提供100万美元用于也门购买美国军火。1948年夏季，叶海亚伊玛目派阿卜杜拉王子访问美国。美国提出向也门提供贷款用于建设电站和购买港口设备，作为交换美国获得在也门的石油勘探权，双方签订了有关协定。但是后来叶海亚拒绝了这项协定。

40年代末，英美对也门矿产资源的争夺加剧。1948年也门发现石油资源，英国于1949年8月用武力强占了石油区域，11月开始勘探石油，同时多次对也门进行武力威胁，以实现对也门的控制，获取独自勘探石油权。美国不甘落后，于1950年3月在未经也门许可的情况下，用武装护卫进入也门寻找铀矿。英美的夹击使也门处境十分艰难。鉴于经济发展需要，也为了摆脱多年来英国的控制，艾哈迈德政权选择了美国，同在埃塞俄比亚的埃美石油公司缔结了关于美国在也门勘探开采石油的协议。1951年6月也门又同意美国"考古"探测队进入也门东部进行考古活动，实际上是勘探矿产资源。英国在1956年苏伊士战争中失败后，逐渐丧失了在中东的主导地位，美国乘机提出"填补中东空白"的"艾森豪威尔计划"。从此，美国势力在中东各地区和各领域迅速扩张，同也门的关系也有了很大发展，并加速向也门经济领域渗透。

4. 加强同世界各国的联系

在反帝反殖民的世界潮流中，也门于1945年加入了阿拉伯国家联盟（简称"阿拉伯联盟"或"阿盟"）和联合国，加强了同阿拉伯国家和其他国家的关系。1955年也门参加了万隆会议，将不结盟作为外交政策的基本原则，与此同时赢得了万隆会议国家对也门反对英国占领南也门斗争的全力支持。

20 世纪 50 年代，艾哈迈德政权进一步密切与阿拉伯国家的关系，积极参与阿拉伯国家事务。也门支持埃及提出的组成新阿拉伯联盟的主张，拒绝参加美国支持的旨在分裂阿拉伯国家的土伊军事条约（巴格达条约）。1956 年也门与埃及和沙特阿拉伯结成军事同盟，全力支持埃及收复苏伊士运河所有权和反对英、法、以的侵略。也门反抗英国殖民主义侵略和控制的斗争也得到了阿拉伯国家的支持，1956 年 12 月阿拉伯联盟就英国占领也门领土向联合国提出控诉。

在反对殖民主义共同目标的基础上，50 年代也门与社会主义国家的友好关系发展很快。苏联和中国等国家向也门提供了政治支持和经济援助。

二 共和国时期的对外关系

南、北也门共和国都属于民族民主性质的政权，与共和国建立之前在英国"保护"下的傀儡政权和封建专制政权的性质截然不同。在国际冷战的大环境下，两个也门共和国都以维护国家主权和发展国民经济为中心，重新整合了对外关系。阿拉伯也门共和国（北也门）政权在反对殖民主义前提下，与各阿拉伯共和国和苏联、中国等社会主义国家加强了联系，同时为了经济建设，同海湾国家发展关系，同美国等西方国家增加经济往来。也门民主人民共和国（南也门）政权实行鲜明的反殖反帝的民族主义政策，与各阿拉伯共和国和苏联、中国等社会主义国家保持良好关系，在这些国家援助下进行经济建设。

1. 北也门全面发展对外关系

北也门共和国由民族主义军人和文人联合执政的政权，在建国之初受纳赛尔主义的影响较深。在与王室派势力的八年内战中，主要是接受埃及纳赛尔政权的军事支持，苏联也给予了大量的军事援助。20 世纪 60 年代北也门与埃及、伊拉克、阿尔及利亚等共和制的阿拉伯国家发展了关系，与苏联和中国等社会主义国家保持了友好关系。由于沙特阿拉伯政权支持流亡的也门王室派势力反对共和政权，北也门与沙特阿拉伯关系紧张，与其他海湾国家也没有发展关系。由于美国和西方唯恐失去在也门的地位和利益，支持也门王室派反对共和政权，北也门与美国和西方国家疏远关系。1970 年内战结束，为了发展国民经济，北也门对外政策趋向中立和温和，开始同海湾和红海地区国家往来，1972年以后逐渐同海湾国家建立了外交关系，同南也门也建立了外交关系，同西方国家加强了联系。1973 年十月战争后，世界石油价格上涨，为了弥补由此带来的损失，北也门开始制定和执行经济发展计划，对外关系重点随之转向了争取外资和接受广泛的外援。阿拉伯国家主要是沙特阿拉伯、科威特和阿尔及利亚等国家向北也门提供了贷款和经援，苏联、东欧国家和中国等社会主义国家也提供了军援和经援，苏联和中国还向北也门提供援建项目。另外美国、联邦德国和意大利等西方国家也向北也门提供了贷款、经援、技术援助并与其开展合作项目。

2. 南也门执行反殖反帝政策

由于饱受英国殖民主义长期的侵略和占领，南也门在独立后，继续坚持反殖反帝的立场，执行了比较激进的对外政策，积极参加阿拉伯联盟、不结盟、伊斯兰国家组织等地区和国际组织，支持世界各国民族独立和解放运动。由于在解放运动中受到埃及、叙利亚、伊拉克和利比亚等阿拉伯共和国的支持，因而南也门同这些阿拉伯国家关系比较密切。在苏联和中国等社会主义国家的影响下，南也门共和政权接受了社会主义思想，决定走"科学社会主义"发展道路，同社会主义阵营国家发展了友好关系，在经济建设中接受了这些国家的大量援助。直到 20 世纪 70年代初，南也门还没有与海湾国家建立正式外交关系，特别是与沙特阿拉伯王权的关系对立，曾经发生过边界冲突。与阿曼关系也因未定的边界问题而紧张。受冷战的影响，南也门同西方国家关系一直处于封冻状态。70 年代中期以后，出于发展多元化经济的需要，南也门政府外交政策出现了温和趋向，与海湾国家普遍建立了关系，同除英国以外的西方国家也发展了关系，还接受了德国、意大利和法国等国家的经济和技术援助，但是同美国的关系比较冷淡。直到冷战结束后，南也门才开始与美国缓和关系。

3. 两也门启动统一进程

南北也门于 20 世纪 70 年代初启动了统一进程，1972 年 11 月 28 日两国签订了关于统一的协议。根据协议，两国将建立统一国家，首都定为萨那。从此，两国政府和民间往来逐渐增多。1976 年中期，两国组成的统一事务委员会起草了统一国家的制度框架。1981 年 12 月双方起草了统一宪法草案，要点包括：由南北方最高领导人指定的双方立法机构组织公民投票，对统一宪法进行民意测验，根据新宪法选举出统一的国家立法机构和政府；为保证具体步骤的实施，两国最高领导人组建一个包括双方内政部长在内的部长委员会，并赋予该委员会必要的权力，以便在最多不超过半年的时间内主持公民投票。但是由于两国国内形势变化，统一进程受阻。80 年代中期以后，全球化经济发展的趋势和两国改革开放的形势，极大地促进了南北也门统一进程。1988 年 5 月，南北也门最高领导人在萨那达成两项协议：允许两国公民凭身份证自由过境；联合开发共同边界地段 2200 平方公里内的石油及矿产资源。此举深得南北也门人民拥护，人民要求尽快实现南北统一的呼声日渐高涨。1989 年 11 月，北也门总统萨利赫与南也门社会党总书记比德举行会谈，就南北统一达成协议，一致同意批准 1981 年 12 月双方起草的统一宪法草案，同时采取具体步骤加以落实。1990 年 5 月 22 日，南北也门正式宣布统一，成立也门共和国。

三　统一后也门的对外关系

1. 全面改善对外关系

统一后，也门政府在国家政治重组和经济改革的过程中，对外交政策做出相应调整，总的原则是建立广泛和全面的对外关系。1990 年海湾危机中采取支持伊拉克的立场和 1994 年南北也门爆发内战，使也门陷入内外交困的艰难境地。为了尽快摆脱困境，1995 年也门在对内实施经济改革计划的同时，积极进行外交活动，全面改善与阿拉伯国家、海湾国家和西方国家的关系，为战后重建和发展经济创造良好的外部环境，争取更多的外援和外资。1993 年也门总统萨利赫在纪念实现南北也门统一三周年时，明确表示了发展多方位外交的意图。他说政府应执行明智的外交政策，以适应当今世界的变化，要在平等互利的基础上与外部世界发展关系。1998 年在纪念统一八周年时萨利赫强调了也门多方位发展对外关系的政策。他说也门坚决奉行相互尊重的原则，加强同所有友好国家的信任与合作，遵守国际公约与协定，不干涉别国内部事务。

2. 开展多方位外交

也门内战结束后，政府主动改善了同阿拉伯国家的关系，发展政治和经济合作关系，倡导阿拉伯的团结和联合。在政治合作方面，萨利赫多次表示阿拉伯国家必须加强互访，以便解决他们之间的问题，修补因海湾危机而受到损害的相互关系，并重申也门将继续支持阿拉伯国家联盟的工作，呼吁阿拉伯国家领导人捐弃前嫌，努力弥合裂痕，通过对话和谅解解决分歧，努力促进阿拉伯民族的团结。在中东和平进程问题上，也门采取了较前更为积极、务实的立场，表示支持国际社会和阿拉伯国家为在中东地区实现公正、持久和平所做出的一切努力。1995 年，萨利赫总统率领代表团出访叙利亚、埃及、约旦等阿拉伯国家，目的是促进同这些国家政治、经济、文化等领域合作的新发展。多年来，也门与这些国家以及突尼斯、摩洛哥和伊朗等国家加强了经贸关系。

3. 重点改善同海湾国家关系

也门重点改善了同海湾国家的关系，并从中获得了很大的经济收益。经过一些阿拉伯国家斡旋，也门与沙特阿拉伯于 1995 年 2 月 26 日签订了解决边界问题的《谅解备忘录》，同时恢复和发展了贸易、旅游、劳务、投资等领域的合作。2000 年 6 月 12 日两国正式签订《两国陆地和海上永久性边界条约》，从而结束了长达 66 年之久的边界争端，双边关系史翻开了新的一页。年底两国召开协调委员会会议，并签订了在政治、经济、工业、贸易、文化和社会等各领域全面合作的多项协议，双方还就投资和技术合作、也门劳工、沙特阿拉伯恢复对也门的资金援助和减免债务等问题进行了磋商。也门积极促成了也、沙两国在边境地区联合投资勘探和合作开采石油。2001 年 6 月又与沙特阿拉伯签订了关于新闻、陆地和海上交通运输及投资发展计划等 3 项合作协议。两国从睦邻关系逐渐发展为全面合作的伙伴关系。也门与阿曼的边界争端也通过和平方式圆满地解决了。1992 年 10 月 1 日两国签订了边境协定，1995 年 6 月完成了划定边界的工作。1999 年 5 月也门与科威特恢复了外交关系。2001 年 10 月和 12 月海湾合作委员会通过决议，同意也门逐步加入海湾合作委员会。会议批准也门先加入其所属的教育、卫生、体育以及社会和劳工事务等 4 个委员会。2004 年 5 月底也门与海湾合作委员会成立了国际合作局，标志着也门同海湾国家之间建立了全面友好的合作关系。

4. 谋求红海地区的安全和稳定

也门积极与国际社会合作实现红海地区的安全与稳定，以保障国际航道的畅通。也门坚持以和平途径解决这一区域国家之间的领土争端的立场，并付诸行动，通过执行国际仲裁委员会 1998 年 11 月的决议，解决了由红海的大、小哈尼什岛归属问题引发的与厄立特里亚的冲突（1995～1996年），进一步巩固了与埃塞俄比亚、苏丹和索马里等红海沿岸国家的友好合作关系。2002年，在萨利赫总统的倡议下，成立由也门、苏丹、索马里和埃塞俄比亚4国参加的"萨那合作集团"。

5. 积极寻求国际社会的帮助和援助

也门同意在国际组织的支持和监督下，进行经济改革和社会改造计划，赢得了国际组织的帮助和援助，同西方国家的经贸关系也逐渐扩大。1995年，萨利赫总统出访欧洲数国，成为全面发展与欧盟国家关系的标志。2001年"9·11"事件以后，也门将反恐作为政府的重点任务，积极参与了国际反恐事务，全力配合美国和欧盟国家在也门的反恐行动，也门因此在国际社会的信任度有所提高，得到了国际货币基金组织、国际粮农组织、联合国教科文组织、欧盟和美国等各方面更多的经济援助和贷款，在吸引外资方面也有所收获，直接外资明显增长，独资和合作开发项目大量增加。

第二节　外交总政策和对重大问题的态度

统一后，政府制定了符合国家发展的外交政策。首先，外交政策的制定基于以下5个方面的现实：（1）也门是阿拉伯半岛的一部分；（2）也门是阿拉伯世界不可分割的一部分；（3）也门与伊斯兰世界通过宗教和历史联系在一起；（4）也门是第三世界国家；（5）也门是联合国成员国，恪守联合国宪章。其次，外交政策基础是维护国家主权和领土完整、维护国家统一。

一　外交总政策

也门政府重申过去南、北方分别同世界各国签订的一切协议和国际条约继续有效，遵守联合国宪章和阿拉伯联盟宪章；坚持睦邻友好、和平共处、不干涉内政，以和平方式解决国与国之间分歧的原则；奉行中立和不结盟政策；支持民族解放运动，反对种族歧视和种族隔离；主张在平等互利的基础上发展同各国的友好关系。

统一后的也门外交政策比较温和，遵循全方位发展对外关系的原则，努力改善与阿拉伯半岛周边国家的关系，争取通过和平手段解决历史遗留下来的问题；保持和发展同所有阿拉伯国家的关系，积极参与阿拉伯国家共同事务，促进阿拉伯国家一体化进程；在国际事务中，主张建立公正、平等的国际政治经济新秩序，加强南北对话和南南合作，共同为消除世界贫困和创造和平与发展的国际环境作贡献。

也门是联合国、阿拉伯联盟、伊斯兰会议组织和环印度洋地区合作联盟等国际和地区组织成员国，加入了海湾合作委员会下属的部分非政治性组织，目前已同100多个国家建立了外交关系。

二 对当前重大国际和地区问题的态度

1. 关于中东问题

也门希望实现中东地区的稳定与和平，主张全面和公正地解决中东问题。也门认为中东问题的关键是解决巴勒斯坦问题，支持巴勒斯坦反对以色列侵略和占领的正义斗争，要求恢复巴勒斯坦人民的合法权益和建立国家的权利。也门认为以色列近年不停顿地对巴勒斯坦人民进行镇压和屠杀，不仅是对阿拉伯民族的侵犯，也是对国际社会意志的挑战，只能使地区局势进一步恶化，衍生更多的暴力和恐怖，破坏地区稳定和世界和平。以色列必须执行联合国的有关决议，从所有被占领土包括戈兰高地撤军，支持巴勒斯坦难民返回家园，承认巴勒斯坦人民合法的民族权利，才能实现真正的中东和平。

也门欢迎中东路线图计划，支持建立以东耶路撒冷为首都的独立的巴勒斯坦国。呼吁美国与四方委员会确保迅速地、不折不扣地执行路线图计划。也门支持巴勒斯坦民族自治机构进行必要的改革，但强调这是巴人民自己的内部事务，选择什么样的领导人是巴勒斯坦人民的民主权利。

也门政府积极推动巴勒斯坦两大主流政治派别法塔赫（民族解放运动）和哈马斯（伊斯兰抵抗运动）的民族和解。2007年6月，巴勒斯坦两派的政治矛盾发展为武装冲突，哈马斯武力占据加沙，法塔赫退守约旦河西岸，原民族联合政府则继续在加沙运转，而法塔赫领导人、民族权力机构主席阿巴斯在拉姆安拉组建过渡政府。双方各自为政，形成分裂之势，巴勒斯坦政坛陷入僵局，普通民众苦不堪言，纷纷要求巴各派以大局为重，团结对外。也门总统萨利赫2008年2月13日重申，也门支持巴勒斯坦两大主要政治派别法塔赫和哈马斯消除当前的分歧，通过对话实现民族和解。也门总统萨利赫在与巴勒斯坦两派领导人磋商后，于2月23日提出解决巴内部分歧六点主张。这六点主张包括：结束哈马斯对加沙地带的单方面控制；提前举行大选；在2005年"开罗协议"和2007年"加沙协议"的基础上恢复对话；各派应尊重和遵守巴勒斯坦的宪法及法律；重组只服从于最高权力机构和民族团结政府领导的安全部队；各政府机构均应由各派参与组成。法塔赫和哈马斯都对萨利赫的"也门倡议"表示欢迎，认为此建议是目前最接近双方利益交会点的建议，另外也门与两派关系都好，且远离美国的背景。3月23日，巴勒斯坦两派代表团在也门签订了和解协议，同意在"也门倡议"的框架下恢复直接对话。此后双方都希望阿拉伯国家主持民族和解对话。6月12日，哈马斯政治局领导人迈沙阿勒致信也门总统萨利赫，其中表示哈马斯欢迎巴民族权力机构主席阿巴斯不久前提出的关于巴所有政治派别进行民族和解对话的主张，并呼吁包括也门在内的阿拉伯国家主持民族和解对话。6月18日巴勒斯坦民族权力机构主席阿巴斯访问也门，他明确表示也门总统萨利赫提出旨在实现巴勒斯坦民族和解的"也门倡议"含义明确，巴各派都应遵守；还表示"也门倡议"得到巴勒斯坦各界的热烈欢迎，现在的问题是如何在阿拉伯国家的主持下将这一倡议付诸执行。

2. 关于伊拉克问题

1991 年海湾战争爆发后，也门坚决反对军事打击伊拉克和干涉伊拉克内政，认为对伊拉克进行威胁，使用武力改变其领导人的做法违反国家主权原则、联合国宪章、国际法和国际惯例，将构成危险的先例，给国际和平与安全带来严重后果；强调任何国家领导人的改变是该国人民的事情，别国无权干涉。也门对美英等侵略伊拉克表示谴责。萨达姆政权倒台后，也门要求美英等占领军尽快撤离伊拉克，在联合国主持下进行伊拉克重建事务，由伊拉克人民决定自己的制度形式和建立合法政府。也门对伊拉克成立过渡政府表示欢迎，认为这是实现伊拉克安全和稳定的唯一良好途径。也门呼吁伊拉克各派别实现和解，加强民族团结，建设一个以多党制为基础的民主、自由、统一的伊拉克。

3. 关于反恐问题

也门反对一切形式的恐怖主义，无论其根源在哪里；认为恐怖主义是全球问题，而非某个国家特有的问题，与任何地区、民族或宗教没有必然联系，反对将恐怖主义与阿拉伯民族和伊斯兰教挂钩；认为世界上所有民族都是恐怖主义的受害者，反恐不是某个国家或某一方的责任，而是全体国际社会的责任；强调根除恐怖主义须从其产生和发展的根源入手，认为贫穷和社会不公正是滋生恐怖主义的土壤，要致力于在世界范围内消除贫困和不公平现象。2001 年"9·11"事件后，也门一方面配合美国的反恐行动，清剿国内的恐怖分子；另一方面强烈要求将巴勒斯坦人民反对以色列占领的合法斗争与恐怖主义严格区分开来，同时反对将反恐战争扩大化。在 2002 年 9 月联合国大会期间，也门外长科尔比提出召开国际会议，对恐怖主义的定义给予明确的界定。也门不同意美国提出的"邪恶轴心"论，反对美国对伊拉克、伊朗、利比亚、朝鲜和古巴实行制裁和军事威胁。

4. 关于大规模杀伤性武器问题

也门呼吁中东地区成为没有大规模杀伤性武器的地区；强调执行联合国有关决议应以同一标准进行，即地区的所有国家都应销毁各自的大规模杀伤性武器，特别是以色列，必须销毁其核武器库，并将其置于国际原子能机构的监督之下。这样才能真正实现本地区的稳定与和平。

5. 红海及非洲之角问题

（1）关于红海传统捕鱼区问题

2002 年，也门与厄立特里亚对国际裁决中红海传统捕鱼区划定的有关解释产生分歧，也门指责厄立特里亚无故拘捕在该海域捕鱼的也门渔民，并没收其财产，称这是对也门的"挑衅行为"，遂下令海军加强戒备。厄立特里亚则指责也门对其进行诽谤和采取外交行动在地区国家中诋毁其形象。同年 10 月，也门、苏丹和埃塞俄比亚等三国首脑在也门首都萨那会晤，重点讨论了厄的立场问题。在会晤后发表的联合公报中，三国呼吁厄政府以负责任的态度对待邻国，不要干涉邻国内政，遵行睦邻友好原则，成为维护红海地区安全和稳定的积极因素。

（2）关于索马里问题

也门赞赏和支持联合国、阿拉伯联盟、非盟和"伊加特"①等国际和地区组织为实现索马里和平、统一和国家稳定所做的一

---

① 政府间发展组织（Intergovernmental Authority on Development——IGAD），1986 年 1 月成立。前身是由东非国家组成的政府间抗旱与发展组织，1996 年 3 月改为现名（简称"伊加特"）。7 个成员国（1999 年）是：埃塞俄比亚、厄立特里亚、吉布提、肯尼亚、苏丹、索马里、乌干达。

切努力，呼吁并积极参与以此为目的有关国际性活动。

（3）关于苏丹问题

也门支持苏丹的主权、统一和领土完整，认为苏丹的安全是整个阿拉伯民族安全不可分割的一部分，完全赞同旨在实现苏丹南北和解的"伊加特"方案，欢迎旨在维护苏丹领土完整和国家稳定的"马查科斯协议"①，强调有关各方都应遵守该协议，谴责利用厄立特里亚边境对苏丹发动武装袭击和任何干涉苏丹内政的做法。

第三节 同世界主要国家的关系

也门统一后，根据巩固统一和维护国家安定、发展经济和社会进步、谋求吸引外资和国际经贸合作的原则，全面发展同世界各国的友好关系。在协调立场、和平解决边界和领土争端的基础上，也门同海湾国家关系得到很大改善，同所有阿拉伯国家关系进一步密切，同西方国家在政治合作基础上发展经贸关系，同俄罗斯、中国等国家保持和发展了传统友好关系。

一 同海湾国家的关系

1. 与海湾合作委员会（GCC，简称"海合会"）国家的关系

自1970 年以后至海湾战争前，北也门同海合会各成员国发展了良好的关系，得到了这些国家价值 100 多亿美元援助，约占海湾国家对外援助总额的 12%。对于也门统一，各国都表示欢迎，并允诺提供大量投资帮助也门经济和社会发

---

① 2002 年 7 月 20 日在"伊加特"以及联合国秘书长安南、美英等国的斡旋下，苏丹政府与南方约翰·加朗为首的"苏丹人民解放运动"在肯尼亚南部城市马查科斯就结束内战签订和平议定书。

展。由于也门在 1989 年海湾战争中采取支持伊拉克和反对外国军队驻扎海湾的立场，海湾国家中止了对也门的一切援助，并驱逐了约 80 万也门劳工，使也门经济遭受重创。海湾战争结束后，也门多次表示希望改善同海湾国家的关系。1994 年 5 月也门内战爆发，海湾国家（卡塔尔除外）呼吁交战的南北双方停火，通过谈判解决分歧，并于 6 月上旬同埃及一起向联合国递交了提案。联合国安理会根据此提案通过了要求也门南北双方停火和谈判的 924 号决议。同月，海湾 6 国外长会议发表公报，表示"统一不能用军事手段维持"和将对继续冲突"采取适当措施"进行干预（卡塔尔对其他国家偏袒也门南方的立场持保留意见）的立场。7 月海湾国家同埃及和叙利亚发表联合声明，敦促也门政府停止进攻南方首府亚丁，遵守联合国决议立即停火和进行和谈。

也门作为阿拉伯半岛国家之一，要求加入海合会。内战结束后，也门逐渐改善同海湾国家特别是同沙特阿拉伯的关系，创造了加入海合会的机会。2001 年 12 月，海合会最高理事会在阿曼首都马斯喀特开会，同意接受也门加入其卫生、教育、劳工和社会事务部长理事会等机构，还表示不排除也门加入海合会政治性组织的可能性。从 2002 年开始也门参加了海合会 4 个组织的有关会议。2002 年海合会部长理事会轮值主席阿曼外交大臣阿拉维访问也门，与也门外长签订了也门加入上述 4 个组织的正式协议。2003 年，也门第一次以正式身份参加了海合会专项委员会会议，进一步拓展了与海湾国家合作的领域和范围。2004 年 1 月上旬，也门与海合会成立国际合作局，各成员国表示将向也门产品开放市场，也门希望实现除石油以外产品出口的多样化。合作局的成立有利于加强也门与海合会国家的经济技术合作与交流，特别是在农业和渔业领域的合作，能够促进也门农业和渔业产品对海合会国家的出口，增加也门的国民收入。2005 年 3 月，海合会秘书长阿蒂亚访问也门，主动邀请也门加入海湾自由贸易区。也门表示愿接受任何旨在最终完全加入海湾合作委员会的改革计划。2004～2005 年也门先后与阿曼、阿联酋、巴林签订了安全合作协议。2007 年 8 月，也门和沙特阿拉伯对两国边境瓦第亚地区着手建设共同经济区做准备，整个项目将耗资 5 亿美元。在 2008 年 1 月召开的第 35 轮阿拉伯劳工大会的协调会上，海合会成员国家的劳工大臣同意根据海湾市场的需要，优先聘用也门籍熟练劳工和受过教育的求职者。

近些年，也门将吸引外资的方向转向海湾国家，与海湾国家经贸和社会发展领域合作关系逐渐加强，接受了海湾国家提供的大量赠款和贷款等经援。也门政府认为，吸收海湾国家投资有着巨大的潜力，特别对亚丁自由区和传统工业以及旅游设施方面的投资。也门努力同这些国家建立投资伙伴关系和加强经贸合作，促进实现海湾地区经济一体化的进程。

2005 年，也门共获得海湾国家及阿拉伯经社理事会、伊斯兰银行等地区金融机构提供的各项贷款 2.67 亿美元。2006 年 3 月，沙特阿拉伯投资人侯赛因·阿特斯在也门投资建设总额 5.33 亿美元、年产 300 万吨的阿比扬的阿合瓦市水泥厂项目。2007 年海湾国家向也门投资达 7 亿美元用于房地产和旅游等项目，其中 80％的投资来自沙特阿拉伯。这些项目主要集中在萨那、荷台达、穆卡拉、亚丁等城市，其中包括建设 5 个五星级饭店。2007 年 5 月，沙特阿拉伯宣布将再为也门的技术及职业培训提供 5000 万美元，以弥补资金不足，过去 5 年这一领域已经投入了 3.3 亿美元的资金。11 月，也门同沙特阿拉伯签订总额达 2.5 亿美元的 17 项合作项目协议，双方还同意进一步探讨卫生、农业、渔业等领域的合作，两国的大学也将加强学术交流活动。2007 年 10 月，也门接受了卡塔尔提供的 60 万美元设立高等教育留学基金。2007 年，阿曼提供 1300 万美元、伊斯兰发展银行提供援助 1000 万美元用于也门水处理项目。2008 年初，卡塔尔援建的卡塔尔孤儿救助中心第一期工程完工，总金额为7000万也门里亚尔（1美元约合199里亚尔）。此工程由卡塔尔一个伊斯兰教组织提供资金，于2006年开始动工，一期工程总占地面积1.3万平方米，主体建筑为一座能够容纳40名女童的住宅楼。二期和三期工程将继续建设能容纳40名男童的住宅楼和一所小学。除孤儿住宅楼工程外，基金会还在亚丁开展了其他人道主义援助活动，包括建造了至少20座清真寺，向残疾人发放饮水设备和轮椅等，同时还向220名孤儿提供住所和生活必需品。2008年1月，也门目前最大的旅游、住房建设项目——费尔多斯（Firdous）亚丁基础设施建设项目在亚丁启动，项目由埃及、也门及其他海湾国家投资者共同出资，并由埃及、沙特阿拉伯、阿联酋等公司联合建设，工程总造价100亿美元。2008年3月，沙特阿拉伯发展基金向也门提供2.25亿美元援助资金，执行其基金项下的两个项目。2008年海湾国家将向也门提供4800万美元的援助，用于对抗疟疾传染病。在防治疟疾方面，沙特阿拉伯在2007年已向也门提供了约160万美元的援助和大量设备。2008年科威特伊瓦（EWAA）房地产公司将投资40亿美元在也门实施房地产和旅游开发项目。科威特石油勘探公司已在2000年左右参与了也门3个石油勘探和开采项目。2008年1月，也门同阿拉伯联合酋长国签订也门阿比扬省哈萨尼大坝的协议，项目金额为7000万美元，资金由阿拉伯联合酋长国提供，大坝建成后可灌溉3.2万公顷土地，使10万人受益。3月底两国又签订了两项投资协议，阿拉伯联合酋长国提供5亿美元，分别在也门首都萨那建设两个居民点和一个商业区。4月也门与阿拉伯联合酋长国本·哈姆（Bin Ham）集团签订了总价值为1亿美元的住宅投资合同。根据合同，本·哈姆集团投资1亿美元，在也门不同地区建设住宅项目，包括8栋住宅楼，共960套公寓，总建筑面积将达到20万平方米。

也门与海湾国家的贸易往来也不断增加，出口产品主要是石油产品、渔业产品及农产品；而也门的大部分进口产品都是从海湾及其他阿拉伯国家进口。1998～2001 年出口额从 1.4484 亿美元增加到 2.8156 亿美元，进口额从 7.0141 亿美元增加到 14.1144 亿美元。前些年也门从沙特阿拉伯进口总额居进口国首位，1998 年为 3.4451 亿美元，2001 年为 5.1611 亿美元；阿拉伯联合酋长国占第二位，1998 年为 2.652 亿美元，2001 年为 5.1897 亿美元。从 2002 年开始阿拉伯联合酋长国跃居第一位，2005 年和 2006 年占也门进口总额 18.63% 和 22.3%，沙特阿拉伯退到第二位，占 8.8% 和 9.7%。也门向阿拉伯联合酋长国出口 2002 年占第 19 位，2005 年上升到占第 8 位。向沙特阿拉伯出口 2002 年占第 8 位，2005 年占第 10 位。也门与科威特贸易往来也比较密切，进口 2002 年占第 3 位，2006 年占第 5 位，2006 年占进口总额的 6.7%；出口 2002 年占第 9 位，2004 年占第 3 位。也门从阿曼的进口额 2002 年占第 11 位，2006 年占第 15 位。

2. 与沙特阿拉伯的关系

在也门外交关系中，与沙特阿拉伯关系占重要地位，关系到也门政局的稳定、经济发展和同其他海湾国家的关系。两国因是睦邻而有着传统关系。也门在王国时期，由于宗教分歧和领土纠纷与沙特阿拉伯发生过多次冲突和战争。在阿拉伯也门共和国（北也门）成立之初，沙特阿拉伯支持也门王室派与共和派进行了 8 年的武装对抗。1964 年 10 月，沙特阿拉伯和埃及出面斡旋，也门两派代表在苏丹的奥克维特举行会议，决定停止一切敌对行动。1965 年 8 月，沙特阿拉伯的费萨尔国王同来访的埃及总统纳赛尔签订了解决也门问题的《吉达协议》。1967 年"6·5"战争爆发，8 月，在苏丹召开阿拉伯联盟会议期间，沙、埃两国元首再次达成解决也门问题的协议。协议规定由也门人民自己决定政体，沙特阿拉伯停止提供军援和禁止使用沙特阿拉伯领土进行反对北也门政府活动，埃及军队从北也门撤出。10月，埃及撤军。1970年3月，在吉达召开伊斯兰国家外长会议期间，北也门同沙特阿拉伯达成《吉达协议》，根据协议，双方停止宣传战，实现停火，也门政府停止对反政府力量的军事行动，沙特阿拉伯停止对也门反政府力量的支援，除原也门王室成员外，允许一批原王国的军政人员参政。7月，两国正式建立了外交关系。1971年，沙特阿拉伯又与南也门建交，此后，两个也门与沙特阿拉伯保持良好关系。1990年，沙特阿拉伯对也门统一表示祝贺。1990年由于也门在海湾危机中采取支持伊拉克的立场，沙特阿拉伯驱逐了近百万也门劳工，中断了经援，并以维护国家安全为由要求也门驻吉达领事馆大部分外交人员离开沙特阿拉伯，两国关系一度恶化。1994年4月，南北也门战争爆发，沙特阿拉伯呼吁交战的南北双方立即停火，通过对话解决分歧。5月，也门拒绝沙特阿拉伯向联合国提出的有关停火、武器禁运和派联合国调查团结束也门冲突的建议，称此举是"对也门内政的粗暴干涉"。7月，也门政府军攻占南方首府亚丁后，沙特阿拉伯谴责也门政府无视联合国决议，要求无条件按照联合国决议，恢复与南方领导人的对话。

海湾战争和内战结束后，也门积极谋求改善同沙特阿拉伯的关系。在法国等国的斡旋下，1995年2月26日，双方签订两国边界和两国关系问题的"谅解备忘录"，同意在《塔伊夫条约》条款基础上解决两国的边境归属问题。1994~1997年间两国边境屡次发生武装冲突，1998年7月19日，两国军队在有争议的杜维马岛再次发生武装冲突。25日和28日，也门外长和沙特阿拉伯外交大臣互访，就避免事态扩大和重新启动两国边界谈判签订了协议纪要，一致同意通过和平谈判解决边界纠纷，两国军队分别从杜维马岛撤退。2000年6月2日，两国在吉达签订了《陆地和海上边界条约》，和平解决了长达66年的领土争端。此后两国关系好转，2001 年两国领导人实现了互访，高层往来增多，沙特阿拉伯恢复了对也门的财政援助。同年 6 月，两国第13 次混合委员会会议签订了多项协议，会议发表的联合公报强调建立在相互信任、睦邻友好基础上的新型伙伴关系。2002 年 6 月，两国举行第 14 次混合委员会会议，签订了《海运协议》、《陆路客货运输协议》、《外交部合作协议》及《内政部合作协议》等一系列双边协议，沙特阿拉伯同意给予也门 1.56 亿美元的贷款，还将在 3 年内提供 300 万美元赠款用于海上扫雷。2004年 2 月，萨利赫总统访问沙特阿拉伯，通过协商妥善解决了两国因沙特阿拉伯单方面建边界隔离障而造成的信任危机。沙特阿拉伯根据两国 2000 年签订的《吉达协议》，向也门移交了约 4 万平方公里土地。2005 年，两国关系进一步升温。9 月，萨利赫总统再访沙特阿拉伯，与阿卜杜拉国王进行全面磋商，达成广泛共识。同年两国就陆地和海上边界划界进一步接触，并签订了两国边防合作协议换文；两国安全联合委员会会议在萨那召开；沙特阿拉伯还释放了 1200 名也门籍囚犯。

也门沙特阿拉伯两国贸易和经济合作关系发展很快，目前沙特阿拉伯是也门主要的援助和投资国及进出口国。

3. 与科威特的关系

由于也门在海湾战争中的立场，科威特中断了与也门的外交关系，停止了对也门的经援。海湾战争结束后，也门努力改善与科威特的关系，1999 年两国复交。2000 年 6 月，也门同沙特阿拉伯签订边界协定后，科威特恢复了对也门的财政援助。近年两国贸易往来和经济合作有所发展，科威特对也门石油、房地产和旅游等行业进行投资。

4. 与阿曼的关系

也门与阿曼关系较好，1995 年两国签订了划定陆地边界的条约，初步解决了长期以来的领土分歧。2002 年 10 月，阿曼外交大臣阿拉维作为海合会部长理事会轮值主席参加了也门加入海合会有关组织的签字仪式。在他会见萨利赫总统时，双方对长期以来两国关系的发展表示满意。2004 年 7 月，两国海上边界协议正式换文生效，边界问题基本解决，同时签订了《安全合作协议》。近年来两国保持着正常的贸易往来。

二 同埃及的关系

也门同埃及联系较密切。20 世纪 60 年代，北也门的民族民主主义者受埃及纳赛尔主义的影响较深，埃及纳赛尔政权支持北也门"自由军官组织"发动 1962 年"9·26"革命，推翻封建王朝建立阿拉伯也门共和国，又帮助也门共和国军队进行军训，一些也门军官到埃及受训。埃及应邀于 1962 年 10 月出兵也门支持共和派与王室派进行武装对抗，在也门的军队人数最多时达到 72000 人。同年 11 月，两国签订了一项军事协定。埃及在也门内战中耗费了巨大的人力和财力，为了尽快摆脱也门内战的困扰，1964 年 10 月，在埃及和沙特阿拉伯代表斡旋下，北也门两派代表在苏丹的奥克维特举行会议，决定停止一切敌对行动。1965 年 8 月，埃及总统纳赛尔访问沙特阿拉伯，同费萨尔国王签订了解决北也门问题的《吉达协议》。1967 年"6·5"战争后，8 月在苏丹召开阿拉伯联盟会议期间，埃及和沙特阿拉伯领导人再次达成解决北也门问题的协议。10 月，埃及军队从也门撤出。埃及对 1990 年也门统一表示祝贺。1994 年也门内战爆发，埃及呼吁也门南北双方立即停火，实行和解。2001 年"9·11"事件以后，两国在反恐问题上采取一致立场，埃及支持也门政府打击任何旨在破坏也门国家稳定的恐怖主义活动的措施。

近年来，在实现阿拉伯经济一体化目标的前提下，两国关系有了新的发展，双边贸易额逐年增加。也门从埃及进口产品主要是机械设备、汽车零件、鞋类和手工制品，出口埃及的产品主要是海产品、皮革、食品和水果等。也门对埃及贸易逆差较大，2002 年，贸易额 96 亿里亚尔，也门进口 77 亿里亚尔，出口 19 亿里亚尔，贸易逆差 58 亿里亚尔，进出口分别占也门贸易总额的第 16 和第 19 位。2006 年，贸易额 243.68 亿里亚尔，比 2002 年增长了 153%；进口 183.77 亿里亚尔，增长了139%；出口 59.9 亿里亚尔，比 2002 年增长了 215%；逆差123.87 亿里亚尔，比 2002 年增长了 113%；进出口分别占第 13和第 14 位。到 2007 年，埃及已经在也门举办了三届产品展览会，主要展出埃及的轻工业产品。两国还探讨了多领域经济合作的可行性。2006 年 5 月，两国恢复了中断 7 年的埃及和也门高级委员会会议，在也门会议期间签订了 20 个议定书和协议以及谅解备忘录，涉及税务、经济和贸易合作、渔业、电力、保健和教育等领域。同时埃及在也门举办了建筑材料展览，50 个埃及公司和 87 名埃及商人参展。2007 年 7 月在开罗召开了两国部长级委员会会议，宣布成立埃也市场推广联合公司、鱼类捕捞和出口联合公司。双方还就成立两国企业家理事会、加强在展览领域的合作交换了意见。同月两国和瑞典签订一项纪要，将合资在也门建设电缆厂和变压器厂，资金为 1350 万美元，其中瑞典公司出资 60%，埃及金字塔有限公司出资 30%，也门电力总局出资 10%。到 2008 年项目完成后，可以生产 9000 吨铜和铝电缆及 1000~1200 台的变电器，第一阶段可提供 500 个就业机会，其中 90% 是也门人，10% 是埃及人。2008 年 4 月，在也门南部的拉赫季省，两国合资建设的电缆厂破土动工，工程总投资 8500 万美元。埃及专门从事电缆生产的苏威迪电缆公司与也门哈桑·杰德集团分别持有 70% 和 30% 的股份。电缆厂有望帮助减少也门电缆等电力基础设备的进口，增加当地技工学校毕业生的就业机会。

三 同红海、非洲之角地区国家的关系

也门与红海、非洲之角地区国家有着传统关系。多年来，也门与这一地区国家的关系变化关系到地区的安全和稳定。也门本着睦邻友好的原则发展同这一地区国家的友好关系、处理历史上遗留的领土和其他问题。

1. 与厄立特里亚的关系

也门与厄立特里亚在位于红海的大、小哈尼什岛归属问题上历来有争议。1995 年 12 月 15 日，两国在此发生武装冲突，厄立特里亚军队 4 艘快艇向驻守大哈尼什岛的也门军队进攻，也门空军袭击了快艇。18 日双方达成停火协议，随后也门以对方破坏停火协议为由占领了大哈尼什岛（al-Hanish al-Kabir）。也门政府坚持通过和平途径解决争端的立场，赢得了普遍的国际同情和支持。埃塞俄比亚、埃及、俄罗斯和法国等国家先后参与调解。1996 年 5 月 21 日，双方在巴黎签订了政治解决大哈尼什岛的"原则协议"。然而 8 月 21 日厄立特里亚军队占领了小哈尼什岛（al-Hanish as-Saghir）。也门致信安理会，要求对方履行巴黎协议，从小哈尼什岛撤出，通过国际仲裁和平解决争端。10 月 3 日，两国在巴黎正式签订《关于哈尼什群岛争端的国际仲裁协议》。1998 年 11 月 1 日，国际仲裁机构作出哈尼什群岛归属也门的仲裁。也门对仲裁结果表示欢迎，厄政府也表示遵守这一裁决，据此，也门收回了哈尼什岛的主权。1999 年 12 月 17 日，国际仲裁法庭就也门与厄立特里亚海上边界作出最终裁决，裁定两国海上边界以两国海岸到水域的中间线为准，两国都表示遵守这一裁决，使两国的领土争端得以和平解决。此后，两国通过领导人互访等活动恢复了关系正常化。2001 年 4 月，也门总统萨利赫访问厄立特里亚时，双方同意根据国际仲裁法庭的裁决和联合国"海洋法"的有关规定划定两国间其余的海界，强调

发展双边关系和致力于建立两国间伙伴关系。但是两国对于国际仲裁的解释中有关传统捕鱼区的划定存在分歧。

2. 与索马里的关系

也门同索马里是近邻,1992 年索马里内战以来,约 15 万难民逃到也门境内。每年有大量非洲难民,特别是索马里难民跨越红海来到也门,目的是通过也门前往富产石油的海湾国家。仅 2007 年一年就有近 3 万人渡过亚丁湾抵达也门,其中 1400 多人在途中死亡或失踪,大部分人来自索马里。2008 年 2 月,世界粮食计划署宣布将扩大在也门援助索马里难民的行动,计划在 2008 年 2 月到 2010 年 1 月期间,为 43500 名处境最艰难的难民提供粮食,此前接受援助的有 33000 人。3 月也门经亚丁马拉港向索马里和吉布提出口 1800 吨货物,向索马里出口的货物有饼干、香皂、糖果。

也门十分关注索马里形势变化,希望索马里实现政治稳定和经济发展,为此积极在索马里各派之间斡旋,以促成民族和解。2002 年,也门参与了在吉布提召开的索马里和会,支持其成立全国过渡政府。也门还支持"伊加特"组织、非洲联盟以及国际有关各方在肯尼亚召开的索马里和解会议,并同阿拉伯联盟积极推动和解进程。2006 年初,在也门总统萨利赫的斡旋下,索马里临时总统优素福和过渡议会议长谢里夫·哈桑·舍克·阿丹发表联合声明,呼吁索马里各派放弃分歧和争斗、实现和解。12 月,也门总统萨利赫呼吁索马里冲突各方立即停止暴力冲突,重新开始对话,恢复索马里的安全和稳定,并着手实施战后重建。他敦促有关各方立即回到谈判桌前展开对话,和平解决索马里危机。2007 年 1 月,也门总统萨利赫会见来访的埃塞俄比亚外长塞尤姆·梅斯芬时表示,也门支持国际社会为推动索马里各派进行对话所作的努力。同月也门宣布重开关闭了 15 年之久的驻索马里首都摩加迪沙的大使馆,成为阿拉伯国家中率先重开驻索马里使馆的国家。2008 年 3 月，也门同索马里中央银行行长在萨那会晤，双方表示今后要加强银行业合作关系，特别在技术领域，也门可向索马里银行提供必要的支持。

四　同美国的关系

北 也门 1948 年与美国建立公使级外交关系，1962 年 12 月，美国承认阿拉伯也门共和国政权，1963 年两国关系升为大使级。1967 年 "6·5" 战争期间，北也门宣布同美国断交，1972 年两国复交。英国占领南也门期间，美国在亚丁设领事馆。1967 年 11 月南也门独立，12 月美国承认南也门人民共和国政权（1970 年 11 月改名为也门民主人民共和国），并建立大使级关系。由于冷战时期南也门与苏联关系密切，因而与美国关系一直较冷淡。1969 年 10 月，南也门指责美国干涉内政，与美国断绝了外交关系，1990 年两国复交。1990 年也门统一，美国表示支持。海湾危机时，由于也门反对外国军队在海湾的存在，举行了声势浩大的游行示威支持伊拉克，两国关系转冷，美国因此大量削减了对也门的援助。海湾危机过后，两国关系恢复，也门支持美国的中东和平建议，美国增加了对也门的援助。1994 年也门发生内战，美国支持也门统一和民主进程，美国驻也门大使分别会见也门总统萨利赫和南方领导人比德，转交美国政府的信，信中重申美国支持也门统一和民主的立场，指出统一和民主尝试失败将给本地区带来消极的后果和影响。1994 年 2 月 27 日，美国驻也门武官、法国驻也门武官和约旦军事小组同也门军方共同组成军事小组，监督 2 月 20 日也门各派政治力量达成和解协议中军事和治安条款的执行情况。也门内战结束后，7 月 10 日美国大使会见也门总统萨利赫，转交美国政府的信，信中强调美国支持也门医治战争创伤的努力，此后两国关系进一步发展。1995 年 5 月，美国免除了也门所欠 1700 万美元债务，恢复了财政援助。10 月，美国取消对也门的武器禁运（联合国1994 年 6 月 1 日 924 号决议督促有关国家立即停止向也门冲突双方提供武器）。1998 年 3 月，两国举行首次联合军事演习，也门同意为美国过往舰只提供军事便利。

2000 年 10 月 12 日，美国"科尔号"驱逐舰在亚丁港被炸，造成 10 多名美国官兵伤亡，两国随即开展了联合调查。2001 年"9·11"事件后，也门便成为美国组织的全球反恐阵线上的重要环节。据美国情报部门称，在对阿富汗塔利班发动军事打击之后，有相当一部分"基地"组织恐怖分子乘船潜逃到也门境内。另外，在该国一些偏远地区的宗教部落中分散着众多"基地"组织的"铁杆"支持者。美国将也门列入包庇恐怖分子的国家名单，多次表示要予以军事打击。迫于美国的压力，也门加强了同美国的反恐合作。2001 年 11 月，两国签订了《安全合作谅解备忘录》，根据协议，美国向也门提供情报及装备，协助也门打击国内恐怖分子。美国把也门当成了国际反恐的新战场，同也门的反恐合作进一步加强，并取得了一定成果。2002 年 2 月中旬，也门总统萨利赫宣布，2001 年 11 月以来也门安全部门已经逮捕了 84 名同恐怖组织有关联的嫌疑分子。3 月 1 日，美国表示，美国将向也门提供海岸警卫队所用的舰艇，并帮助也门建立一个新的海军训练基地，以增强也门海岸安全。同时美国表示重审也门欠美国的到期 7300 万美元债务，并承诺向也门提供 2300 万美元的经援。2 日，美国总统布什批准向也门提供军事装备和人员培训计划，以协助也门政府打击本国恐怖分子。此后，美军部队对也门海军和海岸卫队进行密集式训练，以防西方船只再次在也门水域遭受自杀式袭击，阻止也门的"基地"分子回国。3 月 5 日，美国驻也门大使馆附近发生手榴弹袭击事件，5 月 18 日，罪犯被判 10 年监禁。4 月 12 日，美国驻也门大使馆附近又发生了爆炸事件。11 月 4 日，涉嫌参与制造"科尔号"爆炸案而被通缉的也门人阿布·阿里同其他5名"基地"组织成员,在也门被美国导弹炸死。6日美国宣布出于安全原因关闭驻也门使馆。12月30日,距也门首都萨那以南170公里的伊卜省吉布拉市一家医院发生枪击事件,3名美国医生被打死,一名美国药剂师被打伤。2003年11月25日,也门安全部门抓获"基地"组织在也门境内的第二号人物代号为"艾布·阿赛姆·马基"的艾赫代勒,此人是"基地"组织在也门境内机构的领导人。2004年5月底,也门又抓获了被认为是"基地"组织在美国纽约州小组重要成员的也门裔美国人贾比尔·贝尼赫。2004年6月初,美国总统布什致信也门总统萨利赫,高度评价了也门在反恐领域与美国的合作。同月美国联邦调查局(FBI)决定在也门首都萨那设立办事处——"法律参赞办公室",进一步帮助也门打击恐怖主义。也门应美国总统布什的邀请,同约旦、阿富汗、阿尔及利亚、巴林等中东国家参加了6月8~10日在美国佐治亚州锡尔岛举行的8国首脑会议,共同讨论布什总统提出的大中东民主计划。2004年9月29日,也门特别刑事法庭宣布了对涉嫌制造美国"科尔号"驱逐舰爆炸案的6名案犯的判决,其中两名主犯被判处死刑。策划、组织和指挥美国"科尔号"驱逐舰爆炸案的头号嫌疑人阿卜德·纳希里(Abd Al-Nashiri)(被羁押在美国),被缺席判处死刑。另一名主犯贾迈勒·巴达维(Jamal Al-Badwi)当庭被判处死刑。其他4名嫌疑犯分别被判处5至10年不等的监禁。2005年2月,也门特别刑事法庭对涉嫌袭击美国"科尔号"驱逐舰的6名案犯重新进行判决,其中头号嫌疑人被判处死刑,但巴达维改判为处以15年监禁。同月,美负责国际事务的副国务卿访问也门,其间称也门的民主实践是地区国家的民主典范。11月,萨利赫总统访美,两国领导人就加强政治、经济、安全合作进行会谈,美国重申支持也门的民主进程,也门成为唯一被美纳入"千年发展计划"的阿拉伯国家,美国将同也门继续进行反恐合作。但也门法院对多名"科尔号"事件嫌疑犯作出二审减刑判决，引起了美国的不满。2007 年 11 月 5 日，也门总统萨利赫的政治顾问伊里亚尼表示，也门拒绝向美国移交"科尔号"驱逐舰爆炸案主犯贾迈勒·巴达维。他说美国政府曾要求也门移交巴达维，但也门宪法不允许将任何也门公民移交给外国政府。2008 年 3 月 18 日，美国大使馆附近的一所中学遭到迫击炮袭击，造成多名也门平民受伤，迫使美国大使馆暂时关闭。4 月 6 日，也门首都萨那高档住宅区"哈达赫"遭到三枚炸弹袭击，其中两枚在住宅区内爆炸，另外一枚在住宅区外爆炸。4 月 7 日，美国国务院命令驻也门使馆的非重要工作人员紧急撤离，同时建议美国公民推迟前往该国的不必要旅行，理由是也门最近频繁发生恐怖袭击，并提醒在也门的美国公民保持谨慎。

也门同美国有多方面的经济往来。美国公司从 20 世纪 50 年代开始在也门勘探石油。80 年代，也门大力开发石油资源，1982 年美国汉特石油公司（HUNT）与北也门成立了合资公司，1984 年在马里卜地区开发了也门第一个有商业性开采价值的油田，1987 年 11 月出口了第一批原油。1998 年 2 月，美国（Petrotubos）公司获得 15 区块的开发权。也门还加强了与美国西方地球物理（Western Geophysical）公司以及俄克拉何马（Oklahoma）大学等有关科研机构的合作，两机构就阿拉伯海和红海的石油资源进行了大量地质勘探和学术研究活动，发现在上述海域有深厚的可储油的沉淀层，石油资源可能相当丰富。

近年美国与也门经济合作项目不断增加，2003 年 6 月底，也门萨那工商会董事会成员与美国政府关系办公室主任艾伦·莱文森女士会谈，就成立也门美国商会组织达成了协议，并签订了加强经济与技术合作的协议。美方表示政府将继续扩大与也门在各领域的合作，加大对也门各方面工作的支持力度，协助也门采取一系列措施以提高其农产品产量、加强对学生电脑水平的培训和减少妇女中文盲的比例。2003年美国援助也门上万吨面粉。2004年1月，美国国际开发署援助也门萨那、焦夫和舍卜沃三省的健康服务项目，主要是更新边远地区原有医疗设施，对人员进行培训，改善当地医疗服务水平，项目建设资金350万美元。到2008年，已培训了1400名教师，并为约1500名当地居民扫盲。2004年5月，两国签订了美国援助也门1400万美元项目纪要，援助资金用于哈蒂蒂市渔港码头建设、公路、农业服务指导、畜牧业发展、为农业部机构调整提供技术支持等项目。2006年3月，两国签订关于美国向也门提供2600万美元粮食援助的谅解备忘录，作为美国2004年粮食援助计划的补充。2007年3月，美国政府宣布在当年将对也门提供4500万美元的援助，比原定的金额增加了2500万美元，资金用于支持农村地区的发展计划。根据备忘录，美国还将提供240万美元用于也门建设百翰医院的项目。2007年9月，美国国际开发署与也门农业灌溉部签订了为期2年的赠与协议，提供64万美元支持发展也门的农业，资金用于为农民提供技术协助、提高农业产量、提升产品等级、改进包装、扩大销售以及促进出口业务；部分资金用于加强农业信贷管理制度、推动美国与也门咖啡协会和哈杰省的渔业合作。2008年4月，美国国际开发署又向也门提供2000万美元援助款项，用于双方合作的"也门美国教育发展项目"，该项目旨在改善基础教育条件和促进女童入学。

也门同美国贸易也有所发展，从美国进口额1988年为1.969亿美元，2001年增加到2.056亿美元；同期出口额从5506万美元增加到2.344亿美元。2001年除阿拉伯国家外，美国是也门最大的出口国和第四大进口国。2002年也门向美国出口占第六位，2006年占第四位；从美国进口2002年占第八位，2004年占第一位，2006年占第十位；2002～2005年对美国贸易一直是顺差，2005年顺差0.59亿美元，2006顺差1.92亿美元。但是 2007 年从美国大量购进小麦，而对美出口下降，因此对美国贸易出现 3.5 亿美元的逆差。2008 年 3 月也门—美国贸易投资委员会第二次会议在华盛顿召开，会议由也门工贸部部长穆塔瓦和美方贸易代表荪里（Shonly）共同主持，荪里表示美方愿意为也门加入世贸组织提供各种技术支持。第一次会议是在 2004 年 3 月召开的，主要议题是加强和发展两国间的贸易和投资。

五　同欧盟国家的关系

南也门共和国成立后，即刻得到了欧盟国家的承认。北也门共和国在 1970 年内战结束后，也得到了欧盟国家承认。80 年代南北也门与法国、德国和意大利等国家有着友好关系，法国曾向两国赠款和提供财政援助，德国与北也门开展技术合作，无偿地建立了技术训练中心和科技中心，意大利与南也门成立了联合议会友好协会。欧盟国家支持也门统一。也门内战爆发后，欧盟敦促也门尽快结束内战，维护统一局面。海湾战争时期，由于也门坚决反对外国武力干涉伊科冲突，欧盟国家与也门关系疏远。海湾战争后，也门主动与欧盟国家缓和关系。1996 年 5 月，法国参与了调解也门与厄立特里亚的大哈尼什岛争端，冲突双方在巴黎签订了政治解决协议。8 月法国又成功地调解了也门与厄立特里亚在有争议的小哈尼什岛的军事冲突，促使厄立特里亚从该岛撤军。2000 年起在也门针对西方的恐怖暴力事件增加，同年 10 月 12 日在发生美国"科尔号"军舰爆炸案的第二天，英国使馆又发生了爆炸，2001 年 6 月 11 日，德国援建也门航空公司大楼起火，接着美国发生了"9·11"事件。2002 年 10 月 6 日，法国超级油轮"林堡号"在也门亚丁水域遭到袭击起火。此外，多年来也门绑架外国人事件接连不断，多数被绑架者是西方人，包括法国、德国、意大利、西班牙、奥地利、瑞典等国家。2001 年"9·11"事件以后，也门参加了国际反恐联盟，与欧盟国家也开展了反恐合作，德、英、法等国派出舰只在红海和亚丁湾水域执行任务，以防止恐怖分子从海上进入也门。也门还与英国等国家交换反恐情报，监视涉嫌参与一些恐怖活动的组织和恐怖分子的行踪，英国特种部队进入也门搜捕本·拉登的行踪。2003 年 7 月，也门官方宣布欧盟将于 2004 年 12 月在也门设立地区委员会，并通过政治对话就双边共同关心的地区和国际问题交换意见。

也门与欧盟国家有着长期的经贸关系。作为对发展中国家提供援助的一部分，欧盟向也门提供经援和开展合作项目，援助资金由欧洲开发银行和各成员国提供。从 1978 年开始，欧盟在北也门进行农业基金合作项目的可行性研究，1984 年签订了农业合作项目协议，也是双方第一个合作项目。1978 ~ 2003 年欧盟同也门各种合作项目共 115 个，提供资金共计 2.2 亿欧元。多数项目是也门统一后开展的，主要是经济、社会发展和食品援助、食品安全项目。从 1997 年开始，欧盟将资助重点放在也门经济和社会发展项目。2001 年"9·11"事件以后，也门积极地同欧盟国家在反恐问题上开展合作，同时努力谋求同欧盟国家开展对话，表示将兑现承诺，继续实行政治民主实践和全面的改革，希望得到欧盟国家的经济支持。2002 年 10 月，世界银行在巴黎召集也门捐助国会议，法国、英国、德国、荷兰承诺向也门提供新援助。2005 年 2 月，双方在布鲁塞尔举行第二轮合作对话。2007 年 10 月，也门与欧盟对话委员会举行工作会议，讨论如何建立有效的工作机制，进一步加强也门与欧盟未来的合作，并讨论欧盟支持也门进行国内改革的议题。在欧盟国家中，法国、德国、意大利和荷兰等国家与也门有传统的经贸关系，荷兰和德国是向也门提供援助的主要国家，两国援助年均分别为 3000 万欧元和 4000 万欧元，占欧盟国家向也门提供援助资金的 20%，主要资助卫生医疗机构、水电基础设施建设和保护文化古迹等方面的发展项目。从 20 世纪 90 年代起到 2005 年底，德国向也门提供援助总额已达 3.6 亿美元，其中 3 亿美元用于也门基础建设项目，其余的用于也门广泛领域的技术协助研究方面。

近年来，欧盟对也门的经济和社会发展援助明显增多。2002～2004 年，欧盟向也门提供了总额达 7000 万欧元的援助，2005～2007 年追加约 2500 万欧元，以保证建成项目的顺利运行并建设一批新的项目。2007 年 10 月欧盟委员会又追加 2000 万欧元援助，支持也门的发展计划。

近年欧盟和欧盟国家资助项目大致情况是：2003 年 5 月，欧盟向也门航空业提供 300 万欧元的经济援助，主要是引进现代航空辅助设备，并对也门航空公司进行监控和飞行方面的培训。8 月欧盟出资 400 万欧元，用于也门亚丁和拉赫季等地的给排水项目。10 月，欧盟表示将于 2003～2006 年期间向也门提供 9200 万欧元，支持也门经济发展与改革进程。11 月意大利驻也门大使与也门财政部长签订了免除也门 1600 万美元外债的协议。2004 年 2 月，欧盟同意向也门提供 2700 万欧元的援助，用于教育、卫生、水、道路、农村发展、民主选举以及社会民间组织等一系列社会发展计划。2005 年 7 月，荷兰同也门签订协议，提供 9.1 亿里亚尔（约 475 万美元），用于提高农村水利项目管理局效率，修复 32 个水利项目，近 100 万人将受益于此项目。2005 年 10 月，法国向也门提供 270 万欧元支持也门司法部、地方管理及内务安全等相关的 4 个项目，此援助打开了两国合作新局面。2006 年 1 月，欧盟委员会宣布向也门提供 250 万欧元人道主义援助，主要用于帮助乡村地区的妇女和儿童解决饮水和医疗问题。2006 年 2 月，法国提出通过欧盟向也门提供价值 500 万欧元的粮食援助计划，还决定每年将通过两国科技办公室向也门提供 150 万欧元的援助。2006 年 8 月，德国向也门提供 4900 万美元，用于也门城市水处理的项目合同。城市水处理是两国合

作的重要领域，德国自 20 世纪 90 年代起，就开始对也门的城市
水处理项目给予不断援助。2007 年 3 月，欧盟向也门提供了 550
万欧元，用于也门第五个渔业发展项目。欧盟曾于 2005 年 7 月
决定将为也门 2006～2010 年五年计划的实施提供 3500 万美元的
援助，支持也门实现将鱼类出口增加到 5 亿美元的目标，世界银
行也为此项目提供 2500 万美元。欧盟还决定自 2007 年开始每年
向也门提供 300 万欧元的食品援助，法国同意每年向也门提供
150 万欧元的食品。2007 年 8 月，英国与也门签订了一项 10 年
发展伙伴协议，这是英国同中东国家签订的第一个长期合作协
议。根据协议，自 2010 年财政年度开始，英国每年向也门提供
1 亿美元援助，用于帮助也门解决包括人口快速增长在内的一系
列社会发展问题。2007 年 10 月，德国向也门提供 8000 万欧元
财政援助，用于迈赫拉省一家健康中心购买 X 光设备为当地居
民诊断和治疗疾病。德国政府曾在 3 月同也门双边会谈上宣布，
2007 和 2008 年两年间将提供 7000 万欧元的援助。2008 年 2 月，
也门与西班牙签订了一项合作协议和 3 份谅解备忘录。根据协
议，萨那和马德里将成为两国保护、促进合资企业和合作项目的
重点城市；3 份谅解备忘录分别是两国在发展旅游、卫生保健、
技术与职业教育领域的合作。2008 年 4 月，欧盟与也门政府商
讨下一步的一揽子援助计划，将在卫生、教育和食品安全等领域
向也门提供 8000 万美元的援助。同月也门政府通过世界银行援
助，与荷兰一家咨询公司签订合同，为亚丁自由区制订发展规
划，合同金额为 160 万美元。同月也门同德国签订合作协议，德
国向也门提供 1470 万欧元的援助，用于改善中小城市的医疗卫
生条件和卫生设施。同时德国表示将在供水、医疗卫生、基础教
育和职业培训等领域继续加强对也门的援助。双方商定继续加强
政府间合作，特别是在改善投资环境、反腐败、文物保护和新能
源开发等方面，德国将向也门政府提供咨询服务和技术支持。

2000 年以来，也门总统萨利赫多次访问欧盟国家，努力争取欧盟国家增加经济援助和扩展投资规模。欧盟国家在也门直接投资集中在石油领域，有法国道达尔（Total）石油公司在也门子公司赛佛公司、意大利阿吉普（Agip）公司、英国多芬能源（Dove energy）公司和德国普鲁塞格（Preussage）公司等，投资规模不大，主要是投资石油天然气领域。2007 年 4 月法国道达尔公司表示将在也门东南部地区巴哈夫（Belhaf）建设大型液化天然气出口终端项目，拥有 2 条生产线，年产 670 万吨液化天然气，预计投资 37 亿美元，计划在 2008 年年底完工。2008 年 3 月道达尔公司宣布计划在今后三年时间里向也门投资 10 亿美元进行天然气和石油开采项目。

也门与欧盟国家有着传统贸易关系，一般进口产品是日用品和其他工业制成品，其中生活用品进口占 80%；出口商品是渔产品、活牲畜和皮毛原料等。也门开发石油后，原油成为出口欧洲的主要商品，占总出口额的 70%～80%，主要出口国是法国。90 年代初，也门与欧盟国家贸易进出口额基本持平。90 年代中期出口量大幅度减少，1999～2003 年的 4 年间，进口额是出口额的 6 倍，进口额为 6 亿欧元，出口额为 1 亿欧元，贸易逆差巨大。2003 年 4 月下旬欧盟宣布将提供 7000 万欧元财政援助，用于弥补也门对欧盟国家 5 亿欧元的贸易赤字，帮助也门实现 2002～2004 年的年度发展计划，资金将直接投向经济、消除贫困和食品安全等项目。2007 年，也门与欧盟国家的贸易额约 21 亿美元，比 2006 年增长 27.4%，逆差约 14.6 亿美元，比 2006 年增加了 3 倍。

六　同苏联/俄罗斯的关系

苏联在 1928 年承认也门独立，1956 年两国建立了公使级外交关系，但是双方往来不多。北也门建立共和国后，两国关系密切，苏联为北也门政府提供军事援助和军事训练，支持它抵抗王室派的武装进攻。1963 年 2 月，两国升为大使级外交关系，1964 年 5 月，两国签订了友好合作条约及经济、贸易和技术合作协定。1969 年在苏联技术援助下，北也门建成了荷台达—塔伊兹公路。1986 年，苏联出资约 4130 万美元援建北也门武装部队的一个工业基地。到也门统一前，苏联向北也门提供了约 16 亿美元的各种援助。南也门建立也门人民共和国后，同苏联关系极为密切。1967 年 12 月，两国建立了外交关系。1968 年 8 月，签订了苏联向南也门提供军援的协定，1969 年，签订了经济、技术合作、贸易、渔业发展、文化和科学合作及空运等协定。1979 年 10 月，签订了友好合作条约和军事技术合作协定。从南也门独立到 1986 年，苏联向南也门提供了约 3 亿美元经援和 15 亿美元军援。苏联对南也门的军队建设起着重要影响，为南也门培训了大部分高级军官，提供了主要的军事装备，南也门军事部门聘请了苏联军事专家和顾问。1988 年，苏联帮助南也门开发油田和建设输油管道，使南也门成为又一个石油出口国。苏联对也门统一表示支持。

苏联解体后，也门与俄罗斯保持着友好合作关系。俄罗斯参与了也门内战的调停。1994 年 5 月 12 日，俄罗斯发表声明，强烈呼吁南北也门冲突双方立即停火并实现和解，并愿意尽一切努力帮助解决冲突和恢复也门的统一和稳定。在俄罗斯调解下，6 月 30 日，也门南北双方在莫斯科签订停火协议，但该协议并未被遵守。7 月 9 日，俄罗斯驻也门使馆转交了俄政府的信，信中表示欢迎也门结束军事行动，愿意促进帮助也门重建的国际行动。俄罗斯向也门提供了大量军事装备，2000 年，也门同俄罗斯签订了价值 3 亿美元的购买武器协议。2002 年 12 月，两国签订了友好合作原则宣言，并继续向俄罗斯购买武器装备。

俄罗斯石油公司在也门从事石油开采和勘探业务。1985 年苏联的技术出口公司在北也门舍卜沃省西部开始石油勘探，到

1987 年 4 月相继发现了西阿亚德、东阿亚德和阿玛尔三个油田，并建设了原油生产设施和通往阿拉伯海拜勒哈夫的出口管线，1990 年几个油田进入生产阶段。

也门统一后，同俄罗斯军火贸易比较频繁。2000 年也门从俄罗斯购买了 30 辆 T－72 坦克。2001 年，也门与俄罗斯签订购买 20 架米格－29SMT 战斗机的合同。这批米格战斗机用于替换老旧的美国 F－5E 和俄罗斯米格－21、苏－20、苏－22 战斗机。2003 年也门位居俄罗斯军售最大客户的第 4 位。2004 年，俄罗斯对也门军售总额达到 1 亿美元。也门向俄罗斯购买的武器装备包括 188 辆 BMP－2 型步兵战车、数架民用直升机、枪炮和各种弹药。2005 年，也门曾根据 2001 年签订的合同接收了 20 架米格－29SMT 战斗机。2006 年 8 月 31 日报道，俄罗斯米格公司获得也门国防部订购 32 架米格－29SMT 战斗机的合同，合同金额达 13 亿美元。米格公司计划在 2007 年第一季度对也门的 66 架老旧米格－29 战斗机进行维修，该项合同总金额为 10 亿美元。

七　同中国的关系

中国和也门两国关系源远流长，从公元 6 世纪起通过海上丝绸之路开始交往，双方贸易一度频繁。

中华人民共和国成立后，也门是最早同新中国建交的阿拉伯国家之一，1956 年 9 月 24 日，两国建立公使级外交关系，1962 年 10 月 6 日，中国承认北也门共和国政权，1963 年 2 月 13 日两国关系升为大使级。南也门成立共和国后，1968 年 1 月 31 日，两国建立大使级外交关系。中国同南北也门都保持了友好关系，提供了财政援助，还参与了援建项目。也门统一后，中国同也门关系在原有基础上得到巩固，扩大了双边合作领域，政治、经济、文化、教育等友好合作关系得到全面发展。1994 年也门内战爆发后，中国希望也门南北双方以人民利益为重，尽快实行停火，通过和谈寻求问题的解决。2006 年 3 月，也门驻香港领事馆开馆。

1. 政府间的往来非常密切

长期以来，两国政府、立法机构、军方、政党和组织互访频繁。也门方面访华的有多名总统、副总统、协商议会和议会正副议长、政府正副总理、正副外长，全国人民大会（执政党）代表团，教育、卫生、新闻、文化、供应贸易、公共工程、计划、建设、劳动、农渔业、青年体育、工业、石油和矿产等各部代表团，以及军事、也中友好协会、也中经贸混合委员会、工青妇和省市地方等代表团。

中国方面访问也门的有国家副主席、全国人大常委会副委员长、国务院正副总理、国务委员、全国政协副主席、正副外长，以及交通、外贸、卫生、轻工、财政、农业、城建环保、新闻出版署、国家体委、国家教委等各部委代表团，还有中国共产党和军事、工会、妇联、省市等代表团。

多年来，双方主要国家领导人进行了互访。也门方面有：1958 年 12 月北也门巴德尔王子访华，两国缔结了友好合作条约、商务条约和科学、技术、文化合作协定。1964 年 6 月北也门首任总统萨拉赫元帅访华，两国签订了友好合作条约、经济和技术合作协定、文化合作协定。1976 年 2 月也门最高指挥委员会主席哈姆迪访华，签订了《经济、技术合作协定》。1987 年 12 月萨利赫总统访华，签订了中国向也门提供援助的有关协定。1998 年 2 月也门共和国总统萨利赫访华，签订了保护投资、教育、卫生、文化和建立友好省际关系等 9 项协定。2006 年 4 月 5～8 日，也门总统萨利赫应邀访华，访问期间，会见了中国国家主席胡锦涛，两国政府签订了经贸、金融、电信等领域的 8 个双边合作协议。也门统一后其他访华的也门领导人有：也门总统委员会主席特使、总统委员会委员加尼（1994 年）、副总统哈迪

（1999 年）、议长艾哈迈尔（1999 年）、总理巴杰麦勒（2004年）等。中国方面有：副总理姬鹏飞（1980 年）、国务委员张劲夫（1986 年）、全国政协副主席赛福鼎（1993 年）、副总理吴邦国（1996 年）、全国人大常委会副委员长铁木尔（2000 年）、全国政协副主席杨汝岱（2000 年）、国务委员司马义·艾买提（2003 年）、国家副主席习近平（2008 年）等。2006 年 9 月 24日，胡锦涛主席和也门萨利赫总统互致贺电，庆祝两国建交 50周年。

两国政府间往来频繁，签订了多方面的条约、协议、协定和意向性文件，其中包括：友好条约、商务条约、中也领事条约、两国外交部谅解备忘录、文化和技术合作计划、文化合作议定书、文化合作交流议定书、教育合作备忘录、教育合作计划和议定书、新闻合作协议、中也卫生双边合作协议、中国向也门派遣医疗队合作协议、体育合作议定书、两党合作议定书、中国向也门提供军援贷款协议、也门军方购买中国军方后勤装备合同、中国向也门提供贷款协议、中国免除也门部分债务的议定书、中国向也门提供无偿援助的经济技术合作协定、贸易议定书、经济和技术合作协定、建设公路协议、建设棉纺和印染厂协议、公路施工合同协议、水坝施工协议、加强双方石油合作备忘录、建立省际友好关系协议书等。

两国外交部建立了政治磋商机制，两国经贸部门定期召开经济技术和贸易合作混合委员会会议。2008 年 6 月在习近平副主席对也门进行正式访问期间，两国政府在萨那举行了第八届贸易、经济和技术混合委员会会议。

2. 两国贸易往来逐渐扩展

双方的贸易额逐年增加，特别是中国从也门进口额增加较多，主要是进口原油。1990 年双边贸易额为 7384 万美元，其中中国出口 7212 万美元；1995 年为 4.5208 亿美元，其中中国出口 1.0789 亿美元，进口 3.4419 亿美元；2000 年为 9.11 亿美元，其中中国出口 1.76 亿美元，进口 7.35 亿美元。2003 年贸易额大幅增长，达到 19 亿美元，比上年增长了 160%，其中中国出口 3.54 亿美元，进口 15.45 亿美元。2003 年中国是也门第三大出口国，第四大进口国。2005 年双边贸易已经突破 30 亿美元，中国已经成为也门最大的贸易伙伴，中也双边贸易额占也门总贸易额的 17.4%。2006 年两国贸易总额达到 30.35 亿美元，其中中国对也门出口 8.02 亿美元，从也门进口 22.33 亿美元。2007 年贸易额大幅度下降，前三个季度仅为 19.67 美元，同比下降 21.9%，其中进口 12.66 亿美元，同比下降 34.95%，出口 7.01 亿美元，同比下降 22.4%。中国从也门进口下降的原因是受也门石油生产下降和价格上涨的影响。

中国向也门出口商品门类主要有：粮油食品（番茄酱、水果罐头等）；轻工业品（鞋类、箱包、卫生用品、文体用品、日用百货等）；建材类（瓷砖、玻璃、钢材等）；机电产品（发电机组、拖拉机、水泵、家用电器、电信设施及附件等）；化工医药类产品（轮胎、医药原料/中间体等）。近年来增加了高新技术和电器商品，如计算机、家电等，2003 年还增加了各类汽车的出口。2005 年中国中东投资贸易促进中心（Chinamex）下属的中国贸易投资公司和也门穆罕默德·艾哈迈德·贾曼公司（Mohammed Ahmed Jumaan CORP.）合资经营的中国贸易中心于 2005 年 5 月在亚丁开业，展出的中国商品包括家用电器、钟表、文具、玩具、礼品、服装、鞋类、家具、地毯、箱包、炊具、餐具、塑料制品和洗涤用品等。2006 年也门世界贸易集团在萨那建立了一个中国商品销售中心，业务范围是综合贸易、代理、市场营销和分拨等。

中国从也门进口几乎全部为原油，进口量和进口额都在增加，因而进出口逆差巨大。如 2003 年上半年，国际市场原油价格持续走高，同期均价由 2002 年每吨 163 美元增至 2003 年每吨 218 美元，因而中国从也门进口原油的金额同比增长 299.3%，达到 6.7 亿美元。

3. 双方经济合作日渐增强

中国从 1979 年开始在也门承包劳务，很多中国公司参与了也门建设项目，从事建筑工程项目的公司有中国路桥、中建、山东国际合作公司等；从事石油钻井和勘探项目的公司有中国石化集团中原油田、江苏油田和长城钻井公司，中国石油天然气总公司地球物理勘探局和中石化国际勘探开发公司等；从事水产捕捞项目的公司有中国水产渔业公司和上海渔业公司等；从事电信通信项目的公司有华为公司和中兴公司等。中国公司的业务形式包括工程承包、劳务输出、技术合作和合资经营等。在也门从事中国承包劳务的工程技术人员最多时达到了 4500 多人，建成了质量和信誉度较高大的中型工程项目，如萨那大学医学院、工学院、萨那—塔伊兹公路 A 路段、亚丁环城路等。

建交以来，中国向也门（含前南、北也门）政府提供了力所能及的无偿援助、无息和低息贷款及政府优惠贷款等各类经济援助，1958～2003 年间，中国的援助额达到 12.14 亿元人民币（按照当年价格约 1.47 亿美元），其中无偿援助 10.18 亿元人民币，贷款 9.66 亿元人民币。2002 年 11 月中国政府决定免除也门部分债务，共计人民币 7594.42 万元、瑞士法郎 2588.63 万、英镑 1408.25 万。

中国在也门完成援外项目数十个，包括公路、桥梁、纺织厂、五金家具厂、医院、学校，其中萨那友谊立交桥、津吉巴尔友谊大桥（南也门）、荷台达—萨那公路、希赫尔—赛侯特公路、萨那纺织厂、萨那技校和亚丁奥斯曼体育馆等在也门影响较大，对也门经济社会发展起了很大作用。

2007 年在也门的中资机构共 21 家，分别属于中国水产总公司、中国石油东方地球物理公司、中国石化集团国际石油勘探开发有限公司、中原石油勘探局、中国路桥工程有限责任公司、建设部综合勘察设计院、中国中材国际工程股份有限公司、中国水利水电建设集团公司、中国机械设备进出口总公司、中国建材集团进出口公司、华为技术有限公司、中兴通讯股份有限公司、中国建筑工程总公司、北京城建集团、江苏龙信建设集团有限公司、北京捷康科技贸易有限公司、江苏石油勘探局、广东海外建设集团有限公司、同方威视技术股份有限公司、卫生部等单位。项目范围包括渔业，贸易，石油天然气勘探、钻探、开发和销售、道路桥梁土木工程、矿产和水资源普查、工业民用建筑工程承包，供排水和道路工程、水泥厂建设、电站项目、机场建设项目、通信信息项目、港口集装箱项目、办公楼项目、医疗援助项目等。2008 年 6 月也门中资企业机构协会（Association of Chinese Companies And Institions In Yemen，ACCY）正式在也门萨那注册成立。

4. 两国在教科文卫领域建立了长期合作关系

中也两国签有文化、教育、体育和医疗卫生等方面的合作协议。中国向也门派有医疗队、体育教练组和教师组等。此外，上海市同亚丁省、安徽省同哈德拉毛省分别于 1995 年和 1998 年建立友好省市关系。

两国在文化、教育领域有着长期良好的合作关系，自 1969 年以来中国向也门派遣中等和高等学校教师，在普通中学、技校和大学教授学生和培训教师，提供教学设备。两国自 1975 年以来互派留学生，中国每年向也门提供 165 个政府奖学金名额。近年来也门每年派人到中国参加科技和经贸业务培训。在高等教育方面两国不但有人员交流，也进行教育管理方面的访问交流活动。中国和也门长期签订体育合作协议，中国向也门派遣体育教练组，包括体操教练和乒乓球教练等。

　　自 1966 年 6 月 16 日以来，中国不间断地向也门派遣医疗队（1970 年开始向南也门派遣医疗队），辽宁省负责派遣任务，历时 40 多年。2008 年 3 月 19 日，第 70 批中国医疗队共 28 人抵达萨那，分别去萨那共和国医院、塔伊兹革命医院、荷台达革命医院、伊普塞纳尔医院、迈赫维特共和国医院等 5 个医疗点工作。至此，中国派遣医疗队员共 2028 人次。中国医疗队承担着 5 个医疗点的手术、急诊、抢救、会诊、护理、接生以及医疗培训等工作。每年平均处理门诊 6 万 ~ 7 万人次，急诊 1.5 万人次，住院治疗 1.2 万人次，大手术 3000 人次左右，中等手术 5000 人次左右，小手术 4000 人次等，为也门的医疗卫生事业和保障也门人民身体健康作出了积极的贡献。

主要参考文献

中　文

马利章著《也门—阿拉伯文化研究》，民族出版社，2003。

郭宝华著《中东国家通史·也门卷》，商务印书馆，2004。

〔美〕希提著《阿拉伯通史》，商务印书馆，1979。

陈坚主编《世界各国军事力量手册》，解放军出版社，2006。

郭应德著《阿拉伯史纲》，中国社会科学出版社，1991。

彭树智主编《阿拉伯国家史》，高等教育出版社，2002。

艾哈迈德·拉荷米等著《也门革命秘录》，杨福昌等译，商务印书馆，1981。

苏尔坦·艾哈迈德·欧默尔著《也门社会发展一瞥》，易元译，北京人民出版社，1975。

赵国忠主编《简明西亚北非百科全书》，中国社会科学出版社，2000。

《世界知识年鉴 2007/2008》，世界知识出版社，2008。

英　文

Central Bank of Yemen-Annual Report 2005, Central Bank of

Yenmen 2005.

Central Bank of Yemen-Review of Monetary and Banking Developments: *December 2006*, Central Bank of Yemen 2006.

Economist Intelligence Unit Country Profile 2005, The Economist Intelligence Unit Limited 2005.

Economist Intelligence Unit Country Profile 2006, The Economist Intelligence Unit Limited 2006.

Economist Intelligence Unit Country Profile 2007, The Economist Intelligence Unit Limited 2007.

The Middle East and North Africa 2005, Europa Publications 2006.

The Middle East and North Africa 2006, Europa Publications 2007.

Economic Development in the Republic of Yemen The First Five Years Plan, General Investment Authority Exports and Imports in 2000.

Review and appraisal of progress made by Yemen in the implementation of the New Programme of Action for the Least Developed Countries During The Period 2001 – 2005, United Nations. Economic and Social Commission for Western Asia. New York, 2006.

Yemen's Third Socio-economic Development Plan for Poverty Reduction (*2006 – 2010*), Executive Summary Ministry of Planning and International Cooperation Ministry of Planning and International Cooperation 2008.

The Military Balance 2005 – 2006, London International Institute for Strategic Studies 2006.

The Military Balance 2007 – 2008, London International Institute for Strategic Studies 2008.

Country Profile: *Yemen December 2006*, Library of Congress

Federal Research Division 2006.

The World Factbook: *Yemen*, Certer Intelligence Agency 2007.

Country Presentation by The Government Of Yemen, Third United Nations Conference On The Least Developed Countries, Brussel 2001.

Republic of Yemen Summary of the Preliminary Draft for National Programme of Action, Third United Nations Conference on the Least Developed Countries Brussel 2000.

Enhancing The Role of Women, – UNDP-Yemen Electoral Support Programme Global Practice Meeting on Electoral Systems and Processes Manila, Philippines15 – 18 October 2004.

Challenges for Social Protection in the MENA region, – Michal Rutkowski Yemen Social Protection Workshop May 14 – 16, 2006 Sana'a.

Water Supply and Sanitation Feature Reaching Out to Remote Communities: *The Yemen Social Fund for Development*, The Water Supply and Sanitation Sector Board of the World Bank. 4 February 2006.

Consultative Group Meeting For The Republic Of Yemen, London-UK, November 15 – 16, 2006 Statement by the World Bank Opening Session November 15, 2006.

Yemen Economic Update, – The World Bank Group Sana'a Office Spring 2007.

Yemen Poverty Assessment (*In Four Volumes*) *Volume II*: *Annexes November 2007*, The Government of Yemen, The World Bank, And The United Nations Development Program.

Yemen's Monthly Economic Bulletin Vol. (*6*) *Issue* (*71*) *November 2007*, State Information Centre of Yemen January 2008.

阿拉伯文

阿明·赛义德著《也门》，开罗阿拉伯书籍复兴社，1959。

阿卜杜·哈米德著《也门近代史》，开罗阿拉伯研究院，1969。

赛义德·穆斯塔法著《奥斯曼第一次征服也门》，开罗阿拉伯研究院，1977。

穆斯塔法·艾卜阿拉著《也门人民文学》，也门达尔·胡达出版社，2001。

阿卜杜·吉哈什著《也门体育历史及在民族运动中的作用》，阿巴迪研究和出版中心，2003。

侯赛因·本·阿卜杜拉·奥麦尔著《也门的历史、文化和政治》，黎巴嫩贝鲁特现代出版社，1996。

《也门政府：也门经济发展报告》，2008年2月18日。

主要网站

也门共和国政府 http：//www. yemen. gov. ye

也门国家信息中心 http：//www. yemen-nic. net

也门新闻出版委员会 http：//www. algomhoriah. net/guide. htm

也门官方通讯社—萨巴社 http：//www. sabanews. net

也门共和国电台 http：//www. yemenradio. net

中国商务部 http：//aden. mofcom. gov. cn/ddfg/ddfg. html

联合国 http：//www. un. org/

世界银行 www. worldbank. org

联合国开发计划署 www. undp. org/

世界卫生组织 http：//www. who. int/zh/

美国中央情报局 https：//www. cia. gov

《列国志》已出书书目

2003 年度

《法国》，吴国庆编著

《荷兰》，张健雄编著

《印度》，孙士海、葛维钧主编

《突尼斯》，杨鲁萍、林庆春编著

《英国》，王振华编著

《阿拉伯联合酋长国》，黄振编著

《澳大利亚》，沈永兴、张秋生、高国荣编著

《波罗的海三国》，李兴汉编著

《古巴》，徐世澄编著

《乌克兰》，马贵友主编

《国际刑警组织》，卢国学编著

2004 年度

《摩尔多瓦》，顾志红编著

《哈萨克斯坦》，赵常庆编著

《科特迪瓦》，张林初、于平安、王瑞华编著

《新加坡》，鲁虎编著

《尼泊尔》，王宏纬主编

《斯里兰卡》，王兰编著

《乌兹别克斯坦》，孙壮志、苏畅、吴宏伟编著

《哥伦比亚》，徐宝华编著

《肯尼亚》，高晋元编著

《智利》，王晓燕编著

《科威特》，王景祺编著

《巴西》，吕银春、周俊南编著

《贝宁》，张宏明编著

《美国》，杨会军编著

《国际货币基金组织》，王德迅、张金杰编著

《世界银行集团》，何曼青、马仁真编著

《阿尔巴尼亚》，马细谱、郑恩波编著

《马尔代夫》，朱在明主编

《老挝》，马树洪、方芸编著

《比利时》，马胜利编著

《不丹》，朱在明、唐明超、宋旭如编著

《刚果民主共和国》，李智彪编著

《巴基斯坦》，杨翠柏、刘成琼编著

《土库曼斯坦》，施玉宇编著

《捷克》，陈广嗣、姜琍编著

2005 年度

《泰国》，田禾、周方冶编著

《波兰》，高德平编著

《加拿大》，刘军编著

《刚果》，张象、车效梅编著

《越南》，徐绍丽、利国、张训常编著

《吉尔吉斯斯坦》，刘庚岑、徐小云编著

《文莱》，刘新生、潘正秀编著

《阿塞拜疆》，孙壮志、赵会荣、包毅、靳芳编著

《日本》，孙叔林、韩铁英主编

《几内亚》，吴清和编著

《白俄罗斯》，李允华、农雪梅编著

《俄罗斯》，潘德礼主编

《独联体（1991~2002）》，郑羽主编

《加蓬》，安春英编著

《格鲁吉亚》，苏畅主编

《玻利维亚》，曾昭耀编著

《巴拉圭》，杨建民编著

《乌拉圭》，贺双荣编著

《柬埔寨》，李晨阳、瞿健文、卢光盛、韦德星编著

《委内瑞拉》，焦震衡编著

《卢森堡》，彭姝祎编著

《阿根廷》，宋晓平编著

《伊朗》，张铁伟编著

《缅甸》，贺圣达、李晨阳编著

《亚美尼亚》，施玉宇、高歌、王鸣野编著

《韩国》，董向荣编著

2006 年度

《联合国》，李东燕编著

《塞尔维亚和黑山》，章永勇编著

《埃及》，杨灏城、许林根编著

《利比里亚》，李文刚编著

《罗马尼亚》，李秀环编著

《瑞士》，任丁秋、杨解朴等编著

《印度尼西亚》，王受业、梁敏和、刘新生编著

《葡萄牙》，李靖堃编著

《埃塞俄比亚　厄立特里亚》，钟伟云编著

《阿尔及利亚》，赵慧杰编著

《新西兰》，王章辉编著

《保加利亚》，张颖编著

《塔吉克斯坦》，刘启芸编著

《莱索托　斯威士兰》，陈晓红编著

《斯洛文尼亚》，汪丽敏编著

《欧洲联盟》，张健雄编著

《丹麦》，王鹤编著

《索马里 吉布提》，顾章义、付吉军、周海泓编著

《尼日尔》，彭坤元编著

《马里》，张忠祥编著

《斯洛伐克》，姜琍编著

《马拉维》，夏新华、顾荣新编著

《约旦》，唐志超编著

《安哥拉》，刘海方编著

《匈牙利》，李丹琳编著

《秘鲁》，白凤森编著

2007 年度

《利比亚》，潘蓓英编著

《博茨瓦纳》，徐人龙编著

《塞内加尔 冈比亚》，张象、贾锡萍、邢富华编著

《瑞典》，梁光严编著

《冰岛》，刘立群编著

《德国》，顾俊礼编著

《阿富汗》，王凤编著

《菲律宾》，马燕冰、黄莺编著

《赤道几内亚 几内亚比绍 圣多美和普林西比 佛得
角》，李广一主编

《黎巴嫩》，徐心辉编著

《爱尔兰》，王振华、陈志瑞、李靖堃编著

《伊拉克》，刘月琴编著

《克罗地亚》，左娅编著

《西班牙》，张敏编著

《圭亚那》，吴德明编著

《厄瓜多尔》，张颖、宋晓平编著

《挪威》，田德文编著

《蒙古》，郝时远、杜世伟编著

2008 年度

《希腊》，宋晓敏编著

《芬兰》，王平贞、赵俊杰编著

《摩洛哥》，肖克编著

《毛里塔尼亚　西撒哈拉》，李广一主编

《苏里南》，吴德明编著

《苏丹》，刘鸿武、姜恒昆编著

《马耳他》，蔡雅洁编著

《坦桑尼亚》，裴善勤编著

《奥地利》，孙莹炜编著

《叙利亚》，高光福、马学清编著

2009 年度

《中非　乍得》，汪勤梅编著

《尼加拉瓜　巴拿马》，汤小棣、张凡编著

《海地　多米尼加》，赵重阳、范蕾编著

社会科学文献出版社网站

www.ssap.com.cn

1. 查询最新图书　　2. 分类查询各学科图书
3. 查询新闻发布会、学术研讨会的相关消息
4. 注册会员，网上购书

中日韩夏令营交流园地

本社网站是一个交流的平台，"读者俱乐部"、"书评书摘"、"论坛"、"在线咨询"等为广大读者、媒体、经销商、作者提供了最充分的交流空间。

"读者俱乐部"实行会员制管理，不同级别会员享受不同的购书优惠（最低7.5折），会员购书同时还享受积分赠送、购书免邮费等待遇。"读者俱乐部"将不定期从注册的会员或者反馈信息的读者中抽出一部分幸运读者，免费赠送我社出版的新书或者光盘数据库等产品。

"在线商城"的商品覆盖图书、软件、数据库、点卡等多种形式，为读者提供最权威、最全面的产品出版资讯。商城将不定期推出部分特惠产品。

咨询 / 邮购电话：010-59367028　　邮箱：duzhe@ssap.cn

网站支持（销售）联系电话：010-59367070　　QQ：168316188　　邮箱：service@ssap.cn

邮购地址：北京市西城区北三环中路甲29号院3号楼华龙大厦　社科文献出版社市场部

邮编：100029

银行户名：社会科学文献出版社发行部　　开户银行：工商银行北京东四南支行　　账号：0200001009066109151

图书在版编目（CIP）数据

也门/林庆春，杨鲁萍编著. —北京：社会科学文献出
版社，2009.9
（列国志）
ISBN 978 - 7 - 5097 - 0914 - 6

Ⅰ. 也…　Ⅱ.①林…②杨…　Ⅲ. 也门 - 概况　Ⅳ. K939.3

中国版本图书馆 CIP 数据核字（2009）第 111681 号

也门（Yemen）　　　　　　　　　　　　　·列国志·

编 著 者／林庆春　杨鲁萍
审 定 人／赵国忠　王京烈

出 版 人／谢寿光
总 编 辑／邹东涛
出 版 者／社会科学文献出版社
地　　址／北京市西城区北三环中路甲 29 号院 3 号楼华龙大厦
邮政编码／100029　网址／http：//www. ssap. com. cn
网站支持／（010）59367077
责任部门／《列国志》工作室　　　（010）59367215
电子信箱／bianjibu@ ssap. cn
项目经理／宋月华
责任编辑／孙以年
责任校对／段娟娟
责任印制／岳　阳　郭　妍　吴　波

总 经 销／社会科学文献出版社发行部
　　　　　（010）59367080　59367097
经　　销／各地书店
读者服务／读者服务中心（010）59367028
排　　版／北京中文天地文化艺术有限公司
印　　刷／三河市尚艺印装有限公司

开　　本／880mm×1230mm　1/32
印　　张／11.75　插图印张／0.25
字　　数／295 千字
版　　次／2009 年 9 月第 1 版　印次／2009 年 9 月第 1 次印刷

书　　号／ISBN 978 - 7 - 5097 - 0914 - 6
定　　价／38.00 元

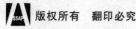

《列国志》主要编辑出版发行人

出　版　人　谢寿光

总　编　辑　邹东涛

项目负责人　杨　群

发　行　人　王　菲

编辑主任　宋月华

编　　　辑　（按姓名笔画排序）

孙以年　　朱希淦　　宋月华

宋培军　　周志宽　　范　迎

范明礼　　袁卫华　　徐思彦

黄　丹　　魏小薇

封面设计　孙元明

内文设计　熠　菲

责任印制　岳　阳　郭　妍　吴　波

编　　　务　杨春花

责任部门　人文科学图书事业部

电　　　话　（010）59367215

网　　　址　ssdphzh_cn@sohu.com